Klüber · Katholische Soziallehre
und demokratischer Sozialismus

Herrn Kollegen Georg Denzler
mit herzlichem Dank und freundlichen Grüßen

Regensburg, 1.3.77 Franz Klüber.

Theorie und Praxis
der deutschen Sozialdemokratie

Franz Klüber

Katholische Soziallehre und demokratischer Sozialismus

Verlag Neue Gesellschaft GmbH
Bonn-Bad Godesberg

ISBN 3-87831-170-2

53 Bonn-Bad Godesberg, Kölner Straße 149

Herstellung: Wullenwever-Druck Heine KG, Lübeck
Printed in Germany

Meiner Schwester
Frau Maria Nebel
zugeeignet

Vorwort

Schon 1931 stellte die Enzyklika Quadragesimo anno Papst Pius' XI. fest, daß sich der Sozialismus „zu Wahrheiten, die christliche Erbweisheit sind, zurückwende" und daß „eine bemerkenswerte Annäherung sozialistischer Programmforderungen an die Postulate einer christlichen Sozialreform zu beobachten" sei (n. 113). Inzwischen haben sich sowohl innerhalb der katholischen Soziallehre als auch innerhalb des Sozialismus Wandlungen vollzogen, die zu weiteren Annäherungen geführt haben. Die katholische Soziallehre hat, vor allem unter dem Einfluß des französischen Sozialkatholizismus, seit Johannes XXIII. und dem II. Vatikanischen Konzil überkommene Denkschemata überprüft, ihre Position neu bestimmt und sich im Ablauf dieses Wandlungsprozesses in einer zuvor nicht gekannten Bereitschaft auch den Fragen und Zielsetzungen des Sozialismus geöffnet. Der freiheitlich-demokratische Sozialismus seinerseits hat mit der Formulierung des in der Idee des Personalismus gründenden Godesberger Programms einen weiteren und entscheidenden Schritt in der Richtung auf die katholische Soziallehre getan.

Angesichts dieser Entwicklung ist es an der Zeit, das Verhältnis zwischen katholischer Soziallehre und freiheitlichem Sozialismus neu zu überprüfen und über den Stand ihrer ideellen Beziehungen eine Art Bilanz zu ziehen. Das ist das Anliegen dieser Abhandlung. Ihre Ausgangsposition ist die katholische Soziallehre, deren Prinzipien in einer knappen Zusammenfassung dargestellt werden. Sodann geht es darum, von diesem Standort aus die Leitideen des freiheitlichen Sozialismus, in der Sprache des Godesberger Programms: die „Grundwerte" und „Grundforderungen" des Sozialismus, in den Blick zu nehmen, aber auch — eine Abstraktionsstufe tiefer — aktuelle gesellschaftspolitische Einzelfragen in der Sicht sowohl der katholischen Soziallehre als auch des freiheitlichen Sozialismus zu erörtern. Das Gespräch zwischen beiden Ideenbewegungen führt unabweislich auch zu einem Punkt, da sich die Frage nach den Möglichkeiten und Grenzen einer „christlichen Politik" stellt und nach einer Antwort verlangt. Ein abschließendes Kapitel beschreibt die Resonanz, welche die ideelle Entwicklung des freiheitlichen Sozialismus im Raum der katholischen Kirche gefunden hat und deutet die Konsequenzen an, die sich nunmehr für das Verhältnis des katholischen Christen zur sozialistischen Bewegung ergeben.

Inhalt

1. Katholische Soziallehre

Die Inhalte der katholischen Soziallehre, ihre Grundsätze und Normen zur Gestaltung der Gesellschaftsordnung, sind in den sogenannten Sozialprinzipien zusammengefaßt. Es handelt sich um generell-abstrakte Aussagen, die gesellschaftliche Werte und Ziele bezeichnen, aber keine speziellen Lösungen enthalten, die zur Verwirklichung dieser Ziele führen. Deshalb bedürfen sie der Konkretisierung, um zu praktikablen, der jeweiligen Situation angemessenen Leitsätzen der Gesellschaftspolitik zu werden. Das geschieht mit Hilfe der empirischen Tatsachenforschung und also der Durchleuchtung der ständig wechselnden geschichtlichen Bedingungen menschlichen Zusammenlebens. Prinzipienerkenntnis und empirische Tatsachenforschung bilden die beiden Säulen der katholischen Soziallehre: Sie wäre ohne die Erkenntnis gesellschaftlicher Zielwerte blind und richtungslos; ohne die Analyse der geschichtlichen Gegebenheiten aber würde sie zu steriler „Prinzipienreiterei“ und wirklichkeitsfremdem Moralismus.

Die katholische Soziallehre konfrontiert also die Sozialprinzipien mit der Empirie und sucht auf diese Weise zeitgerechte gesellschaftspolitische Postulate zu erarbeiten. Dabei dienen ihr andere sozialwissenschaftliche Disziplinen als Hilfswissenschaften, so insbesondere Soziologie, Nationalökonomie und Jurisprudenz. Weil es sehr schwierig ist, die empirische Wirklichkeit des sozialen Lebens zutreffend zu erfassen, zu bewerten und darüber ein allgemeines Einverständnis zu erzielen, kann man trotz Übereinstimmung im Prinzipiellen in der Formulierung gesellschaftspolitischer Forderungen verschiedener und entgegengesetzter Auffassung sein. Deshalb können, wie Johannes XXIII. erklärt, „auch unter Katholiken, selbst wenn sie ehrlichen Willens sind, Meinungsverschiedenheiten aufkommen“[1].

a) Personprinzip

Im Mittelpunkt der Gesellschaft steht der Mensch. Die katholische Soziallehre richtet sich zwar auf das Gemeinwohl, auf die rechte Ordnung des gesellschaftlichen Ganzen. Dessen Grund und Ausgangs-

1 Mater et Magistra, n. 238.

punkt, seine sinngebende Mitte und sein Ziel ist aber die Person. Deshalb muß die Frage nach sozialen Ordnungsprinzipien bei der Erkenntnis des Seins der Person ansetzen. Johannes XXIII. bezeichnet als „obersten Grundsatz“ der katholischen Soziallehre die Tatsache, daß „der Mensch der Träger, der Schöpfer und das Ziel aller gesellschaftlichen Einrichtungen sein muß, und zwar der Mensch, sofern er von Natur aus auf Mit-Sein angelegt ist ... Dieses oberste Prinzip trägt und schützt die unantastbare Würde der menschlichen Person. Aus dem gleichen Prinzip heraus hat die Kirche, besonders in den letzten hundert Jahren, unter Mitarbeit von Gelehrten aus dem Priester- und Laienstand ihre weitausgebaute Soziallehre entwickelt“[2].

Die besondere Daseinsverfassung des Menschen wird von der christlichen Anthropologie mit dem Begriff der Person umschrieben. Als Person unterscheidet er sich von jeder anderen Individualisierung im Bereich des Geschöpflichen dadurch, daß er mit der Anlage des Selbstbewußtseins und der Selbstverfügung, mit Vernunft und Freiheit ausgestattet ist. Das gibt ihm die Macht, die Richtung seines Lebens zu bestimmen und sich auf selbstgesetzte Ziele hin zu entscheiden. Ihm ist das Dasein als Person gegeben, damit er frei über sich verfüge; damit er nicht mit naturgesetzlicher Notwendigkeit, sondern in Freiheit den Sinn seines Daseins erfülle. Dieser Daseinssinn ist die Verwirklichung von Werten, die Bejahung des Guten und also der im Sittengesetz sich aussprechenden Schöpfungsordnung. So entfaltet der Mensch seine Personalität, erfüllt und bereichert sein Menschtum und wird in diesem frei vollzogenen Gehorsam gegenüber dem Anspruch des Sittengesetzes zur Persönlichkeit.

Die in Eigenständigkeit und Eigenmächtigkeit gegründete Person kann aber nicht bei sich selbst stehen bleiben, wenn sie sich nicht verlieren will, sondern erfüllt den Sinn ihrer Personalität in den sittlichen Akten des Überschreitens ihrer eigenen Innerlichkeit, im Gehorsam gegenüber der Beanspruchung, die je aus der besonderen Situation der Stunde, des Berufes, des Lebenskreises erwächst. In der Hinwendung zu einem Anderen, zur Umwelt, Mitwelt und Überwelt, begegnet der Mensch einer werterfüllten Welt. Und indem er sich in freier Entscheidung den Werten der Welt öffnet, wird er zu wertvoller Persönlichkeit und gewinnt so sich selbst.

Der Mensch lebt also gleichzeitig im Selbststand *und* im Gegenüberüberstand, im Alleinsein *und* im Mitsein mit der Gesellschaft. Sein Dasein gründet in der Doppelheit und Zweipoligkeit seiner Individual- und Sozialnatur, in der Spannungseinheit eines eigenständigen und zugleich gemeinschaftsbezogenen Wesens. Seine Personalität ist gefügt aus diesen beiden Elementen. In ihrer Individualität ist die Person geistige Substanz, geformte und abgegrenzte Gestalt, die den einzelnen

2 a. a. O., n. 219 f.

von anderem Seienden trennt und ein Verfließen in allgemeine Zusammenhänge ausschließt. Kraft seiner Individualnatur ist der Mensch herausgelöst aus der Kausalgesetzlichkeit der übrigen Schöpfung, steht er in sich und verfügt in Freiheit aus eigener Einsicht und Entscheidung. Er ist aber kein sich selbst genügendes Wesen, sondern darauf angelegt, sich im Zusammenleben mit dem Mitmenschen zu entfalten und zu bewähren. Er ist als Gesellschaftswesen sowohl in seiner Leiblichkeit als auch in seiner Geistigkeit auf das Leben in der Gemeinschaft hingeordnet, so daß ohne sie seine personalen Anlagen verkümmern würden. Nicht nur seine physische Existenz, sondern auch alle Güter der Kultur, Wissenschaft, Kunst, Ethik, alle Werte, die dem Leben einen menschenwürdigen Inhalt geben, sind bedingt durch die Gemeinschaft. Goethes Lebensweisheit hat das klar erkannt und ausgesprochen: „Im Grunde sind wir alle kollektive Wesen, wir mögen uns stellen, wie wir wollen. Denn wie wenig haben und sind wir das, was wir im reinsten Sinne unser Eigentum nennen. Wir alle müssen empfangen und lernen . . . Selbst das größte Genie würde nicht weit kommen, wenn es alles seinem eigenen Innern verdanken wollte. Das aber begreifen sehr viele gute Menschen nicht und tappen mit ihren Träumen von Originalität ein halbes Leben im Dunkeln", so beschloß Goethe ein Gespräch mit Eckermann.

Die Person ist also keine absolut autonome Individualität, sondern als Gemeinschaftswesen darauf angelegt, sich im Leben der Gesellschaft zu entfalten und zu bewähren. In dieser Spannungseinheit von Eigenständigkeit und Gesellschaftsbezogenheit vollzieht sich das Dasein des Menschen: Er erfüllt den Sinn seiner Existenz durch Wertverwirklichung in der Gemeinschaft, kann ihr aber nur dienen als eigenständige und selbstverantwortliche Person.

Mit der menschlichen Personalität verbindet sich wesenhaft das Prinzip der substantiellen *Gleichheit* aller Menschen. Die zwischen ihnen bestehenden Verschiedenheiten aufgrund der Abstammung, des Berufes und des Besitzes, der Ausstattung mit körperlichen, geistigen und charakterlichen Besonderheiten sind nur von akzidenteller Bedeutung. Sie berühren nicht die Substanz und den unbedingten, jeder Art von Meßbarkeit entzogenen Wert der Person.

Weil jedem Menschen kraft seiner Personalität eine unzerstörbare Würde zukommt, gehört das Prinzip der Gleichheit alles dessen, was Menschenantlitz trägt, zu den wesentlichen Elementen eines von Theismus und Christentum bestimmten Menschenverständnisses.

Das kirchliche Lehramt nahm sehr spät, seit Johannes XXIII., positiv zum Gleichheitsprinzip und zu seinen politisch-sozialen Konsequenzen Stellung. In der Enzyklika Mater et Magistra bildet der Grundsatz der Gleichheit den gedanklichen Hintergrund zentraler Aussagen, so insbesondere jener zum Arbeitsentgelt, zur Angleichung von wirtschaftlichem und sozialem Fortschritt, zur Unternehmensverfassung und Mitbestimmung und zum Problem der Entwicklungshilfe. Die

Enzyklika Pacem in terris gibt dem Gleichheitsprinzip ein noch stärkeres Gewicht. Sie erklärt wiederholt, daß „alle Menschen in der Würde ihrer Natur unter sich gleich sind", und zieht daraus weitgreifende staats- und gesellschaftspolitische Konsequenzen: Unverletzlichkeit der Grund- und Menschenrechte, insbesondere des Rechtes auf soziale Sicherheit, Gleichberechtigung von Mann und Frau, Beseitigung von Rassendiskriminierungen, Schutz völkischer Minderheiten, Hilfe für Entwicklungsländer.

Auch die Pastoralkonstitution Gaudium et spes des II. Vatikanischen Konzils erklärt, daß infolge der Gemeinsamkeit der gottebenbildlich geschaffenen Menschennatur und der Erlösung durch Christus eine „grundlegende Gleichheit aller Menschen" bestehe, und zieht aus dieser Tatsache für den politischen und gesellschaftlichen Raum im wesentlichen die gleichen Konsequenzen wie die Enzyklika Pacem in terris: Fundamental und entscheidend für die Gestaltung der zwischenmenschlichen Beziehungen und oberstes Regulativ der Gesellschaftsordnung ist das Prinzip der Gleichheit; die bestehenden Ungleichheiten sind nicht als naturgegebene Daten hinzunehmen, sondern als Problem und Aufgabe, für deren Lösung der Gleichheitsgrundsatz Norm und Leitregel ist.

Die Pastoralkonstitution bringt klar zum Ausdruck, daß Gleichheit nicht nur im Hinblick auf die Grundchance der Daseinsentfaltung anzustreben ist, sondern ebenso die Egalisierung der sozialen Ergebnisse, so insbesondere der Besitzverhältnisse. Beide Ansatzpunkte der Egalisierung, Grundchance und gesellschaftliches Resultat, stehen in engstem Zusammenhang: Was als Resultat des gesellschaftlichen Lebensprozesses erscheint, so etwa das in Einkommen und Vermögen sich niederschlagende Ergebnis des Produktionsprozesses, stellt sich gleichzeitig dar als neue Chancenverteilung, welche die Richtung künftiger Entwicklungen bestimmt. Unterschiede hinsichtlich Begabung, Ausbildung, Gesundheit und Zielstrebigkeit führen zu unterschiedlichen gesellschaftlichen Ergebnissen und Positionen. Diese mögen in ihrem Zustandekommen gerecht sein — was nicht selbstverständlich ist —, sie können aber nicht als Datum hingenommen werden, sondern bedürfen der Überprüfung an Hand des Egalitätsprinzips, wenn sie sich nicht zu einem kumulativen Prozeß eines ins Ungemessene fortschreitenden Unrechts ausweiten sollen. Soweit die private Initiative nicht fähig ist, dem einzelnen die ihm aufgrund des Gleichheitsprinzips zustehenden Rechte zu gewähren, ist der Staat verpflichtet, einzugreifen und die bestehenden Rechte, insbesondere die Eigentumsrechte, neu abzugrenzen.

Was wesenhaft gleich ist, muß gleich behandelt werden. Das Ideal der Gleichheit muß die Richtung der Gesellschaftspolitik bestimmen, wenn man auch unter den Bedingungen der natura humana vulnerata nicht damit rechnen darf, daß sich jenes Ideal vollkommen verwirklichen läßt. Das berechtigt aber nicht zu jenem Spiritualismus, der die Welt nicht ernst nimmt und das Problem der Gleichheit auf das Jenseits verschiebt. Gleichheit heißt nicht Nivellierung und Leugnung funktionaler gesellschaftlicher Verschiedenheiten, sie richtet sich nicht auf die Einwalzung aller individuellen Besonderheiten in eine kollektivistische Ein-Topf-Gesellschaft. Das ist weder möglich noch erstrebenswert. Immer aber geht es darum, auf Grund der personalen Gleichwertigkeit aller Menschen jedem einzelnen jene Chancengleichheit und Gleichberechtigung zu sichern, die ihm in seiner besonderen Lebenssituation die Verwirklichung seiner Daseinsbestimmung ermöglichen. Das Postulat der Gleichheit drängt darauf, daß der einzelne nicht zu einem minderen Glied der Gesellschaft absinkt und daß Deklassierungen ausgeschlossen bleiben. Das bekannteste Beispiel einer solchen Deklassierung in einer Geschichte von Jahrtausenden ist das Verhältnis von Mann und Frau. Thomas von Aquin war fest davon überzeugt, daß die Frau „aliquid deficiens et occasionatum“ sei, ein Mangelwesen, eine Zufallserscheinung, die nur per accidens, infolge eines fehlgeleiteten Naturprozesses, zum Leben gelangt. Protestantische Theologen führten 1595 eine Disputation über das Thema „Ob Weiber Menschen seien“. Und noch 1874 erklärte der evangelische Theologe Theodor Culmann in seiner „Christlichen Ethik“: „Die Erschaffung des Weibes ist eine so furchtbare Katastrophe, daß sie nur überboten wird von dem Tod selbst, dessen Vorstufe sie eben ist“[3]. Die Konsequenzen solcher noch keineswegs vollständig überwundenen Grundhaltungen erleben wir in Staat und Kirche bis in die Gegenwart hinein.

Daß die Gleichheitsidee nicht platonische Spekulation, sondern brennende Aktualität ist, zeigt sich des weiteren in den noch immer praktizierten Rassendiskriminierungen, in den Bedrängnissen völkischer Minderheiten, in der Abweisung der Partnerschaft von Unternehmern und Arbeiterschaft und in der Degradierung des Arbeiters zum Objekt und zum Bestandteil des betrieblichen Sachapparates. Immer finden es die großen Fische normal, wenn die kleineren von ihnen verzehrt werden. Ob die kleineren es für ebenso normal halten, ist fraglich. Eine etablierte Gesellschaft liefert mit Hilfe mächtiger Interessengruppen einen die privilegierten Schichten stützenden Argumentationshintergrund dergestalt, daß sich mit der materiellen auch die ideelle Macht verbindet und das Bewußtsein der breiten Masse dahingehend manipuliert wird, daß das Bestehende verklärt und ideologisch als das schlechthin Richtige und Vernünftige gerechtfertigt wird.

Schwierigkeiten im Verständnis des Gleichheitsprinzips scheinen aufzutreten, wenn es sich darum handelt, das Verhältnis zwischen Gleichheit und Freiheit zu bestimmen. Es wird gelegentlich behauptet, zwischen diesen beiden Prinzipien bestünden Spannungen oder gar Widersprüche. Um dazu Stellung nehmen zu können, muß man sich

3 Theodor Culmann, Die christliche Ethik. 2. Aufl. Stuttgart 1874, S. 56.

Wesen und Sinn der Freiheit vor Augen führen. Freiheit darf nicht libertinistisch als Bindungslosigkeit verstanden werden; sie ist vielmehr die der Person verliehene Möglichkeit, aus eigener Entscheidungskraft den Sinn ihres Daseins zu verwirklichen und sich im Tun des Guten zur Persönlichkeit zu entfalten. Persönlichkeitsentfaltung bedeutet in der Beziehung zum Mitmenschen, die Personenwürde und Gleichheit des anderen anzuerkennen und ihm ebenfalls den Raum für die freie Entfaltung seiner Person zu gewähren. Das heißt in der Sprache des Evangeliums, daß die Berufung zur Freiheit in den Dienst der Liebe gestellt werden muß. Recht verstandene Freiheit richtet sich auf die Freiheit des anderen, sie anerkennt die Gleichheit und ist bereit, sich ihr unterzuordnen, indem sie im Gehorsam gegenüber dem Anspruch der Gerechtigkeit und der Liebe im Mitmenschen die Gleichheit der Personenwürde achtet. Nicht die gesellschaftliche Freiheit, sondern die Gleichheit ist oberstes Sozialprinzip. Die Freiheit ist Mittel zur Sicherung der Gleichheit. Die Verabsolutierung der Freiheit ist Terror, ist die Auslieferung der Gesellschaft an die Kraft der stärksten Ellenbogen. Wenn von der Freiheit des Individuums gesprochen wird, muß man sich darüber klar sein, daß niemals nur die Freiheit einzelner Menschen gemeint sein kann, sondern die Freiheit aller. Schränkt man die Freiheit auf einzelne Privilegierte ein, dann ist sie praktisch aufgehoben. Die Aufgabe besteht darin, jedem die Freiheit als Raum der Persönlichkeitsentfaltung zu sichern. Das bedeutet, daß Freiheit und Gleichheit keineswegs in einem *Gegensatz,* sondern in einem unlösbaren *Zusammenhang* stehen. Der einzelne kann seine Freiheit nur realisieren als Entschlossenheit für die Freiheit des anderen, gegen jede Form der Unterdrückung des Mitmenschen. Das Gleichheitspostulat will verhindern, daß Personalität und Menschenwürde des einen durch die Übermacht des anderen verletzt werden.

Es gibt also objektiv keinen Widerstreit zwischen Gleichheit und Freiheit. Spannungen zwischen beiden Prinzipien sind nicht objektiv begründet in Antinomien der Werte, sondern subjektiv: in der Begrenztheit menschlicher Einsicht oder in der mangelnden Bereitschaft, dem richtig erkannten Wert zu folgen.

Die Anerkennung der Gleichheit aller Menschen schließt das Bekenntnis zur *Toleranz* ein. Toleranz bedeutet Achtung vor der Personenwürde des Mitmenschen. Sie ist eine ethische Haltung, deren ontischer Grund die Gleichheit und Gleichwertigkeit der allen Menschen gemeinsamen Personenwürde ist. Weil der seinsmäßige Grund der Toleranzforderung, die Personenwürde, unverlierbar ist, kann die Haltung der Toleranz nicht von Irrtum und Schuld des Mitmenschen abhängig gemacht werden. Die Toleranzforderung gilt absolut und bedingungslos gegenüber jedem Menschen; ihre Anerkennung ist die Voraussetzung jedes humanen Gemeinschaftslebens, ihre Leugnung bedeutet Degradierung der Gemeinschaft zum Kollektiv, das von der Macht der jeweils stärkeren Gruppe beherrscht wird. Toleranz ist, wie Jacques Maritain sagt, Ermöglichung und Ausdruck menschlicher Gefährtenschaft. Daß von den Erfordernissen des Gemeinwohls her dem Handeln des einzelnen Grenzen gezogen werden müssen, widerstreitet nicht dem Grundsatz der Toleranz. Denn durch die Norm des Gemeinwohls werden die personale Hoheit des Menschen und die in ihr gründenden Prinzipien der Gleichheit und der Toleranz nicht aufgehoben, sondern vorausgesetzt. Es stellt sich also die Aufgabe, nach Mitteln und Wegen zu suchen, mit deren Hilfe im Aufbau der Gesellschaftsordnung auch unter den ständig wechselnden geschichtlichen Bedingungen und trotz der besonderen Situation des einzelnen dessen personale Gleichheit unangefochten bleibt.

Das kirchliche Lehramt hat sich zu dieser Auffassung der Toleranz, ebenso wie zur Anerkennung des Gleichheitsprinzips, erst in jüngster Zeit durchringen können, wiederum unter dem Einfluß Johannes' XXIII. Die Enzyklika Pacem in terris bringt zum Ausdruck, daß zu den in der Personenwürde gründenden Menschenrechten auch das Recht auf das private und öffentliche Bekenntnis der Religion gehöre[4]. Es kann kein Zweifel darüber bestehen, daß dieses Recht auf Religionsfreiheit nach der Überzeugung Johannes' XXIII. unterschiedslos auch dem irrenden Menschen zukommt. Denn in einem späteren Zusammenhang erklärt die Enzyklika, daß stets zwischen dem Irrtum und dem Irrenden unterschieden werden müsse, und daß auch der dem Irrtum Verfallene niemals seine personale Würde verliere[5]. Die Enzyklika fordert, daß auch dem Irrenden ungeminderte Achtung entgegenzubringen sei, und schließt damit jede Diskriminierung hinsichtlich der religiösen Überzeugung aus. Das bedeutet nicht Gleichsetzung von Wahrheit und Irrtum, wohl aber das Bekenntnis zur Gleichheit und zum Gleichwert aller Menschen, deren Personenwürde jeden gegenüber jedem, unabhängig von der weltanschaulichen Überzeugung, zur Toleranz verpflichtet.

Die von Johannes XXIII. formulierten Ansätze der Toleranzlehre hat das II. Vatikanische Konzil voll entfaltet. Das Konzil verwendet nicht den Begriff der Toleranz, sondern spricht von Religionsfreiheit. Die Erklärung über die Religionsfreiheit nimmt ihren Ausgang von der Würde der menschlichen Person. Aus dieser Grundtatsache der Schöpfungsordnung wird die Konsequenz gezogen, daß jedem Menschen die Freiheit zusteht, entsprechend der Forderung des Gewissens seiner religiösen Überzeugung zu folgen und Ausdruck zu geben. Darüber hinaus drängt das Konzil auf die positiv-rechtliche Verankerung des Grundsatzes der Religionsfreiheit und bestätigt damit indirekt die von Gustav Radbruch schon in den zwanziger Jahren erhobene Forderung, das „Recht auf Irrtum" zum Grund- und Menschenrecht zu erklären.

---

4 Vgl. Pacem in terris, n. 14.
5 Vgl. a. a. O., n. 158.

b) Solidaritätsprinzip

Die Inhalte des Solidaritätsprinzips ergeben sich aus der Sozialnatur der Person. Die ihr gestellte Lebensaufgabe, durch die Verwirklichung von Werten ihre Daseinsbestimmung zu erfüllen, wäre unvollziehbar in völliger Isolierung von der Gemeinschaft. Diese ist die Voraussetzung dafür, daß der Mensch physisch und geistig existieren und zur Persönlichkeit werden kann. Erfülltes Selbstsein der Person ist nur möglich in mitmenschlicher Kommunikation und in der so vollzogenen Geöffnetheit für die Werte des Daseins. Der Mensch ist wesensmäßig, von seiner Natur her, auf das Zusammenleben mit Personen und auf die Ergänzung durch die Gemeinschaft angelegt. Das Solidaritätsprinzip ist das *Zuordnungsprinzip,* das die gegenseitige Zuordnung von Person und Gesellschaft darlegt. Weil der Mensch seiner Natur nach auf die Gesellschaft hingeordnet und auf sie angewiesen ist, trägt er Verantwortung für die rechte Ordnung des gesellschaftlichen Ganzen. Die Gesellschaft ihrerseits ist rückgebunden an die Person und muß auf sie ihre gesamte Tätigkeit einrichten. Aus der metaphysischen wechselseitigen Zuordnung ergeben sich die ethische Bindung und Rückbindung von Person und Gesellschaft, die Verpflichtung zum Einstehen füreinander, zum Dienst der Person am Ganzen und des Ganzen an der Person. Man kann auch so sagen: Aus der seinsmäßigen wechselseitigen Gemeinverstrickung ergibt sich die ethisch verpflichtende Gemeinhaftung von Person und Gesellschaft.

Anschaulich lassen sich die Inhalte des Solidaritätsprinzips in dem Bild einer gemeinsamen Fahrt in einem Boot verdeutlichen: Geht die Fahrt glücklich vonstatten, kommt das allen zugute; geht das Boot unter, kommen alle zu Schaden. Was vom einzelnen getan wird, um eine glückliche Fahrt zu sichern, nützt allen; was versäumt wird, schadet jedem einzelnen. Um das Boot heil ans Ziel zu bringen, bedarf es des Zusammenwirkens aller. Kümmert sich jeder nur um sich, ohne Rücksicht auf die sichere Fahrt des Bootes, so gefährdet er das Wohl aller und also auch sich selbst. Aus diesen Tatsachen ergeben sich ethische Folgerungen: Rechte und Pflichten für die Insassen als auch für die Führung des Bootes.

Eine Aktualisierung der menschlichen Sozialnatur und ihrer im Solidaritätsprinzip ausgesagten Inhalte ist der Prozeß der *Sozialisation,* der Vergesellschaftung des Menschen, ein Vorgang, den Johannes XXIII. in Mater et Magistra beschrieben und gewürdigt hat. Die Enzyklika bezeichnet als charakteristisches Merkmal der Gegenwart „die wachsende Zahl gesellschaftlicher Verflechtungen, dieses täglich dichter werdende Netz sozialer Beziehungen zwischen den Menschen, die ihr Leben und Wirken durch eine Fülle von Organisationen bereichert haben, teils privatrechtlicher, teils öffentlich-rechtlicher Art“[6].

---

6 Mater et Magistra, n. 59.

Als *nächst*liegenden Grund für diesen Vorgang nennt Johannes XXIII. den wissenschaftlichen und technischen Fortschritt, die gesteigerte Ergiebigkeit der Wirtschaft und die Ansprüche einer gehobenen Lebenshaltung. Der *tiefere* Grund der Sozialisation aber ist die Sozialnatur des Menschen und das in ihm angelegte Streben, in der Gemeinschaft sein Leben zu entfalten und zu bereichern. Die Vergesellschaftung bezeichnet eine notwendige Folge der Sozialnatur des Menschen und ist also prinzipiell positiv zu beurteilen. Johannes XXIII. übersieht nicht, daß die wachsende Sozialisation, wie alles Menschliche, auch Gefahren in sich schließt. Das hindert den Papst aber nicht, entschieden an seiner positiven Würdigung dieses Vorgangs festzuhalten und betont dessen Vorteile für den einzelnen und das Gemeinschaftsleben herauszustellen[7].

Die Sozialnatur des Menschen verweist ihn auf das Leben mit dem Mitmenschen und in der Gesellschaft und ist also der Grund für das Entstehen zwischenmenschlicher Beziehungen und sozialer Gebilde, eben der vielfältigen Formen der Gesellschaft.
Gesellschaft ist eine dauernde *Verbundenheit* von Menschen zur Erreichung eines gemeinsamen *Zweckes* unter einer *Autorität.* Ungeachtet aller Differenzierungen zwischen den verschiedenen Sozialgebilden gelten diese Merkmale für jede Form der Gesellschaft.

1. Gesellschaft als dauernde *Verbundenheit* mehrerer Menschen ist eine Ganzheit, allerdings keine Wesensganzheit, sondern eine *Sinn-* und *Ordnungseinheit.* Die Realität der Gesellschaft ist kein von ihren Gliedern unabhängiges Sein, sondern das intentionale Sein der Zuordnung der Glieder zueinander um eines bestimmten Zwekkes willen. Sie ist nicht substantiale, sondern akzidentelle Ganzheit, nämlich das in den Gesellschaftsgliedern existierende akzidentelle Sein zwischenmenschlicher Beziehung, und also nichts anderes als die Einzelmenschen selbst in ihrer Gesellschaftsbezogenheit.
2. Ein weiteres Wesensmerkmal jeder Gesellschaft ist der gemeinsame *Zweck,* der zu verwirklichende Wert, um dessentwillen sich Menschen zusammenschließen. Jedes Sozialgebilde besteht, um die in ihm verbundenen Menschen nach irgendeiner Richtung hin zu bereichern und ihnen in der Entfaltung ihrer Personalität zu dienen. Der Zweck der Gesellschaft ist ihr *Gemeinwohl:* jener Zustand eines Sozialgebildes, der seinen Gliedern die bestmögliche Ausformung ihrer personalen Anlagen ermöglicht. Das Gemeinwohl ist der Grund und Sinn jeder Gesellschaft und ihr „höchstes Gesetz“[8]. Es ist jene Ordnung einer Gesellschaft, die jedem das Seine gewährt.

---

7 Vgl. a. a. O., n. 61 ff. — Jean-Yves Calvez, La sozialisation dans la pensée de l'église. In: Revue de l'Action Populaire, 158, 1962. — Paolo Tufari, La „socializzazione“ nell' Enciclica „Mater et Magistra“. In: Aggiornamenti sociali, 13, 1962.

8 Vgl. Rerum novarum, n. 28.

Dieses dem einzelnen Zustehende ist ihm dann gewährt, wenn er in der Gesellschaft *den* Platz einnimmt, der ihm aufgrund seiner besonderen Berufung und Lebensaufgabe gebührt und der es ihm ermöglicht, sein Personsein voll zu verwirklichen. Eben darauf zielt die Idee des Gemeinwohls. Weil ihr Anliegen sich mit den Forderungen der Gerechtigkeit deckt, kann man auch sagen: Das Ziel der Gesellschaft ist die Gerechtigkeit.

3. Das dritte Wesensmerkmal jeder Gesellschaft ist die *Autorität,* die Leitungsgewalt ihrer führenden Organe, welche die Einzelwillen zusammenfaßt, um sie auf die Verwirklichung des Gemeinwohls hinzuordnen. Jedes Sozialgebilde muß die Möglichkeit haben, mit Hilfe besonderer Organe sein Gemeinschaftsziel durchzusetzen, notfalls gegen den Willen einzelner Glieder. Der Grund der Autorität ist also das Gemeinwohl.

c) Subsidiaritätsprinzip

Das Subsidiaritätsprinzip knüpft an die Individualnatur der Person an und verdeutlicht von daher die Weise der durch das Solidaritätsprinzip behaupteten *Zuordnung* von Person und Gesellschaft, indem es die *Zuständigkeit* zwischen beiden abgrenzt und sich darüber ausläßt, welche Funktionen dem einzelnen und welche der Gesellschaft zukommen. Es kann deshalb auch als *Zuständigkeitsprinzip* bezeichnet werden. Pius XI. hat den Grundsatz der Subsidiarität in der Enzyklika Quadragesimo anno folgendermaßen formuliert: „Es trifft zwar zu und wird von der Geschichte deutlich bestätigt, daß unter den veränderten Verhältnissen der Gegenwart manche Aufgaben, die früher von kleineren Gemeinschaften erfüllt werden konnten, nunmehr nur von großen bewältigt werden können. Dennoch muß immer und unverändert jener hochbedeutsame sozialphilosophische Grundsatz festgehalten werden, an dem nicht zu rütteln und zu deuteln ist: Was der einzelne Mensch aus eigener Initiative und mit seinen eigenen Kräften leisten kann, darf ihm nicht abgenommen und der Gemeinschaft zugewiesen werden. Ebenso bedeutet es einen Verstoß gegen die Gerechtigkeit und eine schwere Störung und Verwirrung der Gesellschaftsordnung, wenn Aufgaben, die von den kleineren und untergeordneten Gemeinschaften sachgemäß ausgeführt werden können, von höheren und übergeordneten Gemeinschaften an sich gezogen werden. Es ist die Wesensbestimmung jeder Gesellschaftstätigkeit, den Gesellschaftsgliedern Hilfe zu gewähren, niemals aber, sie zu zerschlagen oder aufzusaugen“[9].

Das Subsidiaritätsprinzip behauptet als *sozialmetaphysisches* Prinzip, *als Seins*grundsatz, den Selbstand, die Selbstzwecklichkeit, die Freiheit

9 Quadragesimo anno, n. 79.

und Selbstverantwortlichkeit der Person. Ein philosophisches Axiom sagt: Omne agens agendo perficitur, das heißt: Jedes auf Betätigung hin angelegte Wesen entfaltet sich, indem es sich betätigt, und gelangt so zur Sinnerfüllung seines Daseins. Dies gilt in besonderer Weise für den Menschen. Nur indem er handelt, indem er seine körperlichen, geistigen und sittlichen Kräfte sinnvoll, im Gehorsam gegenüber seiner Menschennatur, aktiviert, wird er zur Persönlichkeit und verwirklicht so den Sinn seiner personalen Eigenständigkeit.

Aufgrund dieser durch die Schöpfungsordnung vorgegebenen sozial-*metaphysischen* Sachverhalte fordert das Subsidiaritätsprinzip als sozial*ethisches* Prinzip, als *Sollens*grundsatz, daß der Mensch gemäß jener Maxime „Omne agens agendo perficitur" seine Kräfte rege: daß er jede an ihn herantretende Aufgabe selbst erfülle, soweit er dazu fähig ist. Die Gesellschaft muß „subsidiär" eingreifen, das heißt, sie muß *Hilfe zur Selbsthilfe* leisten, welche die Initiative und Eigenkräfte des einzelnen weckt und fördert, sie aber nicht überspringt und lähmt.

Das Bild vom Turner und der ihm gewährten Hilfestellung verdeutlicht den Sachverhalt: Es ist die Aufgabe des Turners, die turnerische Leistung selbst zu vollbringen. Die Hilfestellung will ihm nichts abnehmen, sondern ihm nur ermöglichen, sich voll zu entfalten, und ihn vor Gefahren schützen. Die gleiche Aufgabe hat die Gesellschaft gegenüber der Person. Sie soll die personalen Kräfte fördern, nicht aber die Initiative der Person ersetzen und zerstören.

Allerdings muß die Gesellschaft Daseinsvorsorge leisten und die Bedingungen schaffen, die dem Menschen eine sinnvolle Betätigung seiner Kräfte ermöglichen. Sie muß ihm die Grundchance der Persönlichkeitsentfaltung sichern. Das gehört schon zum Inhalt des Solidaritätsprinzips, dessen Aussagen auch in der Perspektive des Subsidiaritätsprinzips ihr volles Gewicht behalten. Die Inhalte des Subsidiaritätsprinzips setzen also die des Solidaritätsprinzips voraus. Das bedeutet: Zunächst muß die Gesellschaft bereit und in der Lage sein, für die Entfaltung personalen Lebens die physischen und geistigen Bedingungen zu schaffen, die der einzelne sich selbst nicht geben kann. Erst dann kann die Forderung des Subsidiaritätsprinzips wirksam werden:

1. gegenüber der Person, daß sie ihre Kräfte entfalte und sich bewähre;
2. gegenüber der Gesellschaft, daß sie ihre Aktivität nicht überspanne und die Initiative der Person nicht hemme, sondern fördere.

Das Subsidiaritätsprinzip steht in der Gefahr, individualistisch verfälscht zu werden, wenn es aus seiner Abhängigkeit vom Solidaritätsprinzip gelöst und isoliert gesehen wird. Es kann dann das Mißverständnis entstehen, das Subsidiaritätsprinzip verlange „den ganzen Einsatz der Leistungskraft des Einzelmenschen, bevor an die stärkere Leistungsfähigkeit des nächst übergeordneten Gemeinschaftsverbandes appelliert wird", und „erst wenn die individuellen Hilfsquellen erschöpft" seien, habe „der übergeordnete Verband das sittliche Recht, aber auch die Pflicht, die notwendigen Hilfen zu leisten"[10]. Das liefe darauf hinaus, daß es der Gesellschaft und also auch dem Staat erlaubt sein dürfe, den Menschen in äußerste Not geraten zu lassen und sich seiner erst anzunehmen, wenn er knapp vor dem Hungertode steht. Statt dessen fordert das Solidaritätsprinzip von der Gesellschaft den ganzen Einsatz ihrer Kraft, damit der Mensch tunlichst vor dieser äußersten Existenznot bewahrt bleibe und nicht erst in das Dasein des Proletariers absinke, für dessen Situation eben jene „Erschöpfung individueller Hilfsquellen" typisch ist. Das Solidaritätsprinzip verlangt gesellschaftliche Vorleistungen und die Schaffung sozialer Institutionen für solche Personengruppen, deren Existenz besonderen Risiken ausgesetzt ist. Über dem Subsidiaritätsprinzip steht der Grundsatz der Solidarität. Bevor überhaupt über Abgrenzungs- und Zuständigkeitsfragen im Verhältnis von Person und Gesellschaft diskutiert werden kann, muß feststehen, daß die Gesellschaft bereit ist, die Existenzbedingungen des einzelnen zu sichern.

Mißverständnisse hinsichtlich der Zuständigkeitsabgrenzung zwischen Person und Gesellschaft können dann entstehen, wenn man sagt, die gesellschaftliche Hilfeleistung dürfe „nur" das übernehmen, was der einzelne nicht bewältigen könne. Der Sinn des Subsidiaritätsprinzips ist dieser: Der Mensch soll seine geistigen und körperlichen Kräfte aktivieren; er soll die in ihm angelegten Fähigkeiten wirksam werden lassen, sich um die Lösung der ihm gestellten Lebensaufgaben und um die Überwindung der ihm begegnenden Schwierigkeiten mühen, um sich im Tun des Guten zu bewähren und zur Persönlichkeit zu werden. Es treten aber auch Aufgaben und Schwierigkeiten an ihn heran, die er zwar unter Aufbietung aller Kräfte bewältigen könnte, mit dem Ergebnis allerdings, daß dies nicht zu seiner Stärkung und inneren Bereicherung führt, sondern zu seiner Schwächung und Schädigung. Die in solchen Fällen in Anspruch genommene gesellschaftliche Hilfe entspräche durchaus dem Subsidiaritätsprinzip. Es soll dem einzelnen zwar keine Erleichterung gewährt werden, die ihn zur Bequemlichkeit und Trägheit verleitet, wohl aber jede Hilfe, die ihm eine an seinen Kräften zehrende Last abnimmt und Kräfte frei macht für die Verwirklichung höherer Werte und ein den Menschen innerlich bereicherndes personales Handeln, eine Hilfe also, die eine wirkliche Verschönerung und Erfüllung seines Lebens bedeutet. Nur dann, wenn sich die gesellschaftliche Hilfe als ein Überspringen personaler Kräfte erweist und also zu ihrer Verkümmerung führt, ist das keine Förderung, sondern eine Schädigung des Menschen und steht im Widerspruch zum Subsidiaritätsprinzip.

Das Subsidiaritätsprinzip gilt aber nicht nur im Verhältnis von Person und Gesellschaft, sondern auch im Verhältnis der innerstaatlichen

---

10 Konrad Elsholz, Die Sozialreform im staatspolitischen Zusammenhang. In: Sozialer Fortschritt, 4, 1955, S. 250.

Gliedgemeinschaften zur umfassenden Gemeinschaft des Staates, und behauptet das „Recht der kleineren Lebenskreise", das will sagen: Das kleinere Sozialgebilde hat das Recht und die Pflicht, alle Angelegenheiten, die es aus der natürlichen Nähe zu den Dingen und genauerer Kenntnis der Sachverhalte besser zu beurteilen vermag, selbst zu verwalten, soweit es dazu fähig ist. Der Staat soll dort eingreifen, wo die innerstaatlichen Gemeinschaften notwendig zu leistenden Aufgaben nicht gewachsen sind.

Der Grund für dieses Recht der kleineren Lebenskreise ist leicht ersichtlich: Die verschiedenen Sozialgebilde lagern sich wie konzentrische Kreise um die Person als ihren Mittelpunkt. Die kleinere Gemeinschaft steht in einer stärkeren Nähe zur Person und zu ihren Lebensaufgaben als die größere. Die Familie beispielsweise kann aus unmittelbarer Anschauung und in direktem Bezug zu ihren Gliedern besser und sachgemäßer entscheiden, was getan werden muß, als es Gemeinde oder Staat vermögen. Je weiter der Abstand eines Sozialgebildes zur Person, um so mehr muß abstrakt-generell entschieden werden, um so ungreifbarer wird die Verantwortung der für die Gemeinschaft handelnden Organe und um so größer die Anonymität der unpersonalen, funktionalen Kollektiventscheidung. Diese Anonymität des Handelns wird für den einzelnen und das Gemeinschaftsleben um so bedrohlicher, je bedenkenloser die Zuständigkeit der kleineren Lebenskreise übersprungen wird, alle Macht nach oben, auf den Staat, verlagert und von der nur schwer zu kontrollierenden Ministerialbürokratie aufgefangen wird[11].

Das bedeutet aber im Ergebnis nicht eine Stärkung, sondern eine Schwächung des Staates, weil er auf diese Weise mit einem Übermaß an staatsfremden Aufgaben belastet wird und seinen eigentlichen Aufgaben, die nur von ihm sachgemäß gelöst werden können, nicht mehr gewachsen ist. Es wäre ein Mißverständnis des Subsidiaritätsprinzips, wenn es nur als Schutzwall der Person und der kleineren Lebenskreise *gegen* den Staat angesehen würde. Es dient in gleicher Weise *auch* dem Staat, indem es ihn davor bewahrt, sich in „Angelegenheiten von untergeordneter Bedeutung" zu verlieren, „die ihn nur zur Ablenkung von wichtigen Aufgaben führen müßten"[12]. Durch das Subsidiaritätsprinzip

11 Vgl. hierzu Friedrich Georg Jünger, Maschine und Eigentum. Frankfurt 1949, S. 98 f.: „Führung, Bürokratie und Polizei des Kollektivs ziehen sich mehr und mehr in die Anonymität zurück. Sie werden unfaßbar. Man kennt zwar die leitenden Funktionäre und kann ihren mechanisch vervielfältigten Gesichtern nirgends entgehen, aber es wird immer schwieriger, ihnen nachzurechnen, welche Disposition sie treffen, welches ihr Bereich ist, was er umfaßt, wie er sich begrenzen läßt. Die unausbleibliche Wirkung einer solchen Anonymität, die mit der anonymen Technik zunimmt, ist wachsende Angst."

12 Quadragesimo anno, n. 80.

wird dem Staat keine „Funktionssperre“ auferlegt, sondern nur die geordnete Ausübung seiner Funktionen.
Im Verhältnis der innerstaatlichen Sozialgebilde zueinander verliert der Grundsatz des „Rechtes der kleineren Lebenskreise“ an Deutlichkeit, weil fraglich ist, was hier mit dem Begriff „kleinerer“ Lebenskreis gemeint sein kann. Die Frage kann nicht quantitativ, sondern nur qualitativ beantwortet werden, mit einer Antwort allerdings, die sich im Formalen halten muß: Der zuständige („kleinere“) Lebenskreis ist jener, der für das Wohl des Hilfsbedürftigen die bessere Leistung bereitstellen kann: Ob das die Gemeinde, eine Organisation der freien Wohlfahrtspflege oder ein anderer Verband ist, muß als Tatsachenfrage angesehen werden, die von Fall zu Fall zu entscheiden ist.
Das Subsidiaritätsprinzip als Deduktion aus dem Personprinzip ist ebenso wie dieses ein universaler Grundsatz, der für alle Bereiche des gesellschaftlichen Lebens gilt. Die generell-gültige und in den konkreten Ordnungen menschlichen Zusammenlebens stets neu zu verwirklichende Norm des Subsidiaritätsprinzips verlangt, daß in einer richtig gebauten Gesellschaftsordnung das Leben „von unten“, von der Person her, wachsen muß und nicht allein „von oben“ her zu organisieren ist. Deshalb drängt das Subsidiaritätsprinzip in jedem gesellschaftlichen Bereich auf die Entfaltung der personalen Kräfte, das bedeutet: Selbstbestimmung, Eigentätigkeit und verantwortliche Mitbestimmung des einzelnen in den ihn umgreifenden Sozialgebilden. Es geht darum, die Gesamtgesellschaft von der Initiative der Person her als demokratische Lebensordnung aufzubauen, in der die Mitentscheidung des einzelnen auf allen Ebenen des gesellschaftlichen Lebens maßgebliches Ordnungsprinzip ist.
Subsidiaritätsprinzip, Demokratismus und Demokratisierung der Gesellschaft sind identische Begriffe und beziehen sich auf jene Ordnungsnorm der Gesellschaft, die auf die Mitwirkung aller mündigen Glieder eines Sozialgebildes an dessen Entscheidungsprozessen zielt. Demokratie ist nicht nur eine Organisationsform des Staates, sondern eine allumfassende Lebensordnung. Sie läßt sich nicht auf den politischen Bereich begrenzen, sondern gilt in gleicher Weise für alle anderen gesellschaftlichen Lebensräume, also auch für die Wirtschaftsordnung und Unternehmensverfassung. Das war schon die Überzeugung Tocquevilles, der in konsequenter Entfaltung des Grundsatzes der Subsidiarität den Gedanken der „démocratie en profondeur“, einer an der Basis des gesellschaftlichen Lebens, bei der Person ansetzenden Fundamentaldemokratie, vorbereitete und so zu einem Wegbereiter des französischen Sozialkatholizismus wurde, der jener Idee in der Gesellschaftslehre und Gesellschaftspolitik eine zentrale Stellung einräumt. Die Selbstverwirklichung jedes einzelnen, die Sicherung seiner Freiheit und Menschenwürde setzen voraus, daß kein Gesellschaftsbereich feudalistisch, nach den Vorstellungen des Führerprinzips und des Herr-im-Hause-Standpunktes organisiert werden darf; daß viel-

mehr das demokratische Prinzip als universales Sozialprinzip zu gelten hat und alle gesellschaftlichen Strukturen ausnahmslos von ihm bestimmt werden.

Schon Pius XII. verwies auf die Tatsache, daß der Mensch, „weit entfernt nur Gegenstand und gleichsam ein passives Element des sozialen Lebens zu sein, vielmehr dessen Träger, Grundlage und Ziel ist und sein muß“[13]. Der Papst spricht von der Personalität des Menschen als Ordnungsgrund des „sozialen Lebens“ und fordert also die Mitentscheidung des einzelnen im gesamtgesellschaftlichen und nicht nur im politischen Bereich.

Seit der Enzyklika Mater et Magistra Johannes' XXIII. ist die unter dem Einfluß des französischen Personalismus entfaltete Idee der „démocratie en profondeur“, einer das Gesellschaftsganze ergreifenden, auf die Mitentscheidung aller Beteiligten zielenden Fundamentaldemokratie, beherrschender Grundsatz der katholischen Soziallehre geworden. Johannes XXIII. erläutert das Prinzip des Demokratismus, indem er seine besondere Aufmerksamkeit auf die Situation der Lohnarbeiterschaft und die Ordnung der Wirtschaftsgesellschaft richtet: „Im Bereich der Wirtschaft kommt der Vorrang der personalen Initiative (iniziativa personale) der einzelnen zu, die entweder für sich allein oder in vielfältiger Verbundenheit mit anderen zur Verfolgung gemeinsamer Interessen tätig werden“[14]. Daraus ergeben sich für die staatliche Wirtschaftspolitik Konsequenzen: „Die Sorge des Staates für die Wirtschaft, so weit und so tief sie auch in das Gemeinschaftsleben eingreift, muß dergestalt sein, daß sie den Raum der personalen Initiative der einzelnen Bürger nicht nur nicht einschränkt, sondern vielmehr ausweitet, und zwar so, daß die wesentlichen Rechte jeder Person gewahrt bleiben“[15]. In der Anwendung dieser Aussagen auf die Unternehmensverfassung stellt sich die Forderung nach wirtschaftlicher Mitbestimmung[16]. Darüber hinaus muß die Mitwirkung der Arbeiterschaft „in allen Bereichen des gesellschaftlichen Lebens“ ermöglicht werden[17]. Das Demokratieprinzip, verstanden als universale gesellschaftliche Ordnungsnorm, bestimmt auch die ordnungspolitischen Aussagen der Pastoralkonstitution und der Enzyklika Populorum progressio und bildet hier ebenfalls den gedanklichen Hintergrund, vor dem die Forderung nach wirtschaftlicher Mitbestimmung erhoben wird[18]. Erneut fordert Paul VI.

13 Rundfunkbotschaft am 24. Dezember 1944 (Grundlehren über die wahre Demokratie). In: Utz-Groner, n. 3472.

14 Mater et Magistra, n. 51.

15 a. a. O., n. 55.

16 Vgl. a. a. O., n. 65, 82 ff., 91 ff.

17 Vgl. a. a. O., n. 97.

18 Vgl. Pastoralkonstitution, n. 9, 31, 68, 75. — Paul VI., Populorum progressio, n. 28, 33.

in seiner Ansprache an die Internationale Arbeitsorganisation „die Mitbeteiligung aller Arbeiter nicht nur an den Früchten ihrer Arbeit, sondern auch an der wirtschaftlichen und sozialen Verantwortung“[19]. In seinem Apostolischen Schreiben Octogesima adveniens hebt Paul VI. hervor, daß das Prinzip des Demokratismus nicht nur für den Bereich der Unternehmensverfassung gilt, sondern für die Ordnung der Gesamtgesellschaft, und daß also der „Typ einer demokratischen Gesellschaft zu fördern“ ist[20]. Wenn der Jesuit Rauscher die Demokratisierung der Gesellschaft und die paritätische wirtschaftliche Mitbestimmung aus katholischer Sicht ablehnen zu müssen glaubt, bekundet er damit nur erneut seine mangelhafte Kenntnis der katholischen Soziallehre. Es ist nicht ehrenrührig, Ideologie und Interessen der Restauration und des Kapitalismus zu verfechten. Nur sollte man sich dazu offen bekennen und nicht die katholische Soziallehre als Alibi vorschützen.

19 Ansprache an die Hauptversammlung der Internationalen Arbeitsorganisation am 10. Juni 1969, abgedruckt in: Papst Paul VI. an die Welt (hrsg. von Konrad W. Kraemer). Osnabrück 1970, S. 240.

20 Octogesima adveniens, n. 24.

2. Begriffliche Abgrenzung des freiheitlichen Sozialismus

Der Begriff Sozialismus umschließt in seinem heutigen Verständnis verschiedene soziale Bewegungen, die sich ideell so stark voneinander unterscheiden, daß positive, inhaltliche Gemeinsamkeiten zusammenfassende Begriffsbestimmungen kaum möglich sind. Der Sozialismus kann bestenfalls negativ, im Sinne einer Abgrenzung, als Gegenspieler des Kapitalismus bestimmt werden: als Inbegriff jener sozialen Bewegungen, die im kapitalistischen Zeitalter entstanden sind und sich zum Ziel gesetzt haben, die durch die Entartungen der kapitalistischen Klassengesellschaft entstandene soziale Frage durch Überwindung des Kapitalismus, zumindest durch entscheidende Strukturänderungen zu lösen.

Seit den vielfältigen Wandlungen, die sich im Sozialismus seit Karl Marx vollzogen haben, ist es redlicherweise niemandem mehr erlaubt, von *dem* Sozialismus und *den* Sozialisten zu sprechen, bevor nicht genau geklärt ist, was mit diesen Begriffen gemeint ist. Wenn wir im folgenden von Sozialismus sprechen, bleibt von vornherein der von Karl Marx begründete, von ihm auch als Kommunismus bezeichnete Sozialismus ausgeschlossen, erst recht dessen Abwandlungen zum Leninismus und Stalinismus. Es handelt sich im Zusammenhang unseres Themas ausschließlich um jene Bewegung, die seit der Jahrhundertwende als gemäßigter Sozialismus der durch Lenin verfochtenen Variante des marxistischen Sozialismus entgegentrat und sich ideell stärker an Ferdinand Lassalle als an Karl Marx anlehnte. Dieser Sozialismus verdankt seine entscheidenden Impulse Eduard Bernstein, der sein Anliegen darin sah, die radikalen marxistischen Zukunftsziele zugunsten der Mitarbeit an den Gegenwartsaufgaben der Sozialpolitik zurückzustellen. In der Überzeugung Bernsteins, daß „in einem guten Fabrikgesetz mehr Sozialismus stecken kann als in der Verstaatlichung einer ganzen Gruppe von Fabriken“, kündigte sich die überaus bedeutsame Wendung des Sozialismus von der marxistischen Utopie zur praktischen Sozialpolitik an[1].

Es waren vor allem gewerkschaftliche Kräfte, die auf diese Wendung drängten, weil man den Erwartungen der Arbeiterschaft auf Besserung

1 Eduard Bernstein, Der Kampf der Sozialdemokratie und die Revolution der Gesellschaft. In: Die Neue Zeit, 16, 1897/98, S. 556.

ihrer Lebenslage nicht länger mit Zukunftsverheißungen begegnen konnte, sondern nur mit gegenwartsbezogenen gesetzgeberischen Maßnahmen. Deshalb bekämpfte Bernstein jeden Doktrinarismus und empfahl, stets den Blick offen zu halten für neue Gegebenheiten und Möglichkeiten, dies ganz in Übereinstimmung mit dem Fabianismus des englischen Labour-Sozialismus. Aus dieser Grundhaltung forderte er, das geschichtlich Gewordene zur Kenntnis zu nehmen und an der Gestaltung der bestehenden Ordnung mitzuarbeiten, weil er glaubte, daß durch Sozialreform und eine allmähliche Fortentwicklung der Gesellschaftsordnung auch dem Proletariat der beste Dienst erwiesen würde. Ebenso wie Lassalle versprach er sich von einer tatkräftigen Mitwirkung des Staates für die Gegenwart die wirksamste Besserung der Lage des Arbeiters. Durch die Herausgabe der Werke Lassalles unterstrich Bernstein diese seine Abweichung vom orthodoxen Marxismus und sein Eintreten für einen sozialreformerischen Sozialismus.
Zwar hielten auch Bernstein und seine Anhänger (Conrad Schmidt, Eduard David, Karl Renner u. a.) am Ideal der sozialistischen Gesellschaft fest, ihre Verwirklichung erklärten sie aber als eine Sache der „moralischen Reife der Arbeiterschaft", als ein Ergebnis ethischer Forderungen und ethischen Bemühens. „Der Geschichte ehernes Maß" muß nach Bernsteins Überzeugung „durch ethische Faktoren, die heute einen größeren Spielraum selbständiger Betätigung als vordem haben, eine Einschränkung erfahren". Es ist Ausdruck dieser Gesinnung, wenn er die Feststellung trifft: „Die Verachtung des Ideals, die Erhebung der materiellen Faktoren zu den omnipotenten Mächten der Entwicklung ist Selbsttäuschung, die von denen, die sie verkünden, durch die Tat bei jeder Gelegenheit selbst als solche aufgedeckt ward und wird"[2].
Auch dieser gemäßigte Sozialismus hat wieder seine eigene geschichtliche Entwicklung durchgemacht, deren Ergebnis in der Bundesrepublik ihren Niederschlag im Godesberger Grundsatzprogramm der SPD von 1959 gefunden hat. Kommunistisches Manifest und Godesberger Programm sind durch Welten voneinander getrennt. Wer also die Anhänger des Marxismus Sozialisten nennt und im gleichen Atemzuge ohne scharfe Differenzierung auch die Verfechter des Godesberger Programms als Sozialisten bezeichnet, müßte sich den Vorwurf begrifflicher Falschmünzerei gefallen lassen. Die führenden Männer der deutschen Sozialdemokratie und die Verfasser des Godesberger Programms legen Wert darauf und betonen es sehr nachdrücklich, daß sie als Sozialdemokraten „Sozialisten" seien. Man spricht beispielsweise auch von den „sozialistischen" Regierungen der nordischen Länder, von der „sozialistischen" Labour Party Englands und vom österreichischen Sozialismus, dies jedoch ohne eine Spur von marxistischen Assoziationen und ohne jedes untergründige antimarxistische Ressentiment. Das

2 Vgl. Eduard Bernstein, Die Voraussetzungen des Sozialismus und die Aufgaben der Sozialdemokratie. Stuttgart 1899.

gleiche nimmt die Sozialdemokratie der Bundesrepublik für sich in Anspruch.

Unsere Überlegungen beschränken sich also auf diesen freiheitlich-demokratischen Sozialismus, der im Revisionismus Eduard Bernsteins seinen Anfang nahm. In der Auseinandersetzung dieses revisionistischen Sozialismus mit dem orthodoxen Marxismus wurde fast das ganze marxistische Lehrgebäude abgetragen, so insbesondere die materialistische Geschichtsauffassung und die deterministische Lehre von der Zwangsläufigkeit des Geschichtsprozesses. Die Idee des Klassenkampfes wurde als ein die kapitalistische Gesellschaft bestimmender Klassengegensatz verstanden, aber nicht mehr als ein den gesamtgeschichtlichen Ablauf beherrschendes Element. Auch die prinzipielle Verneinung des Privateigentums wurde aufgegeben und Sozialisierung nur in jenen Fällen gefordert, in denen sie durch das Gemeinwohl geboten ist, ein Weg, auf den ja auch die katholische Soziallehre verweist[3]. Der revisionistische Sozialismus bekannte sich vorbehaltlos zur Demokratie und gab sich an Stelle des marxistischen Erfurter Programms (1891) auf dem Parteitag zu Görlitz (1921) ein auf die veränderte Situation zugeschnittenes Programm. Dieses suchte nur in ein paar allgemeinen Wendungen die Verbundenheit des Sozialismus mit seiner marxistischen Tradition wachzuhalten („fortschreitende Umformung der gesamten kapitalistischen Wirtschaft zur sozialistischen" u. a.), während der entscheidende Teil, die Gegenwartsforderungen, die sich im wesentlichen nur auf die „Kontrolle des Reichs über den kapitalistischen Besitz an Produktionsmitteln" bezogen, auch in dem Programm irgendeiner anderen sozialen und demokratischen Reformpartei stehen konnten. Noch weiter in der Einstellung auf die Gegenwartsarbeit geht das Heidelberger Programm (1925), das zwar in seinem grundsätzlichen Teil ebenfalls noch ein paar marxistische Reminiszenzen enthält (Überwindung des Kapitalismus durch „Verwandlung des kapitalistischen Privateigentums an den Produktionsmitteln in gesellschaftliches Eigentum" u. a.), im übrigen aber ein sehr minutiöses, auf die politische Alltagsarbeit abgestelltes Aktionsprogramm vorlegt, in dem die sozialen, wirtschaftlichen und kulturellen Gegenwartsaufgaben dargelegt werden.

Der Wandlungsprozeß des gemäßigten Sozialismus erhielt neue Antriebe aus den Erfahrungen mit kollektivistischen Zwangssystemen und erreichte im Godesberger Programm seinen vorläufigen Abschluß.

3 Vgl. Quadragesimo anno, n. 114.

3. Katholische Soziallehre und Godesberger Programm

Vom Standort der katholischen Soziallehre aus wenden wir uns nun den Inhalten des Godesberger Programms (GP) zu. Sein grundlegender Ordnungsgedanke besteht ebenfalls darin, daß der Mensch in seiner personalen Würde als Grund und Ziel der Gesellschaft verstanden wird. In betonter Anlehnung an Romano Guardini interpretiert Adolf Arndt die Menschenwürde im sozialistischen Verständnis als „unbedingten Wert, über den es keine Abstimmung gibt"; es ist „die Einmaligkeit des Menschen als Selbstwert, der sich selbst gehört und seine eigene Mitte ist", was „für den gläubigen Menschen seine Unmittelbarkeit zu Gott und vor Gott bedeutet"[1]. Der Sozialismus des GP erstrebt „eine Gesellschaft, in der jeder Mensch seine Persönlichkeit in Freiheit entfalten und als dienendes Glied der Gemeinschaft verantwortlich am politischen, wirtschaftlichen und kulturellen Leben der Menschheit mitwirken kann" (GP, 7) Das GP beschränkt sich also nicht auf die Feststellung, daß der Mensch in seiner Personalität Ausgangspunkt der Gesellschaft ist, sondern es beschreibt auch die Inhalte des Personbegriffs. Daß der Mensch als jenes Wesen angesehen wird, welches darauf angelegt ist, „seine Persönlichkeit in Freiheit zu entfalten" *und* als „dienendes Glied der Gemeinschaft" für diese verantwortlich ist, deckt sich mit jener Grundaussage, welche die katholische Soziallehre im Begriff der Individual- und Sozialnatur der Person zusammenfaßt und im Personprinzip entfaltet. Derselbe Gedanke wird in neuer Formulierung noch einmal ausgesprochen, wenn das GP gleich anschließend die Würde des Menschen interpretiert als „Anspruch auf Selbstverantwortung" und „Anerkennung des Rechtes seiner Mitmenschen, ihre Persönlichkeit zu entwickeln und an der Gestaltung der Gesellschaft gleichberechtigt mitzuwirken" (GP, 7).

Dieser an den Anfang des GP gestellte Grundgedanke, daß dem Menschen in der Würde seiner Freiheit und Verantwortlichkeit eine

1 Adolf Arndt, Sozialistische Staatspolitik — heute. In: Christentum und demokratischer Sozialismus. München 1958, S. 123. — Vgl. auch Willi Eichler, Die Gestaltung des gesellschaftlichen Lebens nach der Sozialenzyklika „Mater et Magistra". In: Die Neue Gesellschaft, 9, 1962, insbes. S. 287.

unantastbare Werthaftigkeit und ein absoluter Vorrang gegenüber allem Institutionellen zukommt, ist keine ad hoc konstruierte Programmatik, sondern der Niederschlag einer langen geschichtlichen Entwicklung und keineswegs erstmals im GP, sondern schon vor der Jahrhundertwende präzisiert worden. Von dem Sozialdemokraten Johann Jacoby stammt der Satz: „Staatsschutz ist uns die Pflicht der zu einem Staat vereinten Gesamtheit, jeden einzelnen in der *freien* Entwicklung und Betätigung seiner Kräfte zu schützen, soweit dadurch nicht der gleichen Freiheit anderer Eintrag geschieht“[2]. Aus der jüngeren Zeit der Geschichte des deutschen Sozialismus möge hier nur ein Beispiel, allerdings eins der eindrucksvollsten, in die Erinnerung gerufen werden: In einer der dunkelsten Stunden der deutschen Geschichte, am 23. März 1933, als im Kampf um das Ermächtigungsgesetz nur die Sozialdemokratie den Mut und die Kraft hatte, der Unmenschlichkeit offen zu widerstehen, rief Otto Wels in seiner nun schon längst zum Rang eines einzigartigen geschichtlichen Zeugnisses erhobenen Reichstagsrede den nationalsozialistischen Tyrannen die Worte entgegen: „Aus einem Gewaltfrieden kommt kein Segen; im Innern erst recht nicht. Eine wirkliche Volksgemeinschaft läßt sich auf ihn nicht gründen. Ihre erste Voraussetzung ist gleiches Recht ... Wir deutschen Sozialdemokraten bekennen uns in dieser geschichtlichen Stunde feierlich zu den Grundsätzen der Menschlichkeit und der Gerechtigkeit, der Freiheit und des Sozialismus. Kein Ermächtigungsgesetz gibt Ihnen die Macht, Ideen, die ewig und unzerstörbar sind, zu vernichten“[3].

Nach dem Ende des Zweiten Weltkrieges spannte Kurt Schumacher gleichsam den Bogen hinüber zu dem Wort Otto Wels' und der Kraft seines Ethos, als er schon 1945 erklärte, daß die Sozialdemokratie „aus dem Respekt vor der menschlichen Persönlichkeit lebt“[4]. Im gleichen Sinne brachte 1947 die Ziegenhainer Erklärung des Kulturpolitischen Ausschusses der Sozialdemokratischen Partei Deutschlands zum Ausdruck, daß der freiheitliche Sozialismus „die geistige Freiheit des Menschen und seine sittliche Verantwortlichkeit als gestaltende Faktoren auch des geschichtlichen Prozesses anerkennt“, und daß er für seine „letzten politischen Ziele nicht allein in Verfolgung der ökonomischen Entwicklung oder aus Gründen der materiellen Zweckmäßig-

2 Johann Jacoby, Das Ziel der Arbeiterbewegung. Rede des Abg. Dr. Johann Jacoby vor seinen Berliner Wählern am 20. Januar 1870, Berlin 1870, S. 17 (zit. nach Susanne Miller, Das Problem der Freiheit im Sozialismus. Frankfurt 1964, S. 84).

3 Rede des SPD-Abgeordneten Wels im Deutschen Reichstag gegen das Ermächtigungsgesetz am 23. März 1933. In: 20. Juli 1944. Ein Drama des Gewissens und der Geschichte. Dokumente und Berichte. Freiburg, Basel, Wien 1961, S. 12 f.

4 Zit. nach Arndt, a. a. O., S. 116.

keit kämpft, sondern um der Würde des Menschen willen". Dieser Zentralgedanke des freiheitlichen Sozialismus, daß der Mensch in der Würde seiner Person die Sinnmitte der Gesellschaft ist, erscheint auch im Manifest der Sozialistischen Internationale von 1951: „Der demokratische Sozialismus erstrebt weit mehr als eine neue wirtschaftliche und soziale Ordnung. Wirtschaftliche und soziale Fortschritte finden ihre moralische Rechtfertigung in dem Maße, in dem sie der Befreiung und Entfaltung der menschlichen Persönlichkeit dienen." Ebenso erklärt es das Berliner Aktionsprogramm von 1954 als die Bestimmung der Gesellschaft, daß sie „allen Menschen die freie Entfaltung ihrer Persönlichkeit ermöglicht" und fordert angesichts der Tendenz aller gesellschaftlichen Einrichtungen, „ein Eigenleben zu entwickeln und bürokratisch zu erstarren, ... die Menschen zu befähigen, diese Gefahren zu erkennen und abzuwehren".
Es ist also das Ergebnis einer kontinuierlichen geschichtlichen Entwicklung, wenn im GP die Idee der Menschenwürde als Systemgedanke des ganzen Programms erscheint. Aus diesem Grundwert der Person in ihrer Individual- und Sozialnatur entfaltet das GP — wiederum in klarer Parallelität zur katholischen Soziallehre — die Inhalte des Solidaritäts- und des Subsidiaritätsprinzips, wenn auch die Termini selbst nicht verwendet werden.
Das *Solidaritätsprinzip* kommt in folgender Formulierung zum Ausdruck: „Freiheit, Gerechtigkeit und Solidarität, die aus der gemeinschaftlichen Verbundenheit folgende gegenseitige Verpflichtung, sind Grundwerte des sozialistischen Wollens" (GP, 7). Hier wird in einer überraschenden Übereinstimmung mit der an thomistischer Philosophie orientierten Methode der katholischen Soziallehre vom Sein auf das Sollen konkludiert („agere sequitur esse"), von der sozialmetaphysischen Verfaßtheit der Person als ens sociale, ihrer „Gemeinverstrikkung", auf ihre sozialethische Bindung, ihre „Gemeinhaftung", in der Sprache des GP: Aus der ontologischen Feststellung der „gemeinschaftlichen *Verbundenheit*" folgt die sozialethische Konsequenz der „gegenseitigen *Verpflichtung*". Es soll damit nicht der Versuch gemacht werden, in das GP die thomistische Philosophie hineinzuinterpretieren. Es ist für unsere augenblickliche Fragestellung auch gleichgültig, wer jene Formulierungen geprägt hat, wie sie zustande gekommen sind und ob ihr Verfasser sich seiner Nähe zur Sozialphilosophie der katholischen Gesellschaftslehre bewußt war. Entscheidend ist nur die Tatsache der Kongruenz selbst, dies sowohl hinsichtlich der Inhalte als auch ihrer methodischen Entfaltung. Das aber kann dem, der auf dem Boden der katholischen Soziallehre steht, nicht gleichgültig sein, sondern muß ihn mit großer Genugtuung erfüllen. Wenn Adolf Arndt schon vor der Veröffentlichung des GP einmal sagte, daß „Individuation", verstanden als Persönlichkeitsentfaltung, nicht aufgefaßt werden dürfe „in dem altliberalen Sinne der Ungebundenheit, sondern im Gegenteil im Sinne eines Wertbezogenseins, dem die Sozialität, die Ordnung imma-

nent ist“[5], so wird damit dem Solidaritätsprinzip mit der Präzisierung seines Inhalts genau jene Abschirmung gegenüber liberalistischen Mißverständnissen gegeben, um die sich auch die katholische Soziallehre bemüht, wenn sie immer wieder darauf hinweisen muß, daß die Sozialnatur des Menschen nicht zu einem ihm utilitaristisch-zweckhaft angefügten Attribut abgeschwächt werden darf, sondern zu seiner Wesenheit gehört und konstituierendes Element seiner Daseinsverfassung ist.
Der Sozialismus des GP kann sich also mit dem gleichen Recht wie die katholische Soziallehre dagegen verwahren, daß seine Begriffe der Persönlichkeit und der personalen Freiheit libertinistisch und liberalistisch mißdeutet werden. Sein Freiheitsbegriff meint nicht eine bindungslose „Freiheit wovon“, sondern eine sittlich gefüllte und gebundene „Freiheit wozu“, die sich in den Dienst der Gemeinschaft stellt und also auf Wertverwirklichung zielt. Der Godesberger Sozialismus spricht deshalb nicht von Freiheit, ohne sie mit dem Begriff der Gerechtigkeit zu verbinden: „Freiheit und Gerechtigkeit bedingen einander“ (GP, 7). Schon dadurch, daß die Personenwürde *aller* Menschen — nicht etwa nur der durch „Besitz und Bildung“ Privilegierten — und also der Anspruch eines jeden auf die volle Erfüllung seines Menschtums zur obersten gesellschaftlichen Maxime erklärt wird, ist die Freiheit des einzelnen sittlich gebunden, begrenzt und beansprucht von der Sphäre des Mitmenschen her. Damit hat sich der Sozialismus dem anarchisch-chaotischen Freiheitsbegriff des Alt-Liberalismus entgegengestellt und sich grundsätzlich dem Anspruch eines allgemein verpflichtenden Sittengesetzes geöffnet. Das aber ist, ganz gleich, aus welchen Quellen es kommt, Ausdruck des gleichen Menschenbildes, in dem auch die katholische Soziallehre fundamentiert ist.
Von diesen Voraussetzungen her gewinnt auch die sozialistische Auffassung der Gesellschaft ihren Inhalt und Sinn. Sie kann nicht verstanden werden als eine zur Erzielung einer möglichst reichen Güterfülle organisierte „Nutzveranstaltung“, der höhere Werte, so vor allem Menschenwürde und Freiheit, geopfert werden dürfen, sondern als ein sittlicher Wert, eine Sinn- und Ordnungseinheit gegenseitiger Zuordnung und Bindung, die es dem einzelnen ermöglicht, sein Menschtum zu entfalten und den Daseinssinn seiner Existenz zu verwirklichen. Eine so verstandene Gesellschaft eröffnet unabweisbar auch Grund und Raum für die Anerkennung gesellschaftlicher Autorität, weil ohne sie socialitas und societas, Gemeinschaftsgebundenheit und Gemeinschaftsleben, sinnvoll nicht zu aktualisieren sind. Im GP wird die Bedeutung gesellschaftlicher Autorität für den Aufbau des Gemeinwohls nachdrücklich, so mit besonderer Eindringlichkeit im Zusammenhang der Ausführungen zum Titel „Eigentum und Macht“ (GP, 14 ff.), zur Geltung gebracht.

5 Arndt, a. a. O., S. 117.

Ebenso wie die Inhalte des Solidaritätsprinzips bringt das GP in konsequenter Entfaltung seines Personbegriffs auch den Gedanken des *Subsidiaritätsprinzips* zum Ausdruck. Die Personalität des Menschen verlangt in ihrer Angewiesenheit auf die Gesellschaft deren Hilfeleistung, sie setzt ihr zugleich aber auch unübersteigbare Grenzen: Gesellschaftliche Hilfeleistung muß der Persönlichkeitsentfaltung dienen, sie darf sich aber nicht zum Selbstzweck machen und die Eigenständigkeit und Selbstverantwortung des Menschen unterdrücken. Deshalb erklärt das GP in seinen „Grundforderungen für eine menschenwürdige Gesellschaft": Die Demokratie „muß die allgemeine Staats- und Lebensordnung werden, weil sie allein Ausdruck der Achtung vor der Würde des Menschen und seiner Eigenverantwortung ist" (GP, 8). Der Begriff Demokratie wird also nicht auf die politisch-verfassungsrechtliche Ordnung eingeschränkt, sondern als ein die Gesellschaftsordnung im ganzen bestimmendes Sozialprinzip verstanden, das die Schaffung einer von unten nach oben aufgebauten, in der Person fundierten Sozialstruktur intendiert, welche „die schöpferischen Kräfte des einzelnen anregt" (GP, 9) und jedem die Sinnerfüllung seiner Persönlichkeit ermöglicht. Dieses Verständnis der Demokratie als Fundamentaldemokratie entspricht, wie schon erwähnt, der vom romanischen Sozialkatholizismus inspirierten Idee der „démocratie en profondeur", die durch Johannes XXIII. und das II. Vatikanische Konzil in die katholische Soziallehre eingeführt wurde und als zeitgerechte Ausdrucksweise des Subsidiaritätsprinzips eine ihrer zentralen Ordnungsnormen ist. Am Begriff der Fundamentaldemokratie und des Demokratismus scheiden sich heute die Geister. Es ist die Alternative der politisch fortschrittlichen Kräfte gegenüber der restaurativ-reaktionären Mentalität jener, die in autoritärer Blickverengung den Demokratiebegriff restriktiv als Organisationsform des Staates verstehen, im übrigen aber die Ordnung der Gesellschaft feudalistisch-diktatorisch organisieren möchten. Wer heute noch unter dem Schlagwort „Wider den Mißbrauch der Demokratie" die Idee des Demokratismus bekämpft, bekundet damit seine Affinität zum autoritären Führerstaat und seine Furcht vor der vollen Verwirklichung der Demokratie.

Das am Grundsatz der Subsidiarität orientierte Ziel des Godesberger Sozialismus ist „ein Staat nicht der Daseinsreglementierung, jedoch ein Staat der Daseinsvorsorge um der personalen Würde der . . . gleichberechtigten Menschen, also zum Ziel der Selbstentfaltung und Eigenverantwortung der wirklichen und einmaligen einzelnen"[6]. Das aber ist der Anspruch des Subsidiaritätsprinzips. Dessen personalistische gegen Etatismus und Kollektivismus gerichtete Grundtendenz unterstreicht das GP mit dem Satz: „Das Leben des Menschen, seine Würde und sein Gewissen sind dem Staat vorgegeben" (GP, 9).

---

6 Arndt, a. a. O., S. 119.

Wenn der Feststellung des GP, daß die Demokratie „allein Ausdruck der Achtung vor der Würde des Menschen und seiner Eigenverantwortung ist", die sogenannte Wertneutralität der katholischen Staatsformenlehre entgegengehalten wird, so liegt hier ein doppeltes Mißverständnis vor: Zunächst wird übersehen, daß an dieser Stelle des GP Demokratie im Sinne der Idee des Demokratismus verstanden werden muß, also „als universales Partnerschaftsprinzip, das für alle Lebensbereiche gilt, deshalb auch für den der Wirtschaft, weil es sich um eine Lebensweise der Gesellschaft handeln soll", die „dem wirklichen, dem leibhaften Menschen angemessen" ist[7]. Aber auch dem Gedanken der Wertneutralität der Staatsformen wird jener Einwand nicht gerecht: Dieses Lehrstück der katholischen Staatslehre kann heute — dies vor allem seit der Ansprache Pius' XII. über die Demokratie vom 24. Dezember 1944 — nur noch negativ formuliert werden in dem Sinne, daß keine der bekannten Staatsformen a limine von der Konkretisierung ausgeschlossen werden kann[8]. Die praesumptio iuris spricht aber — gerade vom Anspruch des Subsidiaritätsprinzips her — immer für die Demokratie, die deshalb *prinzipiell* anderen Staatsformen gegenüber nicht wertgleich ist, sondern stets bevorzugt auf die Möglichkeit ihrer geschichtlichen Konkretisierung geprüft werden muß. Daß unter den gegebenen geschichtlichen Bedingungen, von denen her und auf die hin das GP formuliert worden ist, die Demokratie gerade auch als Staatsform — und nicht nur als universales Sozialprinzip — „allein Ausdruck der Achtung vor der Würde des Menschen und seiner Eigenverantwortung ist", läßt sich von der Position der katholischen Soziallehre her nicht bestreiten.

Das Prinzip der Subsidiarität ist im GP aber nicht nur thematisch herausgestellt, sondern gehört zu den das ganze Programm tragenden Grundideen, wie in den folgenden Darlegungen im einzelnen noch nachzuweisen sein wird.

7 Arndt, a. a. O., S. 115 f.

8 Vgl. Rundfunkbotschaft am 24. Dezember 1944 (Grundlehren über die wahre Demokratie). In: Utz-Groner, n. 3467 ff., insbes. n. 3474.

4. Gesellschaftspolitische Einzelfragen in der Sicht der katholischen Soziallehre und des freiheitlichen Sozialismus

Die personalistische Fundamentierung des Godesberger Programms, die hier anhand der Kategorien der katholischen Soziallehre skizziert wurde, trägt und bestimmt auch seine Stellungnahme zu den Einzelproblemen der Gesellschaftsordnung und ist der alle Einzelaussagen des Programms verklammernde ideelle Hintergrund. Es kann deshalb nicht überraschen, daß dieser konsequent durchgehaltene personalistische Ansatz des Godesberger Programms naturgemäß auch hinsichtlich der Fragenkreise der Sozial- und Wirtschaftspolitik, des Eigentums und der Mitbestimmung zu wesentlichen Übereinstimmungen zwischen katholischer Soziallehre und freiheitlichem Sozialismus führt.

a) Sozialpolitik

Die katholische Soziallehre sieht den Staat in seiner dreifachen Funktion als Rechtsstaat, als Kultur- und Wohlfahrtsstaat. In dieser Funktion ist ihm die Aufgabe gestellt, die Bedingungen für das leiblich-geistige Wohlergehen seiner Bürger zu schaffen. Die voll verwirklichte Form des zur Sozialpolitik verpflichteten Wohlfahrtsstaates ist der Versorgungsstaat, der sich mit der Idee der sozialen Sicherheit identifiziert. Der Versorgungsstaat will das durch die Allgemeine Erklärung der Menschenrechte als „Freiheit von Furcht und Not“ deklarierte Menschenrecht umfassend verwirklichen und seinen Bürgern zum Schutz gegenüber existenzbedrohenden Risiken (Krankheit, Unfall, Invalidität, Alter) ein jeden einzelnen ergreifendes System öffentlich-rechtlicher Sicherungen bereitstellen. Die Idee der sozialen Sicherheit ist in der Allgemeinen Erklärung der Menschenrechte folgendermaßen erläutert: „Jeder hat als Mitglied der Gesellschaft Recht auf soziale Sicherheit und Anspruch darauf, durch innerstaatliche Maßnahmen oder internationale Zusammenarbeit und gemäß dem Aufbau und den Mitteln des Staates in den Genuß der wirtschaftlichen, sozialen und kulturellen Rechte zu kommen, die für seine Würde und die freie Entwicklung seiner Persönlichkeit unumgänglich sind.“
Die Konzeption einer Politik der sozialen Sicherheit greift weit über die traditionelle Fachbegrenzung der Sozialpolitik hinaus. Diese erweiterte Sozialpolitik ist im Unterschied zur klassischen Sozialpolitik

nicht lediglich Schadenbekämpfung und Härtenmilderung innerhalb einer bestehenden und in ihren Grundstrukturen als fraglos gültig angesehenen Gesellschaftsordnung, sondern gesellschaftliche Strukturpolitik. Der auf die Zukunft einer besseren Welt gerichtete Blick wird nicht übersehen können, daß sich in der Idee der sozialen Sicherheit ein neues Bewußtsein der Solidarität ankündigt, getragen von der Überzeugung, daß Persönlichkeitsentfaltung nicht möglich ist ohne das andauernde Bemühen, dem anderen die gleiche Chance der Selbstverwirklichung zu sichern.

Innerhalb der katholischen Gesellschaftslehre wurde das der Idee des Versorgungsstaates immanente Recht auf soziale Sicherheit expressis verbis erstmals durch Johannes XXIII. als Menschenrecht deklariert. In Mater et Magistra begrüßt der Papst die „Einführung umfassender Systeme sozialer Sicherheit . . . in einigen sozial fortschrittlichen Ländern" und denkt offensichtlich an die vom versorgungsstaatlichen Prinzip beherrschten Sozialordnungen Großbritanniens und der nordischen Länder[1]. In der Enzyklika Pacem in terris entwirft Johannes XXIII. ein Programm des dem Recht auf soziale Sicherheit verpflichteten Versorgungsstaates[2]. Das II. Vatikanische Konzil bekennt sich ebenfalls zum versorgungsstaatlichen Prinzip der sozialen Sicherheit. Deshalb wird in der Pastoralkonstitution Gaudium et spes die Forderung erhoben, daß „dem Menschen alles zugänglich gemacht werden muß, was er für ein wirklich menschliches Leben braucht, so insbesondere Nahrung, Kleidung und Wohnung", und die Staaten, die schon jetzt ein „System sozialer Vorsorge und Sicherheit" eingeführt haben, werden als „wirtschaftlich weit fortgeschrittene Länder" bezeichnet[3]. Paul VI. bekräftigte diese Auffassung und rühmte bei seiner Begegnung mit König Gustav VI. Adolf am 16. März 1967 den hohen sozialen Entwicklungsstand Schwedens. In den von einem fortgeschrittenen demokratischen und sozialen Bewußtsein geprägten versorgungsstaatlichen Systemen der skandinavischen Länder wird in der Anerkennnung der personalen Gleichheit jedes einzelnen die christliche Lehre vom Menschen und der Gesellschaft zwar nicht deklamiert, aber gesellschaftspolitisch praktiziert.

Die Idee des Versorgungsstaates geht von der Voraussetzung aus, daß die Lebenslage jedes einzelnen gesellschaftsbedingt ist, und daß er die für seine personale Entfaltung notwendige „Freiheit von Furcht und Not" aus eigener Kraft und ohne gesellschaftliche Sicherung weder gewinnen noch behaupten kann. Er hat aufgrund seiner Personalität gegenüber dem Staat einen Rechtsanspruch auf die Sicherung der Grundchance einer menschenwürdigen Existenz. Aus der Begründung

---

1 Vgl. Mater et Magistra, n. 48. — Paul Jostock, Erläuterungen zu Mater et Magistra Köln o. J., S. 29.

2 Vgl. Pacem in terris, n. 11.

3 Vgl. Pastoralkonstitution Gaudium et spes, n. 26, 69.

des Versorgungsstaates in der Personalität des Menschen ergibt sich des weiteren die Forderung, daß dieser Rechtsanspruch bei Vorliegen bestimmter, gesetzlich umschriebener Tatbestände ohne eine das Persönlichkeitsbewußtsein und Ehrgefühl verletzende Bedürftigkeitsprüfung geltend gemacht werden kann. Und schließlich verlangt der im Personprinzip mitangelegte Grundsatz der Gleichheit, daß *alle* Gesellschaftsmitglieder und nicht nur einzelne Gruppen in das System sozialer Sicherheit einzubeziehen sind, damit entwürdigende Wirkungen ausgeschlossen und die Leistungsempfänger nicht sozial deklassiert werden, allerdings auch mit Rücksicht darauf, daß niemand behaupten kann, seine Lebenslage sei gesellschaftsunabhängig und so gesichert, daß er niemals gesellschaftlicher Hilfe bedürfe.

Der Versorgungsstaat steht also nicht in Widerspruch zum Subsidiaritätsprinzip, sondern ist dessen konsequente Verwirklichung, indem er dem Menschen jene „Hilfe zur Selbsthilfe" gewährt, die ihn vor bedrängender Daseinsnot schützt und ihm so die Voraussetzungen für die Entfaltung seiner Personalität und ein wahrhaft menschenwürdiges Dasein vermittelt. Jeder Appell an Eigeninitiative und Selbstverantwortung wird, solange nicht die gesellschaftlichen Bedingungen personalen Lebens gesichert sind, zur Phrase und ist nicht weniger charakterlos als die Haltung dessen, der einen Verhungernden über den christlichen Sinn der Askese anleiten will. Anton Böhm schreibt mit Recht: „Die gedankenlose, pseudoheroische, intellektuell anmaßende Diffamierung des Sicherheitsbedürfnisses verkennt völlig, daß es ganz einfach menschlich ist. Der Wunsch nach Geborgensein und nach institutionellem Schutz vor Unglück und Katastrophen ist dem Menschen eingeboren; er ist auch eine der Triebkräfte allen Kulturschaffens"[4].

Kritik am Versorgungsstaat wird nur aus dem Kreis jener vorgetragen, die selbst aufgrund ihres sozialen Status, ihres Einkommens oder Vermögens vorzüglich versorgt sind. Auf der Seite der Kritiker fehlen also nie Beamte und Besitzende. Sie richten ihre Mahnungen und Warnungen an Lohnarbeiter und Angestellte, an die Masse der wirtschaftlich Ungesicherten, der Unfreien und Ausgebeuteten und predigen ihnen, die großartigen Möglichkeiten einer freien Persönlichkeitsentwicklung, den Mut zum Risiko, die Bereitschaft zum Wagnis nicht zu verschmähen und sich nicht dem Versorgungsstaat in die Arme zu werfen. Der klassische Fall versorgungsstaatlicher Möglichkeiten ist bekanntlich die beamtenrechtliche Sicherung. Nicht weniger beliebt sind die Wohltaten des Versorgungsstaates innerhalb des Unternehmertums, das auf die formende Kraft des Konkurrenzkampfes verweist und sich rühmt, einen durch Risikofreudigkeit und Wagnisbereitschaft charakterisierten Persönlichkeitstyp erlesener Prägung hervorgebracht zu haben. Der scharfe Wind der freien Konkurrenz ist in weiten Bereichen der Wirtschaft einer versorgungsstaatlich beruhigten Wetterlage gewichen. Voll-

4 Anton Böhm, Lebensstandard — wozu? Osnabrück, 1961, S. 76.

beschäftigungspolitik, Subventionen, Steuer- und Zollbegünstigungen, Wettbewerbsbeschränkungen, Übergangshilfen bei Produktionsumstellungen, Zuschüsse bei Stillegungen, die Politik der staatlichen Risikoübernahme, die zur Abwehr von Liquiditätsschwierigkeiten und Konkursen eingesetzt wird — das sind nur einige Markierungen des Instrumentariums versorgungsstaatlicher Hilfen im System der gegenwärtigen Marktwirtschaft.

Wenn also Angehörige jener Schichten, die bevorzugt die Gunst versorgungsstaatlicher Sicherungen erfahren, sich gegen das Versorgungsdenken wenden — dies nicht selbstkritisch gegenüber der eigenen Sicherung, sondern in Frontstellung gegen die nicht hinreichend Gesicherten —, so sind das Symptome des Fortbestandes der Klassengesellschaft und eines Klassenkampfes, der von oben nach unten, von den Stärkeren gegen die Schwächeren geführt wird mit dem Ziel, die eigene Besitz- und Machtposition zu Lasten der wirtschaftlich Ungesicherten zu festigen und auszubauen. Der Kampf gegen den Versorgungsstaat entspringt dem übersteigerten Sicherungsbedürfnis jener, die ihre versorgungsstaatlichen Privilegien in dem Maße gefährdet sehen, wie auch andere Gruppen den Schutz sozialer Sicherheit beanspruchen.

Der im Subsidiaritätsprinzip gründende versorgungsstaatliche Grundsatz der sozialen Sicherheit wird im Godesberger Programm schon im Zusammenhang seiner Ausführungen zur staatlichen Ordnung (GP, 9 ff.) hervorgehoben. Im Rekurs auf die Inhalte des Solidaritäts- und Subsidiaritätsprinzip formuliert das Programm: „Der Staat soll Vorbedingungen dafür schaffen, daß der einzelne sich in freier Selbstverantwortung und gesellschaftlicher Verpflichtung entfalten kann. . . . Als Sozialstaat hat er für seine Bürger Daseinsvorsorge zu treffen, um jedem die eigenverantwortliche Selbstbestimmung zu ermöglichen und die Entwicklung einer freiheitlichen Gesellschaft zu fördern“ (GP, 10). Inhaltlich der gleiche Gedanke wird in einem späteren Zusammenhang noch einmal aufgenommen und an den Anfang der Ausführungen zur „Sozialen Verantwortung“ (GP, 20 ff.) gestellt: „Sozialpolitik hat wesentliche Voraussetzungen dafür zu schaffen, daß sich der einzelne in der Gesellschaft frei entfalten und sein Leben in eigener Verantwortung gestalten kann. . . . Das System sozialer Sicherung muß der Würde selbstverantwortlicher Menschen entsprechen“ (GP, 20).

Eine bevorzugte Stellung im System der Sozialpolitik und der sozialen Sicherheit nimmt die *Familie* ein. Die Familie ist die auf die vollmenschliche Entfaltung ihrer Glieder zielende Lebensgemeinschaft von Eltern und Kindern. Ihre Bestimmung richtet sich auf die Selbstverwirklichung des Menschen in seiner Leib-Geist-Natur. Aus dieser Hinordnung auf die Doppelnatur des Menschen ergibt sich die zweifache Funktion der Familie als Wirtschafts- und Kulturgemeinschaft. In diesen ihren Bestimmungen gilt die Familie von alters her als seminarium rei publicae, als Keimzelle des Gemeinschaftslebens, die dem Staat und der Gesellschaft mit einer Fülle von Leistungen dient, auf die ein Volk, ohne schweren Schaden zu leiden, nicht verzichten kann: Pflege und Erziehung der Kinder, Gewährung gegenseitiger Hilfen im Einstehen füreinander, die Ausbildung sozialer Grundhaltungen und in allem die volle Ausformung der personalen Anlagen ihrer Glieder. So wird die Familie zum Raum der Einübung für die verantwortliche Mitarbeit im Leben der größeren Gemeinschaft des Staates. Staat und Gesellschaft sind deshalb verpflichtet, die Voraussetzungen zu schaffen, damit die Familie die ihr eigenen Funktionen ausüben kann, sofern sie von sich aus dazu nicht in der Lage ist. Diese gesellschaftspolitische Aufgabe des Staates wird aber dadurch zurückgedrängt und verdunkelt, daß in der modernen Wohlstands- und Leistungsgesellschaft Verhaltensweisen in den Vordergrund treten, welche die Bedeutung der Familie im Bewußtsein vieler abwerten: Rechenhaftigkeit des Denkens und Vorbetonung materieller Werte gegenüber geistig-ethischen, der Wettlauf um Erfolg und Prestige, maßlose Ansprüche an Konsum und Lebenshaltung. Das hat zu jenen Erscheinungen geführt, durch welche die wesensmäßigen Funktionen der Familie erheblich beeinträchtigt werden: Berufliche Überlastung des Mannes, eine in vielen Fällen ihre Kraft überfordernde Erwerbstätigkeit der Frau und dadurch bedingt: Ausfall erzieherischer Leistungen der Eltern, leib-seelische Schäden der Kinder infolge mangelnder Betreuung und Geborgenheit, aber auch Frühinvalidität und größere Anfälligkeit der Eltern für Krankheiten. Der innere Zusammenhalt der Familie geht verloren, wenn keine Zeit mehr bleibt für gemeinsamen Feierabend, für Gespräche, Spiel und andere Formen sinnerfüllter Freizeitgestaltung. Das führt zur Versteppung des Familienlebens. Die Kinder empfinden die Familie langweilig, fliehen aus ihr und suchen andere Möglichkeiten der Daseinserfüllung, die manchmal vielleicht echte Hilfen sind, oft aber störende und nicht selten zerstörende Wirkungen haben. Angesichts der Gefahr, daß die Familie zu einer sozialen Randexistenz abgedrängt wird, erfordert die Familienpolitik die besondere Beachtung und Tatkraft der politisch verantwortlichen Kräfte. Denn auch und gerade in der industriellen Gesellschaft ist die Familie ein fundamentaler Ordnungsfaktor, der für den Bestand des gesellschaftlichen Ganzen von unersetzlichem Wert ist.

Als *Wirtschaftsgemeinschaft* hat die Familie die Aufgabe, für den leiblichen Bedarf ihrer Glieder zu sorgen. Das entscheidende Problem dieses Fragenkreises besteht in der Diskrepanz zwischen Familienbedarf und Einkommenshöhe. Sofern die Familie keine Erwerbsgemeinschaft ist, erhält sie kein Familieneinkommen. Einkommen fließt ihr zu als individueller Leistungslohn aus der Berufsarbeit des Mannes, aushilfsweise aus jener der Frau und erwachsener Kinder. Obwohl die Leistungen der nicht im Prozeß der Marktwirtschaft eingesetzten Familienglieder, der „Marktpassiven", nicht nur in sozial-kultureller Hinsicht, sondern auch ökonomisch von hohem Wert sind und selbstverständlich auch Kosten verursachen, werden sie vom Markt infolge ihrer Marktferne nicht honoriert. Im System der Marktwirtschaft wird nur die der Produktions- und Verteilungsordnung unterliegende und kalkulatorisch erfaßbare Arbeitsleistung entgolten, ohne Rücksicht auf Personenstand und Familiengröße. Ein Wirtschaftssystem, das die Einkommensbildung dem Marktmechanismus überläßt, hat zur Folge, daß die kinderreichen Familien gegenüber den Kinderlosen und Kinderarmen gesellschaftlich deklassiert werden. Lebensstil und Lebensstandard werden bestimmt von den Unverheirateten und den kinderarmen Familien. Von ihnen wird der zivilisatorische Komfort voll in Anspruch genommen. Die kinderreichen Familien werden zurückgesetzt und geraten leicht in eine menschenunwürdige, das Existenzminimum unterschreitende Lebenslage.

Es geht hier nicht um das physische, sondern um das kulturelle Existenzminimum, das sich zwar entsprechend dem technisch-kulturellen Fortschritt und den Wandlungen des gesellschaftlichen Bewußtseins ebenfalls wandelt, aber innerhalb eines abgegrenzten Kulturraumes durchaus bestimmbar ist. Ein vor hundert Jahren gültiger Lebensstandard kann heute im gleichen Kulturraum eine menschenunwürdige Lebenslage bedeuten. Wer in unseren Breiten nicht an Rundfunk und Fernsehen teilnehmen kann, lebt menschenunwürdig. Wenn Eltern ihre Kinder schlechter kleiden müssen, als es üblich ist, wenn sie ihnen bestimmte allgemein als selbstverständlich angesehene Möglichkeiten der Freizeit- und Feriengestaltung vorenthalten müssen, leben sie unter dem Existenzminimum. In vielen Fällen sind es unvernünftige soziale Vorurteile, nicht der Verzicht auf objektive Notwendigkeiten einer menschenwürdigen Lebensgestaltung, wodurch einem Kind das Leben erschwert wird. Ein Kind, das zum Schulbeginn keine Tüte mit Süßigkeiten bekommt, leidet darunter wahrscheinlich mehr, als wenn es tagelang hungern und frieren müßte, und kann aus Zurücksetzungen solcher Art seelische Schädigungen erfahren, die als Traumata sein ganzes Leben belasten. Es ist gleichgültig, ob gesellschaftliche Deklassierung in der Entbehrung objektiv notwendiger Güter oder in sozialen Vorurteilen gründet — eine Gesellschaft, die nicht fähig ist, soziale Vorurteile abzubauen, ist verpflichtet, die erforderlichen Vorkehrungen zu treffen, damit niemand von der Gewalt solcher Vorurteile im Bewußtsein seiner Personenwürde und seiner personalen Gleichheit verletzt wird.

Die Reaktionen der kindereichen Familien angesichts der Gefahren ihrer Deklassierung sind bekannt: Nebentätigkeit des Vaters, außerhäusliche Erwerbsarbeit der Mutter, frühzeitiger Mitverdienst der Kinder. Das geschieht oft zum Schaden der Familie und beeinträchtigt ihre Funktionen. Weil die kinderreiche Familie nur geringe Möglichkeiten hat, ihren sozialen Status zu verbessern, ohne Schaden zu leiden, ist sie auf die Hilfe der Gesellschaft angewiesen. Das ist auch die im Godesberger Programm ausgesprochene Überzeugung des freiheitlichen

Sozialismus: „Staat und Gesellschaft haben die Familie zu schützen, zu fördern und zu stärken. In der materiellen Sicherung der Familie liegt die Anerkennung ihrer ideellen Werte. Ein Familien-Lastenausgleich im Steuersystem, Mutterschaftshilfe und Kindergeld sollen die Familie schützen" (GP, 22).

Die Verpflichtung des Staates zur Familienpolitik gründet in der sozialen Gerechtigkeit, näherhin im Solidaritätsprinzip. Die von ihm ausgesprochene Norm des Einstehens füreinander verlangt vom Ganzen der staatlichen Gemeinschaft jene Hilfen für die Familie, derer sie bedarf, um ihre für das Wohl des Ganzen und damit auch für den einzelnen unverzichtbaren Leistungen erbringen zu können. Von daher begründen sich Recht und Pflicht des Staates, Kinderarme und Kinderlose zu Ausgleichsleistungen für kinderreiche Familien in Anspruch zu nehmen. Ein Staat, der die soziale Deklassierung und damit das Versagen und schließlich den Ruin der Familie hinnimmt, richtet sich selbst zugrunde. Es muß auch darauf hingewiesen werden, daß die Altersversorgung der jetzt noch im Volleistungsalter stehenden Generation nur dann gesichert ist, wenn eine neue arbeitsfähige Generation heranwächst, die später das Sozialprodukt erarbeitet, das nötig ist, damit die aus dem Produktionsprozeß ausscheidende Bevölkerungsschicht mitversorgt werden kann. Beiträge für die Sozialversicherung und Rücklagen für das Alter sind wertlos, wenn keine Arbeitskräfte zur Verfügung stehen, die fähig und bereit sind, das tote Kapital einzusetzen, fruchtbarer Verwendung zuzuführen und so die erforderlichen Subsistenzmittel zu erarbeiten. Eine das Sozialprodukt erarbeitende Generation ist für jede Gesellschaft existenznotwendig. Ohne die Last, welche andere mit der Pflege und Erziehung ihrer Kinder auf sich nehmen, wäre der Lebensunterhalt der Kinderlosen im Alter nicht gesichert. Es ist also auch unter diesem Gesichtspunkt gerechtfertigt, wenn sie zum Ausgleich der Familienlasten mitherangezogen werden.

Als *Kulturgemeinschaft* ist die Familie Bildungs- und Erziehungsgemeinschaft, deren vorrangiger Auftrag die Heranbildung der Kinder ist. Der Umfang der Erziehungspflicht der Eltern entspricht dem des Kindesrechtes. Wenn die Eltern nicht in der Lage sind, dem Kind die ihm zustehende Erziehung zu gewähren, müssen sie ihr Erziehungsrecht an geeignete Personen delegieren. In letzter Instanz obliegt dem Staat als oberstem Verwalter des Gemeinwohls die Verantwortung für eine gedeihliche Erziehung des Kindes. Hören wir zu dieser familienpolitischen Aufgabe des Staates die ganz aus dem Geist des Subsidiaritätsprinzips formulierte Aussage des Godesberger Programms: „Die Jugend muß befähigt werden, ihr Leben selbst zu meistern und in die künftige Verantwortung gegenüber der Gemeinschaft hineinzuwachsen. Staat und Gesellschaft haben deshalb die Aufgabe, die Erziehungskraft der Familie zu stärken, sie in den Bereichen, die sie nicht ausfüllen kann, zu ergänzen und notfalls zu ersetzen. Die Entfaltung der beruflichen Fähigkeiten des jungen Menschen erfordert ein System allge-

meiner Erziehungs- und Ausbildungsbeihilfen" (GP, 22). Diese Erklärung des Godesberger Programms nahm Oswald v. Nell-Breuning zum Anlaß, in einem Brief an den Vorstand der SPD folgende Feststellung zu treffen: „Eine geradezu klassische Formulierung (des Subsidiaritätsprinzips) haben Sie im Godesberger Grundsatzprogramm bei Familie: 'Staat und Gesellschaft haben ... die Aufgabe, die Erziehungskraft der Familie zu *stärken,* sie in den Bereichen, die sie nicht ausfüllen kann, zu *ergänzen* und notfalls zu *ersetzen';* kein Papst könnte es schöner sagen! Aber auch die Gesamtkonzeption des Godesberger Grundsatzprogramms ist in meinen Augen konkrete Ausführung dessen, was das Subsidiaritätsprinzip fordert: Die Gemeinschaft soll ihren Gliedern helfen; wahre Hilfe ist aber nur diejenige, die nicht zur Selbstentfremdung, sondern zur Selbstverwirklichung führt"[5].
Das subsidiäre Eingriffsrecht des Staates ist von besonderer Aktualität im Hinblick auf die Gestaltung des Schulwesens. Es steht fest, daß unter den gegenwärtigen Bedingungen die Eltern aus eigener Kraft nicht in der Lage sind, ihren Kindern die erforderliche schulische Ausbildung zu vermitteln, und daß eine geordnete und pädagogisch vertretbare Organisation des Schulwesens die Hilfe des Staates verlangt. Der Staat untersteht der Forderung des Gemeinwohls, auf die hier zu lösende Aufgabe hin konkretisiert bedeutet das folgendes: Der Staat hat das Schulwesen so zu organisieren, daß den Kindern eine den Anforderungen der modernen Pädagogik entsprechende Ausbildung zuteil wird. Der Grundsatz der Toleranz verpflichtet den Staat unter den Bedingungen der pluralistischen Gesellschaft, im Aufbau des Schulwesens auf die in dieser Gesellschaft beheimateten Weltanschauungen Rücksicht zu nehmen. Jede weltanschauliche Gruppe ist verpflichtet, ihre spezifischen schulpolitischen Vorstellungen dem Gemeinwohl unterzuordnen und den Staat in der Organisation des Schulwesens nicht zu einer Majorisierung der Gewissensüberzeugung anderer Weltanschauungen zu drängen. Für die Katholiken gilt hier die von Johannes XXIII. ausgesprochene Weisung, im Interesse des Gemeinwohls „auch andere Auffassungen mit dem gebührenden Wohlwollen zu prüfen" und in der Zusammenarbeit mit Menschen anderer Weltanschauungen gegebenenfalls das eigene Interesse zurückzustellen[6]. Das Gebot der Toleranz fordert also in seiner Anwendung auf die Gestaltung der Schule, auf den Aufbau des nach der eigenen Überzeugung besten Schulsystems zu verzichten und anderen Lösungen zuzustimmen, wenn damit dem Gemeinwohl der bessere Dienst erwiesen wird.
Eine besondere Bedeutung im Bereich der Sozialpolitik kommt dem Subsidiaritätsprinzip hinsichtlich der Gestaltung des Verhältnisses

5 Vgl. Katholik und SPD (hrsg. vom Vorstand der SPD). Bonn 1965, S. 52 f., in Verbindung mit: Oswald v. Nell-Breuning. Der Katholik und die SPD. In: Was ist Sozialismus heute? Köln 1966, S. 97.

6 Mater et Magistra, n. 239.

zwischen *öffentlicher* und *privater Wohlfahrtspflege* zu. Mißverständnisse und Mißbrauch des Subsidiaritätsprinzips machen es erforderlich, auf die gerade in jüngster Zeit zu diesem Problemkreis geführte öffentliche Diskussion näher einzugehen. Das Godesberger Programm nimmt zur Frage der Zuordnung von öffentlicher Sozialhilfe und privater Fürsorge nur in wenigen Sätzen Stellung: „Zur Bewältigung besonderer Lebensschwierigkeiten und Notlagen sind die allgemeinen sozialen Leistungen durch individuelle fürsorgerische Dienste und Leistungen der Sozialhilfe zu ergänzen. Sie arbeitet mit den freien Wohlfahrtsverbänden und den Einrichtungen der Nächsten- und Selbsthilfe zusammen. Die Eigenständigkeit der freien Wohlfahrtspflege ist zu schützen" (GP, 21). Diese knappe Stellungnahme zum Fragenkreis der Sozialhilfe bedarf der Erläuterung.
Die öffentliche Sozialhilfe hat, weil ihr der Apparat und die Mittel hoheitlicher Verwaltung zur Verfügung stehen, die größeren Möglichkeiten der Hilfeleistung. Sie kann auch dann eingreifen, wenn der Hilfsbedürftige oder sein Vormund die Hilfe ablehnen, so insbesondere im Falle der Anstaltsfürsorge. Die private Wohlfahrtspflege hat zwar den Vorteil größerer Elastizität und kann sich stärker den Besonderheiten des Einzelfalles zuwenden. Der entscheidende Vorzug der öffentlichen Wohlfahrtspflege besteht aber darin, daß auf ihre Hilfe der Hilfsbedürftige einen *Rechtsanspruch* hat, während eine Unterstützung durch die private Fürsorge nicht erzwungen werden kann. Diese kann ihre Hilfe verweigern, ohne es begründen zu müssen. Von ebenso großer Bedeutung ist es, daß die öffentliche Sozialhilfe, weil sie der Forderung des Rechts entspringt, den Hilfsbedürftigen nicht zur Dankbarkeit verpflichtet und die Gefahr der Demütigung ausschließt, die sich mit freiwilligen Hilfen verbinden kann, zumal dann, wenn solche Hilfeleistung gönnerhaft-herablassend gewährt wird.
Die Bestimmung des Verhältnisses zwischen öffentlicher und privater Wohlfahrtspflege muß davon ausgehen, daß der Staat der oberste Verwalter des Gemeinwohls und der Letztverantwortliche für die Gestaltung der Lebensbedingungen seiner Bürger ist. Ihm kommt die Höchstzuständigkeit in allen die Ordnung eines Gemeinwesens betreffenden Angelegenheiten zu. Höchstzuständigkeit bedeutet nicht Alleinzuständigkeit. Bestehen Organisationen der freien Wohlfahrtspflege, ist jener Träger der Wohlfahrtspflege zuständig, der in der Situation des Notstandes die wirksamere Hilfe zu leisten vermag. Ob das die öffentliche oder ein Verband der privaten Wohlfahrtspflege ist, wird von den besonderen Umständen des Einzelfalles her entschieden und ist keine Prinzipienfrage, sondern Tatsachenfrage.
In jedem Fall steht dem Staat die Kompetenz-Kompetenz zu: Er ist dafür verantwortlich, daß festgestellt wird, welche Institution — die öffentliche Sozialhilfe oder ein Verband der privaten Wohlfahrtspflege — einer Notsituation am wirksamsten begegnen kann. Ebenso trägt der Staat vorrangig die Verantwortung dafür, daß überhaupt

geholfen wird. Die private Wohlfahrtspflege kann aus Gründen verschiedener Art im Einzelfall ihre Zuständigkeit verneinen. Dem Staat und den öffentlich-rechtlichen Institutionen ist das unter keinen Umständen möglich, eben weil der Hilfsbedürftige einen Rechtsanspruch auf Hilfeleistung hat. Diesen kann er nur gegenüber dem zuständigen öffentlich-rechtlichen Verband, nicht aber gegenüber der rechtlich nicht verpflichteten privaten Wohlfahrtspflege geltend machen. Übernimmt diese die Hilfeleistung in angemessener und ausreichender Form, erlischt der Rechtsanspruch des einzelnen gegenüber dem Staat, weil die Anspruchsgrundlage, die Hilfsbedürftigkeit, weggefallen ist. In keinem Fall der Hilfsbedürftigkeit aber kann der Staat ausgeklammert werden. Er ist stets der rechtlich Verpflichtete, der letztinstanzlich dafür einzustehen hat, daß der Rechtsanspruch des Hilfsbedürftigen angemessen erfüllt wird.
Es besteht also auf dem Gebiet der Wohlfahrtspflege, wie die „Richtlinien der Arbeiterwohlfahrt" zutreffend formulieren, die „vorrangige Verantwortlichkeit von Staat und Kommunen". Die Entscheidung des Bundesverfassungsgerichts vom 18. Juli 1967 stellt deshalb fest, daß die das Verhältnis von öffentlicher und freier Sozialhilfe berührenden Bestimmungen des Sozialhilfe- und des Jugendwohlfahrtsgesetzes „nicht der freien Wohlfahrtspflege schlechthin einen Vorrang vor der öffentlichen Sozialhilfe einräumen", sondern „die längst auch im Fürsorgewesen übliche und bewährte Zusammenarbeit zwischen den öffentlichen Trägern der Sozialhilfe und den freien Wohlfahrtsverbänden gewährleisten wollen, um mit dem koordinierten Einsatz öffentlicher und privater Mittel den größtmöglichen Erfolg zu erzielen".
Man hat in den Auseinandersetzungen um die Bestimmung des Verhältnisses von öffentlicher und privater Wohlfahrtspflege mit dem Subsidiaritätsprinzip argumentiert und darauf hingewiesen, daß dieses den Vorrang der kleineren vor der größeren Gemeinschaft behaupte. Kleinere Gemeinschaften im Sinne des Subsidiaritätsprinzips sind im Unterschied zum Staat die innerstaatlichen Sozialgebilde, insbesondere die Familien, Verbände und Gemeinden. Der Grundsatz der Subsidiarität spricht lediglich eine Vermutung (praesumptio iuris) der Zuständigkeit zugunsten der kleineren Gemeinschaften aus. Zuständig für die Hilfeleistung ist jenes Sozialgebilde, das am besten zu helfen vermag. Das aber ist Tatfrage, die vom Staat als dem Letztverantwortlichen aufgrund der jeweiligen Umstände zu entscheiden ist.
Mit der Beantwortung der Tatfrage ist dem für zuständig erklärten Verband ein „Vorrang" vor anderen Trägern der Wohlfahrtspflege zugesprochen. Es handelt sich aber nur um einen Vorrang der Zuständigkeit für den Einzelfall. Von diesem nur für den *Einzelfall* geltenden Zuständigkeitsvorrang ist der *prinzipielle* Zuständigkeitsvorrang der Verantwortlichkeit für die Sozialhilfe überhaupt zu unterscheiden. Er kommt allein dem Staat und der öffentlichen Verwaltung

zu. Nur diese sind in der Lage, dafür einzustehen, daß in jedem Fall der Hilfsbedürftigkeit der Rechtsanspruch des Hilfsbedürftigen erfüllt wird und tragen dafür vorrangig — *vor* den „kleineren Lebenskreisen" — die Verantwortung. Es ist also ein Irrtum, zu behaupten, durch das Subsidiaritätsprinzip werde dem Staat und den Kommunen gegenüber der privaten Wohlfahrtspflege und innerhalb deren Wirkungsbereichen eine „Funktionssperre" auferlegt.

In diesem Sinne ist die Regelung des Verhältnisses der Träger der öffentlichen Sozialhilfe zu den Verbänden der freien Wohlfahrtspflege durch das Bundessozialhilfegesetz zu verstehen (§§ 8, 10, 93). Soweit das BSHG einen Vorrang der freien Wohlfahrtspflege behauptet, setzt es voraus, daß diese in Einzelfällen die wirksamere Hilfe zu leisten vermag, und verweist nur auf das Gesetz der Sparsamkeit, auf den im Rationalprinzip ausgesprochenen Leitsatz, daß mit einem möglichst geringen Aufwand ein maximaler Effekt anzustreben sei. Es würde dem Rationalprinzip widersprechen, wenn die öffentliche Wohlfahrtspflege schon vorhandene Einrichtungen der freien Wohlfahrtspflege übergehen und zusätzliche Kosten aufwenden würde, ohne einen größeren Effekt zu erzielen. Nur in diesem Sinne kann von einem Vorrang gesprochen werden. Es handelt sich um einen Funktionsvorrang in *Einzelfällen*, nicht um einen Vorrang der grundsätzlichen Verantwortlichkeit. Dieser liegt stets bei den Trägern der öffentlichen Wohlfahrtspflege, weil Staat und öffentliche Verwaltung die Letztverantwortung dafür tragen, daß dem Hilfsbedürftigen geholfen wird. Aufgrund dieser Verantwortung sind die Träger der öffentlichen Wohlfahrtspflege auch verpflichtet zu prüfen, ob die freie Wohlfahrtspflege jeweils in der Lage ist, dem Hilfsbedürftigen *geeignete* Hilfe zu gewähren, also *die* Hilfe, auf die er einen Rechtsanspruch hat. Anweisungen des Gesetzes an die öffentliche Sozialhilfe, der freien Wohlfahrtspflege einen Vorrang einzuräumen, betreffen bestimmte Fälle und begrenzte Bereiche und gehen stets von der Voraussetzung aus, daß sich die Träger der öffentlichen Sozialhilfe über die Eignung des in Betracht kommenden privaten Verbandes Gewißheit verschafft haben. Ob der Staat den Verbänden der freien Wohlfahrtspflege für die von ihnen gewährten Hilfen Zuschüsse aus öffentlichen Mitteln zuwendet, ist staatliche, am Gemeinwohl orientierte Ermessensentscheidung. Ein Rechtsanspruch besteht nicht.

b) Wirtschaftspolitik

Als Ziel sozialdemokratischer Wirtschaftspolitik erklärt das Godesberger Programm „eine gerechte Beteiligung aller am Ertrag der Volkswirtschaft, ein Leben in Freiheit ohne unwürdige Abhängigkeit und ohne Ausbeutung" (GP, 13). Die Wirtschaftspolitik „bedarf der volkswirtschaftlichen Gesamtrechnung und des Nationalbudgets" und ver-

langt vom Staat, daß er sich der „Verantwortung für den Wirtschaftsablauf nicht entzieht“ (GP, 13 f.).
In diesen knappen Formulierungen des Godesberger Programms kommt eine Auffassung der Wirtschaftspolitik zum Ausdruck, die zu der des Altliberalismus und der klassischen Nationalökonomie in diametralem Gegensatz steht. Die Problematik bedarf einer eingehenden Erläuterung.
Die liberale Nationalökonomie gründet, wie der Liberalismus überhaupt, im Weltbild der Aufklärung. Unter dem Einfluß ihres Weltverständnisses ging die klassische Wirtschaftslehre von der Annahme aus, daß sich ein geordneter Wirtschaftsablauf in der geschichtlichen Wirklichkeit eigengesetzlich zur Geltung bringe, wenn nur das wirtschaftliche Geschehen freibleibe von staatlichen Eingriffen. Eigeninteresse und Gewinnstreben führen nach altliberaler Auffassung zwangsläufig zum Wettbewerb, zu größtmöglicher Gütererzeugung und Bedarfsdeckung. Die Grundüberzeugung der klassischen Nationalökonomie war die der Bienenfabel von Mandeville: Jeder dient, ohne es zu wissen und zu wollen, dem Gesamtinteresse, wenn er sein Individualinteresse verfolgt. „Nicht von dem Wollen des Fleischers, des Brauers oder Bäckers erwarten wir unsere Mahlzeit, sondern von ihrer Bedachtnahme auf ihr eigenes Interesse. Wir wenden uns nicht an ihre Humanität, sondern an ihren Egoismus und sprechen ihnen nie von unseren Bedürfnissen, sondern von ihren Vorteilen“, so formuliert Adam Smith diese Überzeugung, und an einer anderen Stelle erklärt er: „Der einzelne beabsichtigt nicht, das Gesamtinteresse zu fördern, und weiß auch nicht, in welchem Maße er es fördert; er zielt allein auf seinen Gewinn, und er wird darin durch eine unsichtbare Hand geleitet, die zu einem Ziele führt, das er selbst nicht angestrebt hat“[7]. Es kommt demnach nur darauf an, daß sich das von den Individuen inaugurierte „freie Spiel der Kräfte“ uneingeschränkt entfalten kann. So führt der Harmonieglaube der Aufklärung im Liberalismus zu dem bekannten Prinzip des Laissez-faire, das an den Staat die Forderung der Nichteinmischung in den Wirtschaftsprozeß stellt. Staatliche Eingriffe stören nach liberalistischer Auffassung die wirtschaftlichen Abläufe, staatliche Abstinenz führt zu vollendeter Harmonie und zum bestmöglichen wirtschaftlichen Ergebnis für alle Beteiligten. Entscheidend ist für den Liberalismus dieses: daß der Staat der Wirtschaft freien Lauf läßt. Hält er sich an diesen Grundsatz, führt der Wirtschaftsprozeß automatisch zu einem maximalen Produktionsergebnis. Der Staat erscheint in der Funktion des von Ferdinand Lassalle verspöttelten „Nachtwächterstaates“, der nur die Freiheitsrechte der Person zu schützen hat, innerhalb des wirtschaftlichen Bereichs also die *wirtschaftlichen* Freiheitsrechte: Gewerbefreiheit, Vertragsfreiheit und Eigentumsrecht.
Das Prinzip des Laissez-faire ist nicht rational gewonnen worden und

7 Adam Smith, Wealth of Nations, I, 2; IV, 2.

läßt sich auf logisch-diskursivem Wege nicht begründen. Es handelt sich um einen aus dem Weltbild der Aufklärung entwickelten Glaubenssatz. In ihm spricht sich die deistisch-optimistische Überzeugung einer a priori bestehenden Harmonie der Weltordnung aus, in die auch der Bereich der Wirtschaft als ein in sich wohlgeordneter Kosmos einbezogen ist. Was Leibniz als prästabilierte Harmonie, was Quesnay als ordre naturel bezeichnet hatte, wird von Adam Smith das Walten einer „unsichtbaren Hand" genannt. Es deckt sich in der Staatslehre mit Rousseaus volonté générale und erscheint später bei Hegel als die dialektische Entfaltung des Weltgeistes.

Ebenso wie der Glaube der Aufklärungsphilosophie an die Unversehrtheit des Universums und der Menschennatur als Utopie erkannt wurde, erwies sich auch der Glaube der liberalen Ökonomie als Irrlicht: daß es nur auf staatliche Entfesselung des freien Spiels der Kräfte ankomme, um eine vollkommene Wirtschaftsordnung erstehen zu lassen. Das Versagen des liberal-kapitalistischen Zeitalters gegenüber der sozialen Frage, die weitgehende Vernichtung des Wettbewerbs durch monopolistische Gebilde, das Auftreten wirtschaftlicher Krisen haben ein Problem der Marktwirtschaft sichtbar werden lassen, für das der liberalen Wirtschaftstheorie infolge ihres Harmonieglaubens das Verständnis fehlte. Sie hatte übersehen, daß das Funktionieren einer marktwirtschaftlichen Ordnung in der geschichtlichen Wirklichkeit von Bedingungen abhängt, die keineswegs eo ipso, mit der Freiheit der Wirtschaft vom Staat, gegeben sind oder sich automatisch einspielen.

Unter diesen Bedingungen sind die Wettbewerbsfreiheit, sowie die Elastizität von Angebot und Nachfrage auf den verschiedenen Märkten, insbesondere auf dem Arbeitsmarkt, hervorzuheben, weil an ihnen die ganze Problematik einer wirtschaftspolitischen Verwirklichung des marktwirtschaftlichen Systems hängt. Von seiten des Neoliberalismus wird vor allem auf die geschichtliche Erfahrung hingewiesen, daß die Vertragsfreiheit eingesetzt wurde zur Beseitigung des Wettbewerbs. Es handelt sich um die Tatsache, daß sich die Betriebe mit Hilfe der Vertragsfreiheit zu Monopolen zusammenschlossen und sich so des Wettbewerbs entledigten. Im Ausmaß dieser Selbstaufhebung der Freiheit durch die Freiheit, der Wettbewerbsfreiheit durch die Vertragsfreiheit, gehen die vom System der Marktwirtschaft erwarteten volkswirtschaftlichen Wirkungen verloren. Der durch den Wettbewerb ausgeübte Druck auf Kosten und Preise entfällt. Das Monopol hat die Möglichkeit der Preisstrategie, der Sicherung eines Monopolgewinns zu Lasten der Konsumenten und der Steuerung der Produktion nicht nach dem Bedarf der Konsumenten, sondern nach den Interessen des Monopols.

Auch die Bedingung der Elastizität der Wirtschaft, ihre Fähigkeit, sich auf Datenänderungen, insbesondere auf gewandelte Bedürfnisse und Wertschätzungen der Verbraucher, einzustellen, kann dann nicht mehr als eine unproblematische Selbstverständlichkeit angesehen werden. Je größer der Anteil der fixen Kosten, je stärker der Grad der Arbeitsteilung und die damit zusammenhängende Differenzierung der Fachberufe sind, um so geringer ist die Anpassungsfähigkeit der Wirtschaft. Die Umstellung des Produktionsapparates kann dann nicht kurzfristig erfolgen, sie bedarf langer Zeiträume und vollzieht sich unter Reibungsverlusten und Krisenerscheinungen.

Vor allem ist dieses hervorzuheben: Von der Elastizität der Wirtschaft als Bedingung einer freien Marktwirtschaft kann erst recht nicht die Rede sein im Hinblick auf den Arbeitsmarkt, weil es hier an der Gleichheit der wirtschaftlichen Startbedingungen zwischen Unternehmer und Arbeiter fehlt. Im Hochkapitalismus des 19. Jahrhunderts war der Unternehmer aufgrund seines Eigentums an den Produktionsmitteln dem eigentumslosen Arbeiter weit überlegen. Dieser war auf die dauernde Verwertung seiner Arbeitskraft angewiesen und konnte mit seinem Arbeitsangebot nicht warten. Das Angebot an Arbeitskraft war also starr, bis zur Hinnahme eines sogar unter dem Existenzminimum liegenden Lohnes. Darüber hinaus wurde auf dem Arbeitsmarkt jenes Faktum sichtbar, welches die ökonomische Theorie unter dem Terminus inverse oder marktgegenläufige Elastizität zu erörtern pflegt: Sinkende Löhne führten nicht zu einem Rückgang, sondern zur Ausdehnung des Angebotes an Arbeitskraft, dies in dem Bestreben, das verminderte Lohneinkommen des Ernährers der Familie durch mithelfende Familienangehörige auszugleichen.

Es handelt sich um Phänomene, die sich der geschichtlichen Verwirklichung des Systems der Marktwirtschaft als schwere Hemmnisse entgegenstellen. Die Trennung des Arbeiters von den Produktionsmitteln und die daraus folgende Starrheit des Arbeitsangebotes führten zu jenen Erscheinungen, die zum Inbegriff der sozialen Frage wurden: unermeßlicher Reichtum auf der Seite des Unternehmertums, dem ein rechtloses, verelendetes und bis zur Erschöpfung seiner physischen Kräfte ausgebeutetes Proletariat gegenüberstand. Ferner: Im Maße der Einengung des Wettbewerbs mit Hilfe von Kartellabsprachen kamen die von der Theorie intendierten Wirkungen der Marktwirtschaft nicht zum Tragen. Und schließlich: Die immer stärker werdende Monopolisierung führte in Verbindung mit dem wachsenden Fixkostenanteil des Produktionsapparates zur Erschwerung der Anpassungsfähigkeit des Wirtschaftsprozesses an Datenänderungen und zur Verschärfung der konjunkturellen Krisen. Es entstand der von Knut Wicksell analysierte kumulative Prozeß deflatorischer Kettenreaktionen, jener circulus vitiosus eines wirtschaftlichen Selbstauflösungsprozesses, dem zu begegnen der liberalen Ökonomie nicht möglich war, solange sie am Prinzip des Laissez-faire festhielt.

Aus dem Versagen des Liberalismus, das System der Marktwirtschaft aus dem Raum der Abstraktion in die geschichtliche Wirklichkeit zu übertragen, hat der *Neoliberalismus* bedeutsame Konsequenzen gezogen. Mit dem klassischen Wirtschaftsliberalismus stimmt er überein in der positiven Beurteilung der Marktwirtschaft als einer Ordnungsform des Wirtschaftsprozesses und eines Leitbildes der Wirtschaftspolitik. Er unterscheidet sich aber von ihm grundlegend darin, daß er sich unter dem Eindruck der geschichtlichen Erfahrungen mit dem Kapitalismus des 19. Jahrhunderts frei gemacht hat von jenem übersteigerten Seinsoptimismus und Harmonieglauben des klassischen Liberalismus, zu dessen philosophischer Grundhaltung er keine innere Beziehung hat. Der Neoliberalismus ist von einem tiefen Mißtrauen gegenüber der Lehre vom freien Spiel der Kräfte erfüllt und ist nicht der Auffassung, daß ein geordneter marktwirtschaftlicher Ablauf des Wirtschaftsprozesses automatisch, allein aufgrund des Eigeninteresses und des Gewinnstrebens der Individuen, zustandekommt. Deshalb hat die neoliberale Wirtschaftstheorie den Grundsatz des Laissez-faire aufgegeben und in einer überraschenden Wendung, man kann sagen: in einem dialektischen Umschlag, ihre Hoffnung auf den Staat gesetzt. Sie geht von der Überzeugung aus, daß eine marktwirtschaftliche Ordnung des Wirtschaftsprozesses nicht erwartet werden kann von einer Eigengesetzlichkeit der wirtschaftlichen Kräfte. Marktwirtschaft als eine vom Prinzip des Wettbewerbs bestimmte Ordnungsform der Volkswirtschaft gilt nicht mehr als etwas Ursprüngliches und Eigenwüchsiges, als ein naturhaft Gegebenes, sondern als etwas Abgeleitetes, nämlich als das Resultat einer vom Staat zu schaffenden Wirtschaftsverfassung. Der Wettbewerb als Bedingung für das Funktionieren der Marktwirtschaft ist ein Ergebnis staatlicher Veranstaltung — das ist die grundlegend neue Erkenntnis des Neoliberalismus. „Nach der altliberalen Vorstellung war die Marktwirtschaft ein Naturgewächs, nach unserer neoliberalen Überzeugung ist sie eine Kulturpflanze", so kennzeichnete Wilhelm Röpke den Unterschied zwischen Altliberalismus und Neoliberalismus[8].

In der Erkenntnis, daß die Bedingungen für einen geordneten Ablauf des Marktmechanismus vom Staat organisiert werden müssen, fordert der Neoliberalismus rechtliche Sicherungen, die dem Wettbewerb Raum für seine Entfaltung gewähren und ihn davor schützen, daß er sich mit Hilfe von Vertragsfreiheit und Kartellabsprachen selbst aufhebt. Zum Wesensbestand neoliberaler Wirtschaftspolitik gehört deshalb die Durchführung einer strengen Monopolkontrolle. Die Vertreter des Neoliberalismus sind sich auch der Tatsache bewußt, daß das System der Marktwirtschaft *allein* zu einer sozialgerechten Gestaltung der gesamten Wirtschaftsordnung nicht ausreicht und in weiten Bereichen durch staatliche Lenkungs- und Stützungsmaßnahmen ergänzt werden muß. Überall, wo sich die Bedingungen der Marktwirtschaft nicht durchsetzen lassen und wo der Wettbewerb aus irgendwelchen Gründen

8 Zit. nach Oswald v. Nell-Breuning, Gemeinsames und Trennendes in der Wirtschaftswissenschaft und Wirtschaftspolitik. In: Grundsatzfragen der Wirtschaftsordnung. Berlin 1954, S. 218.

an der Macht empirischer Daten scheitert, anerkennt der Neoliberalismus die Notwendigkeit sozial- und wirtschaftspolitischer Interventionen. Er fordert aber in erster Linie den Einsatz marktkonformer, indirekter Mittel der „leichten Hand", die den Preismechanismus nicht außer Kraft setzen, so insbesondere die Mittel der Steuerpolitik, der Geld- und Kreditpolitik, und läßt nur dann, wenn dieser Weg nicht zum Ziele führt, nichtmarktkonforme, direkte Mittel der „schweren Hand" gelten, also unmittelbare Eingriffe in den Wirtschaftsprozeß unter Verzicht auf die Funktionen des Marktmechanismus (Preistaxen, Bewirtschaftung, „Marktordnung", kollektives Arbeitsrecht).
Der Neoliberalismus hat der Wirtschaftsauffassung sowohl der katholischen Soziallehre als auch der des freiheitlichen Sozialismus bedeutende Impulse vermittelt. Gerhard Weisser gibt über den durch die Freiburger Schule unter dem überragenden Einfluß Walter Euckens begründeten Neoliberalismus folgendes Urteil ab: „Die Freiburger Lehre von dem institutionellen und nicht natürlichen Charakter der Marktwirtschaft bedeutet eine wahrhaft revolutionäre Wende in der Geschichte des Liberalismus; sie erhebt den deutschen Liberalismus hoch über die meisten westlichen Formen des heutigen Liberalismus. Diese Lehre ist zugleich ein Schritt auch zur Verständigung mit den freiheitlichen Sozialisten; anders gesagt: auf dem Wege vom 'Aufkläricht' zu echt historischem Denken"[9]. Der Einfluß des Neoliberalismus auf das Godesberger Programm wird sichtbar in der schon erwähnten Aufforderung an den Staat, sich seiner Verantwortung für den Wirtschaftsablauf nicht zu entziehen (vgl. GP, 14). Das Godesberger Programm spricht zwar den wirtschaftenden Individuen „das Recht zur freien Entscheidung" zu (GP, 13), verlangt aber vom Staat, daß er die Bedingungen und Spielregeln des freien Wettbewerbs festlegt. Von seinem personalistischen Ausgangspunkt her erklärt der freiheitliche Sozialismus: „Freie Konsumwahl und freie Arbeitsplatzwahl sind entscheidende Grundlagen, freier Wettbewerb und freie Unternehmerinitiative sind wichtige Elemente sozialdemokratischer Wirtschaftspolitik" (GP, 14). Von den gleichen Voraussetzungen her wendet er sich gegen eine die Freiheit zerstörende „totalitäre Zwangswirtschaft" und verlangt den „freien Markt, wo immer ein wirklicher Wettbewerb herrscht. Wo aber Märkte unter die Vorherrschaft von einzelnen oder von Gruppen geraten, bedarf es vielfältiger Maßnahmen, um die Freiheit in der Wirtschaft zu erhalten. Wettbewerb soweit wie möglich — Planung soweit wie nötig"! (GP, 14). Der Godesberger Sozialismus ist sich also, ebenso wie der Neoliberalismus, der Tatsache bewußt, daß der Wettbewerb *allein* als Ordnungsprinzip der Wirtschaft nicht ausreicht und ergänzender, aber auch korrigierender staatlicher Interventionen bedarf. Auch das Godesberger Programm stellt gegenüber der Interventions-

9 Gerhard Weisser, Für oder gegen Marktwirtschaft — eine falsche Frage. 2. Aufl. Köln 1954, S. 9.

politik des Staates die Forderung auf, daß bevorzugt indirekte, marktkonforme Mittel eingesetzt werden, die das Funktionieren des Preismechanismus nicht beeinträchtigen, und stellt deshalb als Leitregel den Satz auf, daß sich der Staat „im wesentlichen auf Methoden der mittelbaren Beeinflussung der Wirtschaft beschränken soll“ (GP, 14). Daß aber direkte Eingriffe in den Wirtschaftsablauf, die Mittel der „schweren Hand“, keineswegs ausgeschlossen werden, ergibt sich aus den im einzelnen bezeichneten wirtschaftspolitischen Maßnahmen: „Der moderne Staat beeinflußt die Wirtschaft stetig durch seine Entscheidungen über Steuern und Finanzen, über das Geld- und Kreditwesen, seine Zoll-, Handels-, Sozial- und Preispolitik, seine öffentlichen Aufträge sowie die Landwirtschafts- und Wohnbaupolitik“ (GP, 13 f.). Die Maßnahmen beispielsweise der Sozial- und Preispolitik sowie der Landwirtschaftspolitik werden in der Praxis, wenn auch nicht unter allen Umständen, so doch überwiegend als nichtmarktkonforme, direkte Mittel in die Erscheinung treten, als wirtschaftspolitische Methoden, die in ihrem Bereich den Preismechanismus ausschalten. Kollektives Arbeitsrecht und „Marktordnung“ der Landwirtschaft sind die eindrucksvollsten Beispiele.

Die unbestreitbaren, sowohl von der katholischen Soziallehre als auch vom freiheitlichen Sozialismus anerkannten und in ihr Lehrgebäude integrierten theoretischen Fortschritte des Neoliberalismus gegenüber der klassischen Ökonomie haben dennoch nicht zu der Überzeugung führen können, daß damit die Wirtschaftspolitik ihre letzte gedankliche Ausreifung erfahren habe und nun, ausgerüstet mit dieser ideellen Fracht, das Ziel einer sozialgerechten Wirtschaftsordnung ansteuern könne. Wir müssen auch zum Neoliberalismus kritisch Stellung nehmen. Trotz aller Fortschritte verbindet ihn mit dem klassischen Liberalismus die Tatsache, daß er als Sachziel der Wirtschaft die materielle Ergiebigkeit des Produktionsprozesses in den Vordergrund stellt und nicht eigentlich den Menschen. Das neoliberale Wirtschaftsziel, ein maximales Produktionsergebnis zu erwirtschaften, ist nur dann richtig, wenn dieses Ziel in ständiger Verbindung mit dem eigentlichen Sinn alles Wirtschaftens gesehen wird: daß der arbeitende Mensch zu seinem Recht kommt und auch innerhalb der Wirtschaft seine personale Daseinserfüllung findet. Was nützt aller materielle Reichtum der Produktion, wenn die Ordnung der Dinge auf den Kopf gestellt wird: „Der Arbeiter bedient die Maschine“ — es lohnt, darüber nachzudenken, wie verräterisch die Sprache ist und wie schon in der Sprache die Heillosigkeit der kapitalistischen Wirtschaft zum Ausdruck kommt: Oberste Werte sind Rentabilität und Profit, der Mensch ist nur Mittel zum Zweck der Schaffung materieller Werte. Der Neoliberalismus anerkennt zwar die Notwendigkeit staatlich-institutioneller Sicherungen für eine die Maximierung des Sozialprodukts gewährleistende Wirtschaftsordnung. Er unterläßt es aber, ausreichende institutionelle Sicherungen anzugeben, damit im Ablauf und im Ergebnis des Wirtschaftsprozesses der Mensch selbst und insbesondere der im Produktionsprozeß stehende Lohnarbeiter zur Geltung kommt und seine Menschenwürde und Subjektstellung im Betrieb gewahrt bleiben. „Eine Wettbewerbswirtschaft, in der die Unternehmer eine Partie für sich spielen, ist keine für uns annehmbare Ordnung“[10]. Man hat versucht, mit Hilfe der Idee der „sozialen Marktwirtschaft“ Wege zu weisen und Abhilfe zu schaffen.

Hier stellt sich zunächst die Frage: Was bedeutet gegenüber dem neoliberalen Ordnungsgedanken der Begriff einer *sozialen* Marktwirtschaft? Sind neoliberale und soziale Marktwirtschaft etwa Synonyme, gleichbedeutende Begriffe? Dann wäre — von der Logik wissenschaftlicher Begriffsbildung her gesehen — der Terminus soziale Marktwirtschaft überflüssig. Warum sollte man die Inhalte des Begriffs der neoliberalen Marktwirtschaft zusätzlich mit der Bezeichnung „soziale Marktwirtschaft“ versehen und sie damit, vor allem infolge der Vieldeutigkeit des Wortes „sozial“, Mißverständnissen aussetzen? Es könnte sich auch der Verdacht verfestigen, daß die wohlklingende Wortbindung „soziale Marktwirtschaft“ auf psychologische Wirkungen abgestellt und eine Zweckkonstruktion der politischen Propaganda sei, geeignet, die sozialen Mißstände des Spätkapitalismus zu verschleiern. Demgegenüber betonen die Verfechter der sozialen Marktwirtschaft, daß sie den schon bekannten wirtschaftlichen Ordnungssystemen eine eigenständige und neue Konzeption entgegenzusetzen haben. Alfred Müller-Armack spricht von der „neuartigen Synthese“ einer „bewußt gestalteten marktwirtschaftlichen Gesamtordnung“, einer „Synthese von sozialem Ausgleich und freier Wirkungsmöglichkeit der Marktkräfte“[11].

Gegenüber diesem Anspruch wird man fragen müssen: Worin besteht das Neuartige dieser „sozialen Marktwirtschaft“? Und auf welche spezifischen Strukturelemente können ihre Vertreter sich berufen, um zur Kennzeichnung ihres wirtschaftspolitischen Programms die Verwendung gerade des Begriffs „sozial“ zu rechtfertigen? Müller-Armack bezeichnet es als das Ziel einer sozialen Marktwirtschaft, „auf der Basis der Wettbewerbswirtschaft die freie Initiative mit einem gerade durch die marktwirtschaftliche Leistung gesicherten sozialen Fortschritt zu verbinden“, eine „durch das Wettbewerbssystem gesicherte und laufend erzwungene Produktivitätserhöhung als eine soziale Verbesserung“ zu erreichen und eine „bewußte Politik des wirtschaftlichen Wachstums“ zu betreiben[12].

Was hier als Ziel einer sozialen Marktwirtschaft bezeichnet wird, deckt sich mit den wirtschaftlichen Ordnungsvorstellungen des Neoliberalis-

---

10 Oswald v. Nell-Breuning, Wettbewerbsordnung. In: Gewerkschaftliche Monatshefte, 5, 1954, S. 67.

11 Alfred Müller-Armack, Soziale Marktwirtschaft. In: Handwörterbuch der Sozialwissenschaften, 9. Bd. 1956, S. 390 ff.

12 a. a. O., S. 390 f.

mus und läßt die Frage unbeantwortet, welchen Sinn es habe, das von der Freiburger Schule konzipierte Wirtschaftssystem als *soziale* Marktwirtschaft auszugeben, obwohl inhaltlich nichts Neues gesagt wird. Man wird Müller-Armack auch nicht folgen können, wenn er meint, daß „die reine Wettbewerbswirtschaft einfach durch ihre Produktivitätssteigerung sozial wirkt“[13]. Dem ist entgegenzuhalten, daß es vom Anspruch des wirtschaftenden Menschen her, also gerade unter *sozialen* Gesichtspunkten, nicht allein auf Produktivitätssteigerungen ankommt, sondern vor allem darauf, wie sie entstehen, wie sie sich zusammensetzen und wem sie zufließen. Unter diesen Aspekten ist der Vorgang der Vermögensbildung in der Bundesrepublik seit 1948 keineswegs „sozial“ zu nennen, sondern in der bekannten Formulierung Paul Jostocks „ein Skandal, der nach Abhilfe schreit“, da „nach alter Übung wohl so gut wie alles (der erwirtschafteten Erträge) wieder ins Eigentum der Unternehmer und Kapitalbesitzer übergegangen“ ist[14].
Es handelt sich bezüglich dessen, was Müller-Armack die Politik einer sozialen Marktwirtschaft nennt, um eine Wirtschaftspolitik, die sich als Produktionspolitik versteht und auf maximale Erträge gerichtet ist, ohne die Lebenslage der diese Erträge erwirtschaftenden Menschen, insbesondere der Lohnarbeiterschaft, mitzuberücksichtigen. Das wird klar ausgesprochen, wenn Müller-Armack meint, daß sich „der Wirtschaftspolitiker vom Sozialpolitiker trennen muß“[15]. Die gleiche Überzeugung spiegelt sich in folgender Aussage wieder: „Es ist natürlich klar, daß neben einer Marktwirtschaft noch sehr vieles an sozialer Umgestaltung aus den Betrieben, aus Eigeninitiative usw. hervorgehen kann. Das steht nicht mehr in der spezifischen Verantwortung der Wirtschaftspolitik. Diese hat für den Gesamtprozeß zu sorgen“[16].
So bleibt die Frage, warum ein marktwirtschaftliches Programm, das mit solcher Betonung die auf die Maximierung des Sozialproduktes gerichtete Wirtschaftspolitik von der um den Menschen bemühten Sozialpolitik trennt, mit der sympathischen Aufschrift „soziale Marktwirtschaft“ versehen wird. Tatsächlich handelt es sich um nichts anderes als um die Übernahme der Konzeption des Neoliberalismus, um eine Neuetikettierung des Freiburger Ordo-Liberalismus, nicht um eine „neuartige Synthese“, wie Müller-Armack anspruchsvoll behauptet. In den Veröffentlichungen und Erklärungen der Vertreter der sozialen Marktwirtschaft ist kein Strukturgedanke zu erkennen, der nicht schon vorher von den Theoretikern der Freiburger Schule in ihren Vorlesun-

13 Alfred Müller-Armack, Wirtschaftspolitik in der sozialen Marktwirtschaft. In: Der Christ und die soziale Marktwirtschaft (hrsg. von Patrick Boarman). Stuttgart 1955, S. 85.
14 Paul Jostock, Das Sozialprodukt und seine Verteilung. Paderborn 1955, S. 38.
15 Müller-Armack, Wirtschaftspolitik, a. a. O., S. 85.
16 a. a. O., S. 87.

gen und Schriften entwickelt und spätestens 1940, mit dem Erscheinen von Walter Euckens „Grundlagen der Nationalökonomie“, fixiert worden ist.

Man kann also nicht behaupten, daß die Idee der sozialen Marktwirtschaft gegenüber der Freiburger Schule ein eigenständiges wirtschaftliches Ordnungssystem mit besonderen, das Attribut „sozial“ rechtfertigenden Aufbauelementen darstellt. Zwar wird der Anspruch der Sozialpolitik nicht bestritten. Überall dort, wo das marktwirtschaftliche System nicht von sich aus einen humanen Vollzug des Produktionsprozesses und eine gerechte Verteilung des Produktionsergebnisses gewährleistet, wird der Einsatz der Sozialpolitik und einer angemessenen Redistributionspolitik verlangt, welche die sozial erwünschten Korrekturen vorzunehmen haben. Damit ist aber nichts Neues gesagt. Das gehört zum selbstverständlichen ideellen Bestand der Freiburger Schule. Die Überzeugung von der Notwendigkeit sozialpolitischer Maßnahmen ist überdies schon lange im Bewußtsein der Zeit so fest verwurzelt, daß die Bejahung der Sozialpolitik kein hinreichender Grund wäre, den Entwurf eines Wirtschaftssystems oder ein Programm der Wirtschaftspolitik mit dem Epitheton „sozial“ zu versehen.

Wenn die Wortverbindung „soziale Marktwirtschaft“ wissenschaftslogisch vertretbar sein soll und sich durch einen eigenen Sinngehalt gegenüber dem neoliberalen Entwurf als ein inhaltlich Neues ausweisen will, muß man beim Begriff „sozial“ ansetzen, weil dieser die differentia specifica ist gegenüber anderen Formen der Marktwirtschaft. Das buntschillernde Wort „sozial“ hat allerdings seine begrifflichen Konturen längst verloren und ist oft nur noch ein Reflex verschwommener Gefühle und gedanklicher Unklarheiten, weshalb es sich besonderer Beliebtheit erfreut. Es kommt deshalb darauf an, die mit dem Wort sich verknüpfenden Assoziationen auf jenen begrifflichen Kern zurückzuführen, der allein mit dem Ausdruck „sozial“ sinnvoll verbunden werden kann und seine Brauchbarkeit rechtfertigt.

Mit dem Wort „sozial“ können nicht gesellschaftliche Beziehungen im allgemeinen Sinne gemeint sein, etwa im Verständnis der scholastischen Philosophie (socialitas = Gesellschaftsbezogenheit). Seine Verwendung müßte dann im Zusammenhang unserer Fragestellung stets zu einem Pleonasmus führen; denn selbstverständlich ist Marktwirtschaft ein gesellschaftliches Geschehen, und jede Marktwirtschaft, auch die des Manchester-Liberalismus, ist in diesem Sinne „sozial“. Das Wort gewinnt einen logisch vertretbaren Inhalt nur dann, wenn es auf die Situation der wirtschaftlich Schwächeren und auf die der Überwindung dieser Situation dienenden Maßnahmen bezogen ist; wenn es auf jene Sinnbestimmung eingegrenzt bleibt, die es im Zusammenhang der *sozialen Frage* erhalten hat. Seitdem es den Begriff der sozialen Frage gibt und ihm entsprechend den der Sozialpolitik und der sozialen Gerechtigkeit, bezieht sich der Begriff des Sozialen auf die sozialethisch geforderten Gegenmaßnahmen und Gegenbewegungen, die auf die Beseitigung gesellschaftlicher Mißstände zielen, auf die Sicherung einer menschenwürdigen Lebenslage des einzelnen in der Gesellschaft und auf die Errichtung einer Wirtschaftsordnung, welche die Subjektstellung des Arbeiters gegenüber dem wirtschaftlichen Sachapparat schützt. Von einer *sozialen* Marktwirtschaft kann nur gesprochen werden, wenn der wirtschaftliche Bereich der *sozialen Gerechtigkeit* unterstellt wird und daraus für die Wirtschafts- und Sozialpolitik die entsprechenden Konsequenzen gezogen werden.

Das Spezifikum der Politik einer sozialen Marktwirtschaft besteht im Aufbau einer Wirtschaftsordnung, die nicht nur auf die Erwirtschaftung maximaler Erträge abgestellt ist, sondern den arbeitenden Menschen in die Mitte des Wirtschaftsprozesses stellt und seine Personenwürde achtet, damit auch der Bereich der Wirtschaft zum Raum seiner Selbstverwirklichung werden kann und ihm auch im Vollzug seiner Berufsarbeit die Erfüllung seiner Daseinsbestimmung zuteil werde. Der Arbeiter darf nicht das demütigende Bewußtsein haben, als Betriebsmittel eingesetzt zu werden, sondern er muß sich vor eine sinnvolle Aufgabe gestellt wissen, für die er Verantwortung trägt, um an dieser Verantwortung die Reifung seines Menschtums zu erfahren.

Als Leitsatz der Wirtschafts- und Sozialpolitik gilt den Verfechtern der sozialen Marktwirtschaft jedoch die bekannte Formel: Die beste Wirtschaftspolitik ist die beste Sozialpolitik. Demnach ist die Erwirtschaftung eines Ertragsmaximums primäres Ziel der Wirtschaft. Es kommt darauf an, die Wirtschaftsstrukturen auf einen möglichst ergiebigen Produktionsausstoß hin anzulegen, den Wirtschaftsprozeß ablaufen zu lassen, sein Ergebnis abzuwarten und post festum die erforderlichen sozialpolitischen Korrekturen vorzunehmen. Primär und mit Vorrang wird die Wirtschaftspolitik besorgt, und sekundär, falls das Ergebnis sozial korrekturbedürftig ist, wird die Sozialpolitik nachgezogen.

Dem ist zunächst dieses entgegenzuhalten: Es ist eine Erfahrungstatsache, daß es überaus schwierig, in vielen Fällen sogar ganz unmöglich ist, sozial negative Auswirkungen des Wirtschaftsprozesses nachträglich zu korrigieren. Noch schwerwiegender ist folgender Einwand: Es genügt nicht, nur staatlich-rechtliche Sicherungen für das *Funktionieren* der Marktwirtschaft bereitzustellen, sondern es kommt darauf an, auch die Bedingungen für einen *sozialen Vollzug* und für ein *soziales Ergebnis* des Wirtschaftsprozesses zu schaffen. Das Sachziel der Wirtschaft ist nicht eine maximale, sondern eine optimale, d. h. eine menschenwürdige Bedarfsdeckung. Dieses Ziel bestimmt sich nicht, wie der Ökonomismus behauptet, von der Wirtschaft, sondern vom Anspruch des arbeitenden Menschen her, dem nicht das physisch mögliche Maximum an Einsatz und Leistung zugemutet werden darf, sondern ein im Dienst seiner personalen Wesensentfaltung stehendes Optimum, das unter der Weisung der sozialen Gerechtigkeit steht und im Blick auf die jeweiligen Umstände von Fall zu Fall bestimmt werden muß. Der

Arbeiter muß in jeder Phase des Wirtschaftsprozesses zu seinem vollen Recht kommen. Materieller Reichtum *allein* ist kein erstrebenswertes Ziel, wenn dieser Reichtum ungerecht verteilt wird oder wenn schon im Ablauf des Produktionsprozesses der Mensch unter die Räder kommt. Man darf sich nicht zufrieden geben mit Produktionssteigerungen, wenn sie zustandekommen in einer Wirtschaftsordnung, in welcher der Arbeiter Objekt, nicht Subjekt des Wirtschaftsprozesses ist.

Das Charakteristikum einer *sozialen* Marktwirtschaft, die ihren Namen zu Recht trüge, wäre, nicht das Zustandekommen gesellschaftlicher Unzuträglichkeiten abzuwarten, sondern die Zielsetzungen der Sozialpolitik a limine in eine Wirtschaftsstrukturpolitik einzubeziehen, also Wirtschafts- und Sozialpolitik nicht getrennt durchzuführen, sondern uno actu miteinander zu verbinden und als die Einheit eines auf die Lebensförderung des Menschen gerichteten politischen Handlungszusammenhangs zu sehen. Das ist auch die Überzeugung des freiheitlichen Sozialismus. Es ist notwendig, daß, wie Ludwig Preller sagt, „Sozialpolitik und Wirtschaftspolitik zusammengesehen werden müssen . . ., daß nicht der Wirtschaftspolitik ein Vorrang vor der Sozialpolitik gegeben wird nach dem berühmten Schlagwort, die beste Wirtschaftspolitik sei die beste Sozialpolitik. Man muß den Wert des Sozialpolitischen gleichzeitig mitanerkennen“[17].

Eine Wirtschaftsstrukturpolitik, die als „soziale Marktwirtschaft“ gelten will, kann ihren Anspruch nur rechtfertigen, wenn sie sich als Antwort auf die soziale Frage versteht. Diese umschließt in ihrem Kern auch heute noch trotz aller „Temperierung“ des Kapitalismus das gleiche Problem wie im Hochkapitalismus: Konzentration des Produktionsvermögens in den Händen weniger, Ausschluß der Lohnarbeiterschaft vom Kapitaleigentum und ihre Degradierung zum Objekt des Produktionsprozesses[18]. Damit sind die beiden Ansatzpunkte einer Strukturpolitik bezeichnet, die einen Weg zur Lösung der sozialen Frage weisen: 1. die Schaffung annähernd gleicher Startbedingungen für die Partner des Wirtschaftsprozesses durch *Eigentumsbildung in Arbeiterhand;* 2. die Sicherung der Subjektstellung des Arbeiters im Betrieb durch *wirtschaftliche Mitbestimmung.*

Der Sache nach besteht zwischen katholischer Soziallehre und freiheitlichem Sozialismus Übereinstimmung bezüglich dessen, was vorangehend unter dem Begriff „soziale Marktwirtschaft“ erläutert wurde. Den Terminus selbst hat der Sozialismus nicht in sein Vokabularium aufgenommen. Und dies mit guten Gründen: Wenn die Ideologen der

---

17 Ludwig Preller, Diskussionsbeitrag zu: Die Finanzen der sozialen Sicherung im Kreislauf der Wirtschaft. In: Sozialer Fortschritt, 4, 1955, S. 185. — Ders., Sozialpolitik. Theoretische Ortung. Tübingen, Zürich 1962, S. 78 ff.

18 Vgl. Paul Jostock, Gibt es noch ein Arbeiterproletariat? In: Stimmen der Zeit, 166, 1960.

CDU/CSU und des Kapitalismus von „sozialer Marktwirtschaft" sprechen, geht es ihnen um die Verschleierung kapitalistischen Profitstrebens, nicht um die Verwirklichung einer sozialgerechten Wirtschaftsordnung im eben erläuterten Sinne. Dieser Mißbrauch des Begriffs „soziale Marktwirtschaft" wird immer dann besonders deutlich, wenn sich im Interesse des Gemeinwohls die Notwendigkeit staatlicher Interventionen abzeichnet, die von der kapitalistischen Interessenideologie regelmäßig als Angriff auf die Grundlagen der „sozialen Marktwirtschaft" und einer freiheitlichen Gesellschaftsordnung diskriminiert werden. Dabei handelt es sich stets um *ihr* Verständnis von Freiheit, nicht um die Freiheit aller. Diese aber kann nur gesichert werden, wenn dem hemmungslosen Profitstreben des Großkapitals und des Großgrundbesitzes intensive staatliche Interventionen entgegengesetzt werden. Deren Zurückweisung ist ein Indiz dafür, daß Marktwirtschaft und Freiheit nur Vorwände sind, wirtschaftliche Privilegien und überkommene Besitz- und Einkommenspositionen zu verteidigen.
Angesichts dieses Mißbrauchs des Begriffs „soziale Marktwirtschaft" sieht sich auch die katholische Soziallehre vor die Frage gestellt, ob es nicht besser wäre, sich von diesem Begriff zu distanzieren und die mit ihm gemeinten Sachverhalte durch eine andere Terminologie auszudrücken. Diese Frage stellt sich um so dringender im Hinblick darauf, daß die Idee der Marktwirtschaft, die nur eines der möglichen Mittel menschlicher Bedarfsdeckung ist, von den Unionsparteien in den Rang einer Weltanschauung erhoben und vom Kapitalismus zum Religionsersatz hochstilisiert wird. Dahinter steht die Entschlossenheit zum Laissez-faire des Manchester-Kapitalismus, der alle Menschheitswerte dem Kapitalinteresse unterordnet und dieses als obersten Wert versteht. Die Kaschierung solcher Intentionen mit Hilfe des Begriffs „soziale Marktwirtschaft" bedeutet dessen totale Pervertierung.

c) Eigentum und Einkommen

Die neuere katholische Eigentumslehre hat ihre entscheidenden Impulse erhalten aus der Situation der kapitalistischen Klassengesellschaft, deren Charakteristika Leo XIII. in Rerum novarum folgendermaßen umschreibt: „Der soziale Kampf ist entbrannt. Er ist die Folge der zunehmenden Zusammenballung von Vermögen in den Händen weniger und der Verelendung der breiten Masse, die in erbarmenswerter Not ein menschenunwürdiges Dasein führt, indem die Arbeiter schutzlos der Unmenschlichkeit der Besitzenden ausgeliefert sind, so daß eine kleine Schicht von Besitzenden der breiten Masse der Besitzlosen ein nahezu sklavisches Joch auferlegt"[19].
In diese Situation der kapitalistischen Klassengesellschaft tönten die

19 Rerum novarum, n. 1, 2.

Fanfarenstöße des Marxismus, der dem Arbeiter mit der Heraufkunft der eigentumslosen sozialistischen Gesellschaft höchstes irdisches Glück versprach. Die Masse der Arbeiterschaft hat sicherlich die Begründung der marxistischen Sozialisierungstheorie weder gelesen noch verstanden. Es gibt Partien in Marxens „Kapital“, die selbst dem Nationalökonomen unverständlich sind. Die Arbeiterschaft vernahm nur die ihr angepriesenen Konsequenzen: Freiheit, Gleichheit, Glück und Wohlstand. Es ging den Arbeitern auch gar nicht darum, die theoretischen Analysen von Karl Marx zu begreifen: Sie fühlten aber, daß dort etwas ausgesprochen wurde, was sie anging. Sie fühlten, daß sie in ihrem Elend verstanden wurden und daß ihnen Hilfe angeboten wurde. Die Hinwendung der Arbeiterschaft zum Sozialismus und ihre Abwendung vom Christentum vollzog sich ja nicht deshalb, weil man am Christentum aus dogmatischen Bedenken irre geworden wäre und im Sozialismus die Verkündigung der reinen Wahrheit gesehen hätte. Es war doch wohl so, daß sich die Arbeiter durch die Christenheit verraten fühlten, während sich der Sozialismus mit ihnen einließ und mit ihnen gegen das himmelschreiende Unrecht kapitalistischer Ausbeutung kämpfte. Man darf sich nicht wundern, wenn sich die Arbeiterschaft einer solchen Bewegung zuwandte mit einer Leidenschaft, in der man noch die religiöse Glut spürt, die am Christentum vorbeigegangen ist.
So wandten sie sich einer Ersatzreligion zu, deren Kategorien noch in ihrer säkularisierten Form ihre christliche Herkunft nicht verleugnen: Der Glaube an das Paradies der urkommunistischen Gesellschaft, der Sündenfall des Privateigentums, die Erlösung durch den Kommunismus, die messianisch-eschatologische Verheißung einer neuen Menschheit in der sozialistischen Gesellschaft. Diese wurde zum Ideal der Arbeiterschaft, und mit diesem Ideal verband sich der Haß gegen das Privateigentum. Wie sollte auch *der* eine auf dem Privateigentum gründende Gesellschaftsordnung lieben können, der keinen Zugang zum Eigentum hatte und dem jede Aussicht genommen war, zu jenem Eigentum zu kommen, das die volle Unabhängigkeit garantiert, zum Eigentum an Produktionsmitteln.
Vor diesem geschichtlichen Hintergrund und unter dem Eindruck des Sozialismus bemühte sich die katholische Eigentumslehre, ihre Position neu zu durchdenken und neu zu formulieren. Wir können hier nicht die einzelnen Stufen des vor allem durch Ketteler und Leo XIII. in Gang gebrachten Prozesses der Neubesinnung durchgehen, sondern müssen gleich das Ergebnis der neueren eigentumstheoretischen Auseinandersetzung innerhalb der katholischen Soziallehre in den Blick nehmen.
Eigentum ist das Recht, über Sachwerte unter Ausschluß anderer frei zu verfügen. Man unterscheidet zwei Grundkategorien des Eigentums, die des Privateigentums und die des öffentlich-rechtlichen Eigentums, das auch als Gemeineigentum bezeichnet wird.
Der Sinn jeden Eigentums, ganz gleich in welcher Form es auftritt, ist

die Persönlichkeitsentfaltung des Menschen, das will sagen: das Eigentum soll jedem einzelnen die Verwirklichung seiner Daseinsbestimmung und die Erfüllung seiner Lebensaufgabe ermöglichen. Der Mensch bedarf als Leib-Geist-Wesen materieller Mittel, um sein leibliches Leben zu erhalten. Sinnvolle Lebensführung vollzieht sich aber nicht nur in der Pflege des Leibes und der leiblichen Bedürfnisse, sondern auch und vor allem durch Wertverwirklichung im Leben mit der Gemeinschaft, im Gehorsam gegenüber den Ansprüchen der Gerechtigkeit und des Liebesgebotes. In allen Daseinsbereichen ist der Mensch, wenn er seine Lebensbestimmung erfüllen will, angewiesen auf materielle Mittel: in der Sorge für sich und den anderen, im Vollzug kulturellen und religiösen Lebens, in der Pflege von Kunst und Wissenschaft.
Der Begriff der Persönlichkeitsentfaltung muß noch deutlicher präzisiert werden, wenn der Sinn des Eigentums nicht mißverstanden werden soll: Der über Sachwerte verfügende Mensch ist in seiner Individual- und Sozialnatur wesensmäßig auf die Gemeinschaft hin angelegt, er kann sich als sittliches Wesen nur in der Gemeinschaft entfalten. Kraft dieser Zuordnung trägt er Verantwortung für das Gesellschaftsganze und ist ihm zu dienen verpflichtet. Daraus ergibt sich die Sozialnatur oder Sozialpflichtigkeit des Eigentums, die dem einzelnen jede egoistisch-willkürliche Ausnutzung und mißbräuchliche Verwendung der ihm gehörenden Güter verbietet. Er ist in der Verfügung über Vermögenswerte den Notwendigkeiten und Forderungen des Gemeinwohls unterworfen und in der Ausübung seiner Rechte an das Wohl des Mitmenschen und des Gesellschaftsganzen gebunden.
Damit sind auch schon die dem Eigentumsrecht gezogenen Grenzen bezeichnet. Es hat nur diesen einen Sinn, Mittel der Persönlichkeitsentfaltung zu sein, dem Menschen also die Erfüllung der aus seiner Personalität sich ergebenden Pflichten gegenüber sich selbst und gegenüber der Gemeinschaft zu ermöglichen. Wo man weiterreichende Zwecke und Wirkungen mit dem Eigentum anstrebt, müssen sie zurückgewiesen werden, weil sie sich aus seinem Wesen und seiner Zweckbestimmung nicht begründen lassen. Das gilt vor allem für das Eigentum an Produktionsmitteln, mit dessen Hilfe im Zeitalter des Kapitalismus das betriebsnotwendige Über- und Unterordnungsverhältnis in ein Macht- und Herrschaftsverhältnis verfälscht wurde dergestalt, daß der Arbeiter zum Bestandteil und zur Nummer des betrieblichen Sachapparates degradiert und prinzipiell einer Maschine gleichgesetzt wurde, die man nur unter dem Aspekt ihrer Brauchbarkeit sieht. Es gehört zur Sinnbestimmung des Eigentums als eines Mittels der Persönlichkeitsentfaltung, Herrschaft von Menschen über Menschen zu verhindern, nicht sie zu begünstigen. Wenn es dennoch geschieht, ist der Staat verpflichtet, gesellschaftspolitisch mit Hilfe von Eigentumsbildung, Mitbestimmung und Sozialisierung einzugreifen und die Eigentümer auf die ihnen durch die Sozialnatur des Eigentums auferlegten Begrenzungen zu verweisen.

Unsere Überlegungen richten sich nunmehr auf die Frage nach der Begründung und rechten Gestaltung der konkret-geschichtlichen Eigentumsordnung eines Gemeinwesens. Hier muß man von der Tatsache ausgehen, daß die Gesamtheit der Erdengüter dem Nutzen *aller* Menschen zu dienen bestimmt ist. Diese Gemeinschaftsbestimmung der Sachgüter schließt die Forderung in sich, die Güterordnung so zu organisieren, daß die Sachwerte *allen* Menschen zugute kommen; daß jedem einzelnen der ihm gemäß seiner besonderen Lebensaufgabe zustehende Anteil an der Güternutzung zugänglich gemacht werde, den er als Basis für die Verwirklichung seiner Daseinsbestimmung braucht.

Diese Sachverhalte lassen sich im Begriff des Gemeingebrauchprinzips oder in dem der Gemeinnutzung der Erdengüter zusammenfassen. Das Gemeingebrauchprinzip ist ausnahmslos die oberste und unabdingbare Gestaltungsnorm jeder geschichtlichen Güterordnung. Es ist innerhalb der Lehre von der Organisation der Güterwelt der einzige absolut und überzeitlich gültige Satz, der unmittelbar aus der Personalität des Menschen ableitbar ist; dessen Gültigkeit von geschichtlichen Besonderheiten und wechselnden menschlich-gesellschaftlichen Befindlichkeiten völlig unabhängig ist. Papst Paul VI. erklärt in Populorum progressio: „Wenn die Erde da ist, um jedem die Mittel für seine Existenz und Entfaltung zu geben, dann hat jeder Mensch das Recht, auf ihr das zu finden, was er nötig hat. Das Konzil hat dies in Erinnerung gerufen: 'Gott hat die Erde mit allem, was sie enthält, zum Nutzen für alle Menschen und Völker bestimmt; darum müssen diese geschaffenen Güter in einem angemessenen Verhältnis allen zustatten kommen ...' Alle anderen Rechte, ganz gleich welche, auch das des Eigentums und des freien Tausches, sind diesem Grundsatz (des Gemeingebrauchs der Güter) untergeordnet. Sie dürfen seine Verwirklichung nicht erschweren, sondern müssen sie im Gegenteil erleichtern. Es ist eine ernste und dringende soziale Aufgabe, alle diese Rechte zu ihrem ursprünglichen Sinn zurückzuführen“[20].

Dieses Gemeingebrauchprinzip ist eine rein sozialphilosophisch-ethische, keine soziologisch-juridische Kategorie. Es enthält also noch keine Aussage über die konkrete Form der jeweiligen geschichtlichen Güterordnung und ihre positiv-rechtliche Gestaltung; ob Privateigentum oder Gemeineigentum, ob beides nebeneinander, in welcher Rangordnung und in welchem Ausmaß. Der Anspruch des Gemeingebrauchprinzips drängt auf die Schaffung einer Güterordnung, die auf bestmögliche Weise die ursprüngliche Bestimmung der Sachwerte, ihre Gemeinnutzung durch alle Menschen, verwirklicht. Die Frage aber nach der geschichtlichen Form der Eigentumsordnung kann durch dieses Prinzip *allein* nicht entschieden werden, sondern nur mit Hilfe des Erfahrungsbefundes der jeweiligen Situation. Entsprechend den unterschiedlichen Lebensformen der Völker muß die eine, stets gleich-

20 Populorum progressio, n. 22.

bleibende und unwandelbar gültige Forderung des Gemeingebrauchprinzips mit Hilfe sehr verschiedener, oft gegensätzlicher Eigentumsordnungen verwirklicht werden.

Als Organisationsformen der Güternutzung kommen in Betracht der Ordnungstyp des Privateigentums und der des Gemeineigentums. Für die Eigentumspolitik eines Gemeinwesens wird es sich meist nicht darum handeln, mit Hilfe eines dieser Ordnungstypen den Gesamtbereich der Güterherrschaft zu organisieren, sondern zu entscheiden, in welchem Ausmaß die Güterordnung dem Modell des Privateigentums und dem des Gemeineigentums zu unterstellen ist. Regelmäßig wird es sich um eine Synthese beider Ordnungsformen handeln.

Diese Frage der konkret-geschichtlichen Ausgestaltung der Eigentumsordnung ist, sozialethisch gesehen, keine Prinzipienfrage, sondern Tatsachenfrage. Ihre Lösung hängt von den jeweiligen geschichtlichen Umständen ab und ist „der menschlichen Geschicklichkeit und den Rechtsformen der Völker anheimgegeben“[21]. In der gleichen Weise, wie die geschichtlichen Gegebenheiten dem dauernden Wandel unterworfen sind, muß auch die Frage nach der zweckmäßigsten Organisation der Eigentumsordnung immer wieder neu gestellt werden, die Frage also, welche Bereiche der Güternutzung innerhalb eines Gemeinwesens mit Hilfe des Privateigentums und welche mit Hilfe des Gemeineigentums zu ordnen sind. Auch dort, wo sich die Gesellschaftspolitik aufgrund der historischen Umstände für das Privateigentum als dominierendes Ordnungsmodell entscheidet, ist eine solche Entscheidung nur insoweit erlaubt und geboten, als sich auf diese Weise das Gemeingebrauchprinzip am besten verwirklichen läßt. Die rechtliche Legitimation der Privateigentumsordnung ist stets davon abhängig, daß mit ihrer Hilfe unter diesen bestimmten geschichtlichen Voraussetzungen die soziale Zweckbestimmung der Güterwelt besser durchzusetzen ist als mit Hilfe der Gemeineigentumsordnung.

Mit diesen Feststellungen ist auch der sozialethisch-naturrechtliche Ort einerseits des Gemeingebrauchprinzips und andererseits der Ordnungstypen des Privateigentums und des Gemeineigentums bezeichnet. Der überzeitlich gültige Anspruch absoluter und unwandelbarer Verbindlichkeit kommt nur dem Grundsatz des Gemeingebrauchs zu, nicht den soziologischen Organisationsmodellen des Privateigentums und des Gemeineigentums. Diese sind nur wandelbare, auswechselbare und jederzeit aufhebbare Institutionen des positiven Rechts, das sich ihrer entsprechend den jeweiligen gesellschaftlichen Bedingungen und Ordnungsvorstellungen bedient.

Privateigentum und Gemeineigentum sind also nichts anderes als Instrumente im Dienste der Verwirklichung des Gemeingebrauchs der Dinge; ihr Wert und Sinn bestehen ausschließlich in dieser ihrer Instrumentalfunktion. Keinem der beiden Typen kann grundsätzlich ein

21 Rerum novarum, n. 7. — Quadragesimo anno, n. 49.

Wertvorrang vor dem anderen zugesprochen werden. Jeder bedarf in seiner geschichtlichen Verwirklichung der Begründung aus den Erfordernissen des Gemeinwohls und des Gemeingebrauchprinzips und ist in seiner gesellschaftspolitischen Gültigkeit und also hinsichtlich des Ausmaßes seiner Konkretisierung abhängig von den dem Wandel unterworfenen Lebensbedingungen eines Gemeinwesens. Die Stellung der katholischen Eigentumslehre gegenüber Privateigentum und Gemeineigentum als theoretischen Ordnungsmodellen ist wertneutral. Prinzipiell gibt es also keinen Vorrang des Privateigentums vor dem Gemeineigentum. Positivrechtliche, insbesondere verfassungsrechtliche Bestimmungen zum Schutz des Privateigentums gelten nicht einem absolut verbindlichen Naturrecht, sondern nur einem gesellschaftlichen Instrumentalwert, den man unter den gegebenen Bedingungen für brauchbar hält und den man deshalb, solange er sich als brauchbar erweist, funktionsfähig erhalten muß.

Eine evangelisch-katholische Denkschrift zum Bodenrecht enthielt in ihrer ersten Fassung folgenden Text: „Keine rechtliche Eigentumsordnung, weder eine solche mit 'liberalistischer' noch eine mit 'sozialistischer' Tendenz kann Anspruch auf eine prinzipielle Gültigkeit haben ... Keine Eigentumsart kann von vornherein eine höhere ethische Würde gegenüber der anderen beanspruchen.“ Diese Aussagen sind in einer zweiten Fassung in der Formulierung zwar abgewandelt, inhaltlich aber unverändert übernommen worden: „Keine erdachte oder realisierte Bodenordnung kann ohne kritische Prüfung Anspruch auf prinzipielle Gültigkeit haben“[22].

Die katholische Eigentumslehre sah sich in der Vergangenheit zwar überwiegend mit geschichtlichen Lebensformen konfrontiert, für die eine aus Privateigentum und Gemeineigentum kombinierte Eigentumsordnung in Betracht kam und als angemessen erschien. Immer aber hat es auch Situationen gegeben, in denen man sich dazu entschließen mußte, die Gesamtordnung der Güternutzung ausschließlich auf der Basis des Gemeineigentums durchzuführen. Die Jesuitenreduktionen in Paraguay beispielsweise wurden unter radikalem Ausschluß des Privateigentums streng kommunistisch geführt. Kriegführende Staaten, belagerte Festungen, eingeschlossene Städte, von Hungersnot und Naturkatastrophen betroffene Gemeinwesen haben stets das Privateigentum weitgehend oder total ausgeschlossen. Und das mit vollem Recht. Die Kriegswirtschaft des letzten Weltkrieges war eine in den entscheidenden Wirtschaftsbereichen dem Typ des Gemeineigentums unterstellte Eigentumsordnung, in der das Privateigentumsrecht nur formaljuristisch fortbestand, faktisch aber durch übergreifende zwangswirtschaftliche Regelungen außer Kraft gesetzt war.

Niemand hat je etwas dagegen eingewendet, daß die sonst dem Privateigentum nachgerühmte Möglichkeit der Persönlichkeitsentfaltung in

22 Vgl. Spiegel, Nr. 50, 1972, S. 57.

den genannten Beispielen nur auf der Basis des Gemeineigentums erreicht werden konnte. Die katholische Kirche hat in ihrer Lehre von den evangelischen Räten jeden Prioritätsanspruch des Privateigentums zurückgewiesen und dessen Relativität hervorgehoben, indem sie das vom Ordnungstyp des Gemeineigentums bestimmte klösterliche Leben als eine höhere Lebensform versteht. Sie erklärt den die feierlichen Gelübde ablegenden Religiosen für eigentumsunfähig und ist davon überzeugt, daß damit dessen Persönlichkeitsentfaltung nicht gehemmt, sondern gefördert wird.

Die Institution des Privateigentums ist — ebenso wie die des Gemeineigentums — ein Instrument der Gesellschaftspolitik, in der historisch-konkreten Gestalt ihrer gesellschaftspolitischen Aktualisierung vergleichbar einer Maschine, die man einsetzt, solange sie rentabel ist; die man verschrottet, wenn sie nicht mehr funktioniert oder durch den technischen Fortschritt überholt ist. Die Privateigentumsordnung steht sowohl als Institution im ganzen als auch hinsichtlich der Weise ihrer Ausgestaltung in der vollen Verfügbarkeit der Gesellschafts- und Wirtschaftspolitik. Diese ist allein durch das Gemeingebrauchprinzip und also durch das Gemeinwohl gebunden; von der Institution des Privateigentums her sind ihr keinerlei Grenzen gesetzt.

Mag das Privateigentum für weite Bereiche der westlichen Welt unter den gegebenen Bedingungen als angemessen gelten, so kann das sicherlich nicht mit dem gleichen Gewicht für die osteuropäische, noch weniger für die asiatische Staatenwelt behauptet werden. Das Weltganze umschließt sehr verschiedenartige, zum Teil extrem sich gegenüberstehende Lebensordnungen, die auch güterwirtschaftlich unterschiedlich zu ordnen sind.

Wer grundsätzlich den Vorrang des Privateigentums behauptet und jede Dominanz des Gemeineigentums unter allen Umständen aus angeblich christlicher Überzeugung als Kommunismus bekämpft, bekundet damit nur, daß ihm sein Christentum soviel wert ist, wie es sich als Mittel zur ideologischen Abstützung und Sicherung der bestehenden Besitzverhältnisse mißbrauchen läßt. Mit den Argumenten der katholischen Eigentumslehre kann man keinen Kreuzzug gegen den Kommunismus führen. Der militante Antikommunismus des Adels und Großgrundbesitzes in aller Welt, insbesondere in Lateinamerika, ist Eigentumsideologie, Mißbrauch ethischer Werte zum Zwecke der Vermögenssicherung, vollendeter religiöser Nihilismus, der das Christentum umfunktioniert für die Zwecke einer brutalen Gewaltherrschaft, unter der Menschenrechte und Menschenwürde verhöhnt und mit Füßen getreten werden. Wer in einem der abscheulichsten Unrechtsstaaten der Welt, in Brasilien, für soziale Gerechtigkeit eintritt, muß damit rechnen, daß es ihm ergeht wie jenen katholischen Priestern und Ordensmännern, die wie gemeine Verbrecher behandelt und sogar gefoltert werden.

Die katholische Eigentumslehre kann nicht die Behauptung gelten

lassen, die Institution des Privateigentums sei eine unabdingbare Voraussetzung der Persönlichkeitsentfaltung und einer freiheitlichen Gesellschaftsordnung. Wo von freier Persönlichkeitsentfaltung gesprochen wird, muß sie ausnahmslos auf jeden einzelnen bezogen werden, auf den Generaldirektor eines Konzerns wie auf dessen letzten Hilfsarbeiter. Persönlichkeitsentfaltung, eingegrenzt auf die privilegierte Schicht der Mächtigen und Besitzenden, ist Mißbrauch der Freiheitsidee. Und gerade dieser Mißbrauch hat sich immer wieder der Institution des Privateigentums bedient. Institutionelle Voraussetzung der Persönlichkeitsentfaltung ist nicht die Privateigentumsordnung als solche, sondern das ordnungspolitisch konkretisierte Gemeingebrauchprinzip, das jedem einzelnen den ihm zustehenden Anteil an der Güternutzung zuspricht und deshalb die conditio sine qua non einer freiheitlichen Gesellschaftsordnung ist.
Die geschichtliche Erfahrung hat gezeigt, daß eine sich verabsolutierende, von der Norm des Gemeingebrauchs dispensierte Privateigentumsordnung nicht dem Schutz der Freiheit und der Personenwürde dient, sondern zu ihrer Zerstörung führt. Das ist nicht erst von Paul VI., sondern schon von seinen Vorgängern seit Leo XIII. beklagt und gebrandmarkt worden. Mit Hilfe des Privateigentums wurde die Lohnarbeiterschaft der Industrienationen Europas in tiefes Elend gestürzt, ein Vorgang, der auf Weltebene erneut sichtbar wird in den Entwicklungsländern. Aber auch ihre hart erkämpfte Freiheit hat die Industriearbeiterschaft nicht der Institution des Privateigentums zu verdanken, sondern dem Sozialismus, den Gewerkschaften und den Systemen sozialer Sicherheit.
In einer von riesigen Monopolen beherrschten kapitalistischen Wirtschaft, die von wenigen Akteuren dirigiert wird, stellt sich grundsätzlich die Frage, wo hier die Idee des Privateigentums als Möglichkeit der Persönlichkeitsentfaltung sichtbar und wirksam wird. Das moderne Produktionsmitteleigentum ist weitgehend zusammengefaßt in der Hand anonymer Kapitalgesellschaften, deren Eigentümer nicht physische, sondern juristische Personen sind. Wen also ermächtigt und verpflichtet das Eigentum einer Aktiengesellschaft, seine Persönlichkeit zu entfalten? Es kommen nur in Betracht die Aktionäre, denen meist Sachkunde und Verfügungsmöglichkeiten fehlen, und die Gruppe der Manager, die, obwohl nicht Eigentümer, ihre Persönlichkeit in jedem Fall eindrucksvoll zur Entfaltung bringen, ob sie über Privateigentum oder über Gemeineigentum verfügen. Und welchen ethisch nachvollziehbaren Sinn soll eine als Persönlichkeitsentfaltung verstandene private Eigentumsverfügung haben, wenn der Staat bereit ist, jedes ernsthafte Risiko der großen Unternehmungen aufzufangen und für Fehlentscheidungen einzustehen? Schon allein die Formulierung solcher Fragen beleuchtet die Absurdität des Versuchs, zwischen Privatwirtschaft und Persönlichkeitsentfaltung eine Wahlverwandschaft herzustellen. Die öffentliche Meinung aber wird dahingehend manipuliert,

daß mit der Verteidigung des Privateigentums an Produktionsmitteln höchste ethische Werte, Personenwürde und Freiheit, verteidigt werden. Tatsächlich handelt es sich hinsichtlich der kapitalistischen Konzernwirtschaft um die freiheitsfeindliche Herrschaft jenes entarteten Kapitalismus, der schon von Pius XI. genau beschrieben und bedingungslos verworfen wurde[23].

Damit kein Mißverständnis entstehe: Es soll nicht durchgängig der Ablösung der privaten Konzernwirtschaft durch Staatsbetriebe das Wort geredet, wohl aber in aller Eindeutigkeit festgehalten werden, daß es sich hier nicht um Prinzipienfragen handelt, sondern um reine Zweckmäßigkeitsfragen, die im Blick auf das Gemeinwohl und unter Beachtung der jeweiligen gesellschaftlichen Verhältnisse von Fall zu Fall zu entscheiden sind. Es wird niemand im Ernst behaupten wollen, daß Gemeinwohl und Menschlichkeit Schaden leiden würden, wenn die Weltfirma Siemens, die Bayer-Werke, der Flick-Konzern, das Vermögen des Baron von Finck und das des Fürsten von Thurn und Taxis auf der Basis des Gemeineigentums, in genossenschaftlicher oder staatlicher Verantwortung verwaltet würden.

Die Wertneutralität des Privateigentums ist in der Geschichte der katholischen Eigentumslehre um so deutlicher sichtbar geworden, je mehr die kirchliche Soziallehre ihre Blickverengung aufgab und nicht mehr nur in die europäische Staatenwelt hineinsprach, sondern sich an das Weltganze richtete und dessen unterschiedliche Sozialstrukturen berücksichtigen mußte.

Daraus haben die neueren kirchlichen Stellungnahmen zum Eigentum, insbesondere die Enzyklika Populorum progressio, die Konsequenzen gezogen. Während frühere Verlautbarungen zur sozialen Frage trotz aller Kritik am Privateigentum auch auf die Notwendigkeit seiner Realisierung unter bestimmten geschichtlichen Bedingungen verwiesen, fehlt in Populorum progressio jedes Argument zugunsten der Privateigentumsordnung und jeder Versuch, sie als bevorzugt geeignetes Instrument der Güterordnung zu begründen. In der Konfrontation mit dem Ganzen der Welt und im Blick auf neue gesellschaftliche Entwicklungen war es dem Papst unmöglich, von Vorzügen des Privateigentums zu sprechen und diesem gegenüber dem Ordnungstyp des Gemeineigentums einen Vorrang einzuräumen. Die Ausführungen der Enzyklika zum Problem der Eigentumsordnung sind ein einziger Appell an die Welt, der naturgegebenen Gemeinschaftsbestimmung der Güter gerecht zu werden und den Entartungen der Privateigentumsordnung entgegenzutreten. Wenn in Populorum progressio vom Privateigentum die Rede ist, dann nicht von seinen Vorteilen, sondern nur von seinen negativen Wirkungen, von dem Unheil, das es über die Welt gebracht hat, und den von ihm ausgehenden Gefährdungen der Gemeinschaft, die nur durch tief eingreifende gesellschaftspolitische

23 Vgl. Quadragesimo anno, n. 105 ff.

Gegenmaßnahmen vor seiner zerstörerischen Kraft geschützt werden kann.

Die Enzyklika Populorum progressio hat die katholische Eigentumslehre in ihrem Kampf gegen die konservative Eigentumsideologie, gegen die angebliche „Unantastbarkeit" und „Heiligkeit" des Privateigentums bestätigt und hat das Bemühen um seine Entideologisierung und „Entmythologisierung" entscheidend gefördert. Die Lobredner des Privateigentums und die Verfechter seiner „Unantastbarkeit" und „Heiligkeit" können sich nicht auf die kirchliche Soziallehre berufen. Man darf auch hoffen, daß die Kirche sich künftig entschiedener als bisher von allen Versuchen distanziert, die darauf abzielen, sie für die Interessen jener Gesellschaftsschichten einzuspannen, die sich in ihrem Besitzstand bedroht fühlen; daß sie unnachgiebig den schon von Pius XI. verurteilten Paravento-Katholizismus zurückweist, der die Religion als Wandschirm vorschützt, um mit Hilfe der Eigentumsidee die Lohnarbeiterschaft ausbeuten zu können[24].

Das Privateigentum muß unter bestimmten geschichtlichen Bedingungen zwar hingenommen werden, doch nicht als Ideal, sondern als notwendiges Übel, dem starke gesellschaftspolitische Impulse entgegenzusetzen sind, damit die vom Eigentumsgebrauch ausgehenden destruktiven Tendenzen nicht die Ordnung des Zusammenlebens zerstören. Die Gefährdung des Menschen und der Gesellschaft durch das Privateigentum ist eine uralte Erkenntnis und Erfahrung. Unüberhörbar sind die in den biblischen Schriften des Alten und des Neuen Testaments ausgesprochenen Mahnungen und Warnungen, die dem Menschen die Bedrohung seiner Person durch die korrumpierenden Wirkungen des Besitzes tief einprägen. Der Mensch steht im Umgang mit den Gütern dauernd an der Grenze des Versagens und benutzt sie, statt als Mittel personaler Wesenserfüllung, als Mittel des Prestiges, der Macht und der Ausbeutung.

Man mag zur Verteidigung der Privateigentumsordnung noch so nachdrücklich die Sozialnatur des Eigentums anrufen, die von niemandem bestritten wird. Die Frage ist nur, ob die Bereitschaft besteht, sie ohne gesellschaftlichen Zwang zu praktizieren. Diese Bereitschaft ist offenbar sehr gering, und eben deshalb forderte das kirchliche Lehramt zu wiederholten Malen den Einsatz staatlicher Zwangsmaßnahmen, zuletzt mit stärkster Eindringlichkeit durch Paul VI. in der Enzyklika Populorum progressio[25]. Ohne staatlichen Zwang sind die Probleme der Eigentumsordnung nicht zu lösen.

Damit ist jener Fragenkreis angesprochen, der im Begriff der *Eigentumspolitik* zusammengefaßt und nunmehr zu erörtern ist.

Die Aufgabe der Eigentumspolitik besteht darin, eine der Norm des Gemeingebrauchs der Dinge angemessene Ordnung der Güternutzung

---

24 Vgl. a. a. O., n. 125.

25 Vgl. Populorum progressio, n. 23 f.

zu schaffen. Entscheidet sich die Eigentumspolitik auf Grund der vorgefundenen gesellschaftlichen Situation für den Typ des Privateigentums als Primärform der Güterordnung, dann trägt sie die Verantwortung dafür, daß die Privateigentumsordnung in ihrer konkreten Ausgestaltung der Forderung des Gemeingebrauchprinzips entspricht und *jedem* Glied der Gesellschaft der ihm zustehende Anteil an der Güternutzung zugesprochen wird. Wenn schon Privateigentum, dann Eigentum für alle! Diese Forderung gilt nicht nur für Konsumgüter, sondern auch für das Eigentum an den Produktionsmitteln. Sie zielt auf die Beseitigung von Vermögenskonzentrationen in den Händen weniger und eine möglichst breite Streuung auch des Produktionsmitteleigentums.

An einer sehr zeitgemäßen Stelle seiner Politik hat schon Aristoteles darauf hingewiesen, daß eine Demokratie auf die Dauer nicht bestehen könne, wenn es nicht eine breite Mittelklasse von unabhängigen, mit der Ankerfunktion des Eigentums ausgestatteten Bürgern gebe[26]. Wenn diese mittlere Schicht zu klein oder gar aufgerieben sei, setze ein Verfall der Demokratie ein, der leicht mit dem Triumph der Tyrannis enden könne. „Wealth is like muck, it is not good but if it be spread", so hat Francis Bacon das Problem zwar etwas drastisch, aber sachlich richtig formuliert[27]. Der Kommunismus zieht seine entscheidende Kraft aus der Sozialkritik an der bestehenden Gesellschaftsordnung. Solange ihm dieser Ansatzpunkt bleibt, übertrifft er an Dynamik bei weitem die uns bekannten Totalitarismen der Vergangenheit. Man konnte keinen Buschneger zum Nationalsozialismus bekehren, weil es nicht möglich war, ihn von der Theorie des germanischen Herrenvolkes zu überzeugen. Er läßt sich aber im Handumdrehen zum Kommunisten machen, indem man mit ihm über Ausbeutung und Monopolkapitalismus spricht. Wir wissen ja, daß das in den unentwickelten Ländern mit Eifer und Erfolg versucht wird. Es gilt auch die Tatsache zu bedenken, daß die Mutterländer der katholischen Kirche ein bevorzugtes Feld der kommunistischen Propaganda sind, weil dort die Masse der Lohnarbeiterschaft im Kommunismus die einzige Chance sieht, ihren Protest gegen unhaltbare Eigentumsverhältnisse zum Ausdruck zu bringen und wirksam werden zu lassen. Aber nichts ist schwieriger, als italienische und spanische, südamerikanische, aber auch mitteleuropäische Katholiken zu einem Verzicht auf feudalistische und kapitalistische Monopolstellungen zu veranlassen. Die drohenden Revolutionen in lateinischen Ländern sind wesentlich bedingt durch die Härte und Starre, mit der diese Menschen *ihre* Gesellschaftsordnung, *ihren* Gott und *ihre* Ethik verteidigen. Und sie sind bereit, alle Allianzen einzugehen, um *ihren* Katholizismus als den einzig legitimen zu behaupten, dies alles trotz der beschwörenden Worte Pius' XI.:

---

26 Vgl. Politik, 4. Buch, 11. Kap.

27 Vgl. hierzu Hartmut Michel, Eigentumspolitik. Tübingen 1962, S. 5.

„Um so schärfere Verurteilung verdient der Leichtsinn, der, um all dieses unbekümmert, Zustände weiter bestehen läßt, die den fruchtbaren Nährboden berechtigter Unzufriedenheit abgeben und so der angestrebten Weltrevolution Schrittmacherdienste leisten"[28]. Dem sei der Hinweis von Graham Greene in seinem mexikanischen Tagebuch „Gesetzlose Straßen" hinzugefügt, daß erst durch die Revolution die in Kisten verpackten päpstlichen Sozialenzykliken den Weg aus bischöflichen Kellern in die Öffentlichkeit fanden.

In seiner Enzyklika Divini Redemptoris hebt Pius XI. die wichtigsten Lehren aus Quadragesimo anno hervor, so vor allem die Sozialnatur des Eigentums, und beklagt es, daß die Besitzenden im Umgang mit den Gütern Gerechtigkeit und Liebe verletzen, da man „einerseits eine Masse von Bedürftigen sehe, die von einem Elend, an dem sie ganz unschuldig sind, zu Boden gedrückt sind, und andererseits neben ihnen so viele, die sich leichtsinnigen Vergnügungen überlassen und ungeheure Summen verschwenden ... Was soll man dazu sagen, daß irgendwo katholische Arbeitgeber die Verlesung des Rundschreibens Quadragesimo anno in ihren Patronatskirchen zu verhindern wußten? Was soll man dazu sagen, daß katholische Arbeitgeber bis auf den heutigen Tag sich als Feinde einer von uns selbst befürworteten christlichen Arbeiterbewegung bewiesen haben? Und ist es nicht beklagenswert, daß das Recht auf Eigentum, das die Kirche anerkennt, mitunter dazu benutzt wurde, um den Arbeiter um seinen gerechten Lohn und um seine sozialen Rechte zu bringen"[29]? Die Anklage gegen das Ausbeutertum und den Pharisäismus mancher Kreise könnte deutlicher als von Pius XI. nicht formuliert werden. Die einzigen noch wirksamen Mittel, solche Vorwürfe des Papstes gegenüber dem unter dem Deckmantel der Christlichkeit auftretenden ausbeuterischen Kapitalismus abzuwehren, bestehen darin, die Äußerungen des kirchlichen Lehramtes zur sozialen Frage je nach Lage der Dinge entweder totzuschweigen, zu verharmlosen oder zu verfälschen, einschlägige Mittel, die bis zur Stunde mit großem Erfolg praktiziert werden, so insbesondere auch gegenüber den Verlautbarungen Pauls VI.

Um so entschiedener muß daran festgehalten werden, daß die bestehenden Eigentumsrechte keineswegs absolut gültig und unanfechtbar sind, sondern entsprechend den geschichtlichen Wandlungen selbst auch dem Wandel unterliegen. Weil sich die geschichtlichen Verhältnisse in dauerndem Fluß befinden, kann das, was heute noch gültig ist, in nächster Zukunft schon Unrecht sein. Es ist die Pflicht der Träger der öffentlichen Gewalt, insbesondere des Staates als des Letztverantwortlichen für das Gemeinwohl, immer dann einzugreifen und eine Neu-

---

28 Quadragesimo anno, n. 112. — Vgl. auch Friedrich Heer, Die Wiedergeburt des katholischen Gehorsams. In: Hochland, 47, 1954/55, S. 503.

29 Divini Redemptoris. In: Marmy, n. 211, 215.

abgrenzung der bestehenden Eigentumsrechte vorzunehmen, wenn diese dem Gebot des Gemeingebrauchs der Güter widerstreiten.
Die Forderung nach staatlicher Eigentumspolitik erwuchs aus der schon angedeuteten Situation der kapitalistischen Klassengesellschaft, die durch Vermögenskonzentration einerseits und Eigentumslosigkeit der Lohnarbeiterschaft andererseits gekennzeichnet ist. Vor diesem geschichtlichen Hintergrund forderte Leo XIII. „eine der Gerechtigkeit mehr entsprechende Verteilung der Güter"; denn „die Macht der Umschichtungen in der Gesellschaft hat in den Städten zwei Klassen von Bürgern auseinandergerissen, und zwar so, daß zwischen ihnen eine große Kluft besteht. Auf der einen Seite die Herrenschicht, die nur herrscht, weil sie Geld hat. Diese Schicht ist allein ausschlaggebend in Handel und Industrie, sie weiß die Produktivität der Wirtschaft in die Richtung des eigenen Vorteils und Interesses zu lenken und hat auch in der Politik das entscheidende Wort. Auf der anderen Seite ist die breite Masse, eine hilflose, schwache, seelisch ungesunde und jeder Wühlarbeit zugängliche Schicht"[30]. Es komme also alles darauf an, „die armen Werktätigen aus den Klauen profitgieriger Leute zu befreien, welche die Arbeiter um eines übermäßigen Gewinnes willen erbarmungslos ausbeuten und sie nicht als Menschen, sondern wie einen Sachapparat behandeln"[31].
In gleicher Weise verurteilt auch Pius XI. die Unordnung und Ungerechtigkeiten des kapitalistischen Zeitalters. Der Papst beklagt die „Spaltung der Gesellschaft in zwei Klassen: Die eine Klasse, nur gering an Zahl, genoß fast allein die Annehmlichkeiten, welche die neuzeitlichen Erfindungen so reichlich zu bieten vermochten; die andere Klasse dagegen, die große Masse der Arbeiterschaft umfassend, litt unter dem Druck jammervoller Not, ohne sich trotz angestrengtesten Bemühens aus ihrer kläglichen Lage befreien zu können"[32]. Dieser Gedanke wird in Quadragesimo anno mehrfach wiederaufgenommen: „Lange genug konnte das Kapital ein Übermaß für sich vorwegnehmen. Das gesamte Erträgnis, die ganzen Überschüsse nahm das Kapital vorweg für sich in Anspruch, dem Arbeiter kaum das Notwendige für die Erhaltung der Arbeitskraft und ihre Reproduktion übrig lassend ... So ist die überwältigende Massenerscheinung des Proletariats gegenüber einem kleinen Kreis von Überreichen ein unwidersprechlicher Beweis dafür, daß die Erdengüter, die in unserem Zeitalter des sogenannten Industrialismus in so reicher Fülle erzeugt werden, nicht richtig verteilt und den verschiedenen gesellschaftlichen Klassen nicht entsprechend zugute gekommen sind"[33]. Als auffallendstes Kennzeichen der kapitalistischen Wirtschaft bezeichnet Pius XI. „die gewaltige

30 Rerum novarum, n. 35.
31 a. a. O., n. 33.
32 Quadragesimo anno, n. 3.
33 a. a. O., n. 54, 60.

Zusammenballung nicht nur an Kapital, sondern an Macht und wirtschaftlicher Herrschgewalt in den Händen einzelner, die sehr oft gar nicht Eigentümer, sondern Treuhänder oder Verwalter anvertrauten Gutes sind, über das sie mit geradezu unumschränkter Machtvollkommenheit verfügen"[34].

Pius XII. schließt sich den Aussagen seiner Vorgänger an: „Wir sehen heute tatsächlich oft, wie eine ständig zunehmende Masse von Arbeitern sich ungeheuren Zusammenballungen von Wirtschaftsgütern gegenüberfindet, die — häufig unter dem Deckmantel anonymer Formen — sich ihren sozialen Pflichten zu entziehen wissen und den Arbeiter sozusagen in die Unmöglichkeit versetzen, für sich wirkliches Eigentum zu bilden ... Wir sehen auf der einen Seite ungeheure Reichtümer, welche die private und öffentliche Wirtschaft, ja oft das bürgerliche Leben beherrschen, auf der anderen Seite die zahllose Menge derer, die, jeder unmittelbaren oder mittelbaren Existenzsicherheit bar, keinen Sinn mehr für die wahren und hohen Werte des Geistes aufbringen, sich der Sehnsucht nach einer echten Freiheit verschließen, sich bedenkenlos der Knechtschaft irgendeiner politischen Partei verschreiben und zu Sklaven eines jeden werden, der ihnen auf irgendeine Weise Brot und Ruhe verspricht"[35].

Johannes XXIII. hielt es für notwendig, erneut auf diese Sachverhalte hinzuweisen und auf Abhilfe zu drängen[36]. Doch schon Johannes XXIII und, ihm folgend, die Pastoralkonstitution Gaudium et spes des II. Vatikanischen Konzils sowie die Enzyklika Populorum progressio Pauls VI. sehen den Gegensatz zwischen reich und arm nicht mehr nur in der Perspektive der industriellen Gesellschaft, sondern auch des Weltganzen und lenken den Blick sowohl auf das Verhältnis zwischen den fortschrittlichen und den unentwickelten Ländern als auch auf die Situation *innerhalb* der unentwickelten Länder, in denen eine kleine Schicht von Großgrundbesitzern die Masse der Landarbeiter ausbeutet und ihr menschenunwürdige Daseinsbedingungen aufzwingt[37]. „Die sozialen Konflikte haben", so erklärt Paul VI., „weltweites Ausmaß angenommen. Eine starke Unruhe, die sich der armen Klassen in den sich industrialisierenden Ländern bemächtigt hat, greift auch auf jene über, deren Wirtschaft noch fast agrarisch ist. Auch die Bauern werden sich ihres unverdienten Elends bewußt. Und zu allem kommt der Skandal schreiender Ungerechtigkeit nicht nur im Besitz der Güter, sondern mehr noch in deren Gebrauch. Eine kleine Schicht genießt in manchen Ländern alle Raffinessen der Zivilisation, und der Rest der Bevölke-

34 a. a. O., n. 105.
35 Rundfunkbotschaft am 1. September 1944. In: Utz-Groner, n. 733.
36 Vgl. Mater et Magistra, n. 111 ff.
37 Vgl. a. a. O., n. 157 ff. — Pacem in terris, n. 121 ff. — Pastoralkonstitution Gaudium et spes, n. 63, 71, 83 ff. — Populorum progressio, n. 9, 43 ff.

rung ist arm, hin- und hergeworfen und ermangelt ‚fast jeder Möglichkeit, initiativ und eigenverantwortlich zu handeln, und befindet sich oft in Lebens- und Arbeitsbedingungen, die des Menschen unwürdig sind' (Gaudium et spes, n. 63)"[38].
Eine einseitige Vermögenskonzentration von der Art, wie sie in den Verlautbarungen des kirchlichen Lehramtes angesprochen ist, bedeutet eine Pervertierung der Ordnung des Privateigentums und nimmt ihm seinen Sinn, dies sowohl auf seiten der Besitzenden als auch auf seiten der Nichtbesitzenden: Diesen wird die materielle Grundlage ihrer Existenz und Daseinsentfaltung genommen, jene aber mißbrauchen die in ihrer Hand zusammengeballten Güter als Mittel der Macht, der Ausbeutung und Entrechtung anderer Menschen. Ein in diesem Ausmaß konzentriertes Eigentum bedeutet aber nicht nur Macht über Menschen, sondern darüber hinaus auch Macht über die Institutionen des öffentlichen Lebens, Macht über den Staat. Auch in den sozial fortschrittlichen Ländern, in denen das Eigentum als Einkommensquelle und Existenzsicherung der Arbeiterschaft hinter anderen gesellschaftlichen Ordnungsfaktoren zurücktritt, behält es seine Bedeutung als Machtfaktor des staatlich-gesellschaftlichen Lebens.
In der negativen Beurteilung des zunehmenden wirtschaftlichen Konzentrationsprozesses besteht Übereinstimmung zwischen katholischer Soziallehre und freiheitlichem Sozialismus. In seiner Verurteilung des Monopolkapitalismus als einer „ungeheuren Zusammenballung nicht nur an Kapital, sondern an Macht und wirtschaftlicher Herrschgewalt in den Händen einzelner" richtet sich Pius XI. vor allem gegen den Finanzkapitalismus und zeichnet das Bild einer derart monopolisierten Wirtschaft in den düstersten Farben: „Zur Ungeheuerlichkeit wächst diese Vermachtung der Wirtschaft sich aus bei denjenigen, die als Beherrscher und Lenker des Finanzkapitals unbeschränkte Verfügung haben, über den Kredit und seine Verteilung nach ihrem Willen bestimmen. Mit dem Kredit beherrschen sie den Blutkreislauf des ganzen Wirtschaftskörpers; das Lebenselement der Wirtschaft ist derart unter ihrer Faust, daß niemand gegen ihr Geheiß auch nur zu atmen wagen kann. Diese Zusammenballung von Macht, das natürliche Ergebnis einer grundsätzlich zügellosen Konkurrenzfreiheit, die nicht anders als mit dem Überleben des Stärkeren, das ist allzu oft des Gewalttätigeren und Gewissenloseren, endet, ist das Eigentümliche der jüngsten wirtschaftlichen Entwicklung. Solch gehäufte Macht führt ihrerseits wieder zum Kampf um die Macht, zu einem dreifachen Kampf: zum Kampf um die Macht innerhalb der Wirtschaft selbst; zum Kampf sodann um die Macht über den Staat, der selbst als Machtfaktor in den wirtschaftlichen Interessenkämpfen eingesetzt werden soll; zum Machtkampf endlich der Staaten unter-

38 Populorum progressio, n. 9.

einander, die mit Mitteln staatlicher Macht wirtschaftliche Interessen ihrer Angehörigen durchzusetzen suchen und wieder umgekehrt zum Austrag zwischenstaatlicher Streithändel wirtschaftliche Macht als Kampfmittel einsetzen ... Der freie Wettbewerb hat zu seiner Selbstaufhebung geführt; an die Stelle der freien Marktwirtschaft trat die Vermachtung der Wirtschaft; das Gewinnstreben steigerte sich zum zügellosen Machtstreben. Dadurch kam in das ganze Wirtschaftsleben eine furchtbare, grauenerregende Härte. Dazu traten die schweren Schäden einer Vermengung und unerfreulichen Verquickung des staatlichen und des wirtschaftlichen Bereichs. Als einen der schwersten Schäden nennen wir die Erniedrigung der staatlichen Hoheit, die unparteiisch und allem Interessenstreit entrückt, einzig auf das gemeine Wohl und die Gerechtigkeit bedacht, als oberste Schlichterin in königlicher Würde thronen sollte, zur willenlos gefesselten Sklavin selbstsüchtiger Interessen. Im zwischenstaatlichen Leben aber entsprang der gleichen Quelle ein doppeltes Übel: hier ein übersteigerter Nationalismus und Imperialismus wirtschaftlicher Art, dort ein nicht minder verderblicher und verwerflicher finanzkapitalistischer Internationalismus oder Imperialismus des internationalen Finanzkapitals, das sich überall da zu Hause fühlt, wo sich ein Beutefeld auftut"[39]. An diese Ausführungen Pius' XI. knüpft Paul VI. in seinem Apostolischen Schreiben Octogesima adveniens an: „Unter dem Druck der neuen Produktionssysteme schwinden die nationalen Grenzen, und man sieht neue Wirtschaftsmächte hervortreten, die multinationalen Unternehmen, die durch die Konzentration und Anpassungfähigkeit ihrer Mittel größtenteils unabhängig von den nationalen politischen Mächten und somit ohne Kontrolle hinsichtlich des Gemeinwohls ein eigenmächtiges Vorgehen entwickeln können. Indem sich ihre Tätigkeit ausweitet, können diese Privatunternehmen zu einer neuen Form des Machtmißbrauchs auf dem sozialen, kulturellen und sogar politischen Gebiet führen. Die übermäßige Konzentration der Machtmittel, die schon Pius XI. anläßlich der Vierzig-Jahrfeier von ‚Rerum Novarum' angeprangert hat, nimmt eine neue Gestalt an"[40].

Mit gleicher Eindringlichkeit beschreibt das Godesberger Programm die Gefahren des wirtschaftlichen Konzentrationsprozesses: „Ein wesentliches Kennzeichen der modernen Wirtschaft ist der ständig sich verstärkende Konzentrationsprozeß. Die Großunternehmen bestimmen nicht nur entscheidend die Entwicklung der Wirtschaft und des Lebensstandards, sie verändern auch die Struktur von Wirtschaft und Gesellschaft: Wer in den Großorganisationen der Wirt-

---

39 Quadragesimo anno, n. 105 ff. — Vgl. auch Mater et Magistra, n. 35 f. — Paul Jostock, Eigentum als Ordnungs- und Unordnungsmacht. In: Naturordnung in Gesellschaft, Staat, Wirtschaft (Messner-Festschrift). Innsbruck, Wien, München 1961, S. 326 ff., insbes. S. 330.

40 Octogesima adveniens, n. 44.

schaft die Verfügung über Millionenwerte und über Zehntausende von Arbeitnehmern hat, der wirtschaftet nicht nur, er übt Herrschaftsmacht über Menschen aus; die Abhängigkeit der Arbeiter und Angestellten geht weit über das Ökonomisch-Materielle hinaus. Wo das Großunternehmen vorherrscht, gibt es keinen freien Wettbewerb. Wer nicht über gleiche Macht verfügt, hat nicht die gleiche Entfaltungsmöglichkeit, er ist mehr oder minder unfrei. Die schwächste Stellung in der Wirschaft hat der Mensch als Verbraucher. Mit ihrer durch Kartelle und Verbände noch gesteigerten Macht gewinnen die führenden Männer der Großwirtschaft einen Einfluß auf Staat und Politik, der mit demokratischen Grundsätzen nicht vereinbar ist. Sie usurpieren Staatsgewalt. Wirtschaftliche Macht wird zu politischer Macht. Diese Entwicklung ist eine Herausforderung an alle, für die Freiheit und Menschenwürde, Gerechtigkeit und soziale Sicherheit die Grundlagen der menschlichen Gesellschaft sind. Die Bändigung der Macht der Großwirtschaft ist darum zentrale Aufgabe einer freiheitlichen Wirtschaftspolitik. Staat und Gesellschaft dürfen nicht zur Beute mächtiger Interessengruppen werden" (GP, 14 f.).

Die Gefährdung von Staat und Gesellschaft durch die fortschreitende Vermögenskonzentration ist nach wie vor von bedrängender Aktualität. Die den Arbeiter in seiner Existenz bedrohenden Auswirkungen des Kapitalismus sind zwar dank Sozialismus und Gewerkschaften in den sozial fortschrittlichen Ländern mit Hilfe der Sozialpolitik weitgehend aufgefangen, aber das kapitalistische Wirtschaftssystem entfaltet überall dort seine unmenschlichen Wirkungen, wo sich die gewerkschaftliche Selbsthilfe der Arbeiterschaft nicht durchsetzen kann.

Der Prozeß einseitiger Vermögenskonzentration zugunsten der Besitzenden hat sich in der vom Konservativismus und der Restauration beherrschten jüngsten Vergangenheit in der gleichen Richtung fortgesetzt wie in der Zeit des Hochkapitalismus. Die Neubildung von Produktionsvermögen in den Händen der Unternehmer vollzog sich auf unsoziale Weise mit Hilfe von Steuerbegünstigungen für technische Neuanlagen und vor allem mit Hilfe nicht entnommener Gewinne. Sie wurde durchgeführt auf dem Wege des Zwangssparens mittels Preisaufschlägen zu Lasten der Gesamtheit und zum Nutzen einer kleinen Zahl wirtschaftlich bevorzugter Kapitalbesitzer, welche die nicht verteilten Gewinne investierten und in ihr Eigentum überführten. So hat sich kraft der Vermögensballung in den Händen weniger auch in den hochindustrialisierten Ländern trotz steigenden Lebensstandards ein neuer Feudalismus entwickelt, der die Masse der Lohnarbeiter, in der Sprache Wilhelm Röpkes ausgedrückt, zu „Haustieren mit komfortabler Stallfütterung" degradiert.

Es ist seit Leo XIII. unbestrittener Grundsatz der katholischen Soziallehre, daß im Falle ungerechter Eigentumsverteilung der Staat „Form und Ausgestaltung der Institution des Privateigentums regeln und mit dem Gemeinwohl in Übereinstimmung bringen kann"[41]. Mit unüberhörbarer Eindringlichkeit spricht Pius XI. den gleichen Gedanken aus: „Indem die Staatsgewalt das Privateigentum auf die Erfordernisse des Gemeinwohls abstimmt, erweist sie den Eigentümern keine Feindseligkeiten, sondern einen Freundschaftsdienst; denn sie verhütet auf diese Weise, daß die Einrichtung des Privateigentums zu unerträglichen Unzuträglichkeiten führt und so sich selbst ihr Grab gräbt. Das heißt nicht, das Privateigentum aufheben, sondern es schirmen; das ist keine Aushöhlung des Eigentums, sondern seine Festigung"[42].

Der Papst warnt davor, „sich einzureden, daß eine so ungeheuerliche und ungerechte Ungleichheit in der Verteilung der zeitlichen Güter den Absichten des allweisen Schöpfers entsprechen" solle, und nennt es eine Verletzung der sozialen Gerechtigkeit, wenn die Arbeiterschaft durch diese „Kapitalakkumulation beim Kapitalbesitz . . . enterbt und so um ihr angeborenes Recht auf wirtschaftlichen Aufstieg betrogen" wird; wenn „eine satte Bourgeoisie in naiver Gedankenlosigkeit es als die natürliche und befriedigende Ordnung der Dinge ansieht, daß ihr allein alles zufällt und der Arbeiter leer ausgeht"[43].

Hören wir auch den tiefen Ernst jener Mahnung, die Pius XI. in einem späteren Zusammenhang ausspricht: „Es ist mit aller Macht und Anstrengung dahin zu arbeiten, daß wenigstens in Zukunft die neugeschaffene Güterfülle nur in einem billigen Verhältnis bei den besitzenden Kreisen sich anhäufe, dagegen in breitem Strom der Lohnarbeiterschaft zufließe . . . Gehe man doch endlich mit Entschiedenheit und ohne weitere Säumnis an die Ausführung! Täusche sich niemand! Nur um diesen Preis lassen sich die öffentliche Ordnung, Ruhe und Frieden der menschlichen Gesellschaft gegen die Mächte des Umsturzes mit Erfolg behaupten"[44].

Nicht weniger nachdrücklich werden diese Grundsätze durch Pius XII. hervorgehoben: „Die Kirche beabsichtigt keineswegs, den gegenwärtigen Stand der Dinge einfachhin und ohne Abstriche zu befürworten; als ob sie darin etwa den Ausdruck des göttlichen Willens sähe, noch grundsätzlich den Reichen und Plutokraten gegenüber dem Armen und Habenichts zu schützen". Sodann verweist der Papst auf das Recht des Staates, den Gebrauch des Eigentums zu regeln und notfalls die Enteignung zu verfügen, wenn die Verteilung des Eigentums seiner ursprünglichen Bestimmung widerspricht[45].

Johannes XXIII. weist auf die Tatsache hin, „daß die wirtschaftlichen

---

41 Rerum novarum, n. 35.

42 Quadragesimo anno, n. 49.

43 a. a. O., n. 5, 54, 57.

44 a. a. O., n. 61 f.

45 Vgl. Rundfunkbotschaft am 1. September 1944. In: Utz-Groner, n. 734 ff.

Verhältnisse vieler Länder den Mittel- und Großbetrieben ein besonders schnelles Wachstum im Wege der Selbstfinanzierung ihrer Ersatz- und Erweiterungsinvestitionen gestatten. Wo dies zutrifft, muß den Arbeitern ein rechtmäßiger Anspruch an diese Unternehmen zuerkannt werden . . . Es genügt nicht, nur das naturgegebene Recht auf Privateigentum, auch an Produktionsmitteln, zu betonen. Mit gleichem Nachdruck muß alles unternommen werden, damit alle Kreise der Bevölkerung in den Genuß dieses Rechtes gelangen . . . Breitere Streuung des Eigentums ist, wenn jemals, so heute ganz besonders geboten“[46]. Und Paul VI. erklärt in lapidaren Sätzen: „Das Privateigentum ist für niemand ein unbedingtes und unumschränktes Recht . . . Sollte ein Konflikt entstehen zwischen den Individualrechten und den Grundbedürfnissen der Gemeinschaft, dann ist es die Aufgabe der staatlichen Gewalt, unter aktiver Beteiligung der einzelnen und der sozialen Gruppen eine Lösung zu suchen“[47]. Der Papst richtet sich gegen eine Haltung, die es darauf ankommen lasse, „daß der Reichtum der Reichen und die Stärke der Starken noch größer werden, indem man die Armut der Armen und das Unterdrücktsein der Unterdrückten verewigt und zunehmen läßt“[48].
In der Verurteilung der gegenwärtigen Eigentumsverteilung und in der Forderung nach einer Neugestaltung der Eigentumsverhältnisse stimmen katholische Soziallehre und freiheitlicher Sozialismus auch mit dem Neoliberalismus überein: „Daß die Verteilung von Vermögen und Einkommen in unserer plutokratischen Wirtschaftsordnung irgend etwas mit sozialer Gerechtigkeit zu tun hätte, wird heute niemand mehr im Ernst behaupten wollen“, erklärt Alexander Rüstow[49]. Der freiheitliche Sozialismus bekennt sich entschieden zum Privateigentum, auch zum „privaten Eigentum an Produktionsmitteln, soweit es nicht den Aufbau einer gerechten Sozialordnung hindert“ (GP, 15). Er fordert, so stellt Gerhard Weisser fest, „keine allgemeine Überführung des Produktionsvermögens in die Hand der Allgemeinheit“, obwohl aber „eine andere Verteilung des Eigentums in der Gesellschaftswirtschaft“[50]. Der freiheitliche Sozialismus mißachte „nicht die Werte des Eigentums; er will, daß auch diejenigen Gesellschaftsmitglieder in den Genuß von Eigentum kommen, denen die Gesellschaftsordnung den Erwerb von Eigentum bisher nahezu

46 Mater et Magistra, n. 75, 113, 115.
47 Populorum progressio, n. 23.
48 a. a. O., n. 33.
49 Alexander Rüstow, Zwischen Kapitalismus und Kommunismus. In: Ordo, 2, 1949, S. 122. — Vgl. Wilhelm Röpke, Civitas humana. Grundfragen der Gesellschafts- und Wirtschaftsreform. 3. Aufl. Erlenbach-Zürich 1949, S. 279 ff.
50 Gerhard Weisser, Freiheitlicher Sozialismus. In: Handwörterbuch der Sozialwissenschaften, 9. Bd. 1956, S. 513.

unmöglich gemacht hat"[51]. Das Godesberger Programm bemerkt hierzu: „Einkommen und Vermögen sind ungerecht verteilt. Das ist nicht nur die Folge massenhafter Vermögensvernichtung durch Krise, Krieg und Inflation, sondern im wesentlichen die Schuld einer Wirtschafts- und Steuerpolitik, die die Einkommens- und Vermögensbildung in wenigen Händen begünstigt und die bisher Vermögenslosen benachteiligt" (GP, 17).

Ein marktwirtschaftliches Wirtschaftssystem, dem es nicht nur auf die Maximierung des Sozialprodukts und also nicht nur auf seine funktionale Sicherung, sondern auch auf den sozialen Ablauf und ein soziales Ergebnis des Wirtschaftsprozesses ankommt, verlangt die Schaffung annähernd gleicher Startbedingungen für die Partner dieses Wirtschaftsprozesses. Erich Preiser hat nachgewiesen, welche entscheidende Rolle die Besitzverteilung für die Einkommensverteilung spielt[52]. Der Grad der Besitzdifferenzierung bestimme nicht nur die personelle, sondern auch die funktionelle Einkommensverteilung, weil die Lohnhöhe wesentlich mitbedingt sei durch die Elastizität des Arbeitsangebots[53]. Hinter einer steigenden Angebotselastizität stehe die Macht, die der Besitz verkörpert, „und dieses Fundament ist weitaus stabiler als etwa ein Kollektivmonopol der Arbeiter, das das Angebot von Arbeit nur künstlich und der Natur der Sache nach nur vorübergehend einschränken kann"[54]. Deshalb verlangt Preiser von einer den sozialen Ausgleich anstrebenden Wirtschaftspolitik, daß sie sich nicht auf die Bekämpfung von Monopolen beschränke, sondern ihre Aufmerksamkeit auch den auf einem Startvorsprung hinsichtlich des Besitzes gründenden Quasimonopolverhältnissen zuwende und Maßnahmen ergreife, „die die Besitzverteilung gleichmäßiger machen"[55]. Eine dem Besitzlosen zu Besitz verhelfende Politik gebe ihm „nicht nur Anteil an der Rente, sondern sie erhöht auch die Elastizität des Arbeitsangebotes mit dem Ergebnis, daß die Quote des Arbeitseinkommens am Sozialprodukt steigt, die des Besitzeinkommens sinkt. Die Beschäftigung und damit das Sozialprodukt geht freilich zurück, aber dafür nimmt die Freizeit zu. Im ganzen erhöht sich bei verminderter Arbeitszeit das Einkommen derjenigen, die arbeiten *und* besitzen, während das Einkommen derer, die *nur* besitzen, zurückgeht"[56].

Zu einer sozialgerechten Marktwirtschaft gehört der Aufbau einer macht-neutralen Ordnung in dem Sinne, daß das wirtschaftliche

51 Gerhard Weisser, Freiheitlicher Sozialismus. In: Handwörterbuch sozialdemokratischer Politik. Mannheim 1953, S. 64.

52 Vgl. Erich Preiser, Besitz und Macht in der Distributionstheorie. In: Synopsis (Festgabe für Alfred Weber). Heidelberg 1948, S. 333 ff.

53 Vgl. a. a. O., S. 340 ff., insbes. S. 348.

54 a. a. O., S. 346.

55 a. a. O., S. 358.

56 a. a. O., S. 358.

Kräftespiel frei bleibt von persönlichen Abhängigkeiten: daß die Partner des Produktionsprozesses vom ökonomischen System her gesehen gleichgestellt sind und diese Gleichheit der Startbedingungen grundsätzlich jedem einzelnen innerhalb des ökonomischen Bereichs die gleiche Erfolgschance eröffnet. Daß die Praxis der „sozialen Marktwirtschaft" von der Verwirklichung dieser Forderung noch weit entfernt ist, darüber bestehen wohl kaum Zweifel. Eine um den Arbeitsmarkt zentrierte Volkswirtschaft, in der sich Arbeit und Kapital als zwei Machtblöcke kollektiv gegenüberstehen und kollektiv die Arbeitsbedingungen aushandeln, ist insoweit weder marktwirtschaftlich noch sozial organisiert. Denn zu einem sozial erträglichen Ablauf und Ergebnis des Produktionsprozesses kommt es unter solchen Umständen nicht aufgrund der persönlichen Initiative der Wirtschaftspartner und des „freien Spiels der Kräfte", sondern aufgrund kollektiver Regelungen. Doch reichen diese nicht aus, sondern müssen ergänzt werden durch das System einer umfassenden Redistributionspolitik, die ein ständiger Zeuge dafür ist, daß der Wirtschaftsprozeß als die wesensmäßige Einheit eines gesellschaftlichen Vorgangs gespalten ist in eine „wirtschaftliche" und eine „soziale" Komponente dergestalt, daß im ersten Akt Wirtschaft und Wirtschaftspolitik besorgt werden, deren Ergebnis sodann im zweiten Akt sozial korrigiert wird. Eine breite Streuung des Eigentums an der volkswirtschaftlichen Kapitalausstattung könnte durch die Stärkung der wirtschaftlichen Position der Arbeiterschaft die Entwicklung in die Richtung einer annähernden Startgleichheit der Wirtschaftspartner drängen und so der Verwirklichung einer sozialgerechten Wirtschaftsordnung wesentliche Hilfen leisten.

Zur Beseitigung ungerechter Eigentumsverhältnisse steht dem Staat eine reiche Skala von Mitteln und Lösungsmöglichkeiten zur Verfügung. Die bekanntesten Fälle der Eigentumspolitik sind durch die Stichworte Steuerpolitik, Lastenausgleich, Vermögensbildung, Bodenreform und Enteignung umschrieben. Das äußerste Mittel der Eigentumspolitik ist die Sozialisierung, die Überführung von Produktionsmitteln in Gemeineigentum.

Eine Neuordnung der industriellen Vermögensverhältnisse, die eine dem Anspruch der sozialen Gerechtigkeit genügende Sozialreform sein will und auch die Arbeitnehmer in das Eigentum an den Produktionsmitteln einbezieht, kann grundsätzlich zwei Wege gehen:

1. den revolutionären Weg der *Umverteilung* schon *vorhandenen* Vermögens und
2. den evolutionären Weg der Umschaltung der Sozialdynamik und also der *Umlenkung* der *künftigen* Vermögensbildung[57].

Daß der Staat das Recht hat, in gemeinwohlwidrige Eigentums-

57 Vgl. Oswald v. Nell-Breuning, Eigentumsbildung in Arbeiterhand. 2. Aufl. Paderborn 1955, S. 10 ff., 43 f.

verhältnisse einzugreifen und bestehende Eigentumsrechte neu abzugrenzen, läßt sich nach katholischer Soziallehre nicht bestreiten. Von ihrer Position her muß es deshalb entschieden zurückgewiesen werden, wenn gesagt wird: „Ein Eigentum kann und darf niemals entstehen durch Neuverteilung des vorhandenen Eigentums, sondern durch neuen Erwerb. Umverteilung ist eine Utopie. Wir müssen das nun einmal vorhandene Privateigentum respektieren. Oder kann man etwa ein neues Zeitalter weitgestreuten Eigentums mit einem Akt der Mißachtung wohlerworbenen Eigentums beginnen"[58]? Da solche Äußerungen von der kapitalistischen Interessenideologie, vom Bund Katholischer Unternehmer, vorgetragen werden, sollte man ihnen kein allzu großes Gewicht beimessen. Immerhin sei darauf hingewiesen, daß der angeblich „utopische" Charakter der Neuverteilung vorhandenen Eigentums durchaus in Einklang steht nicht nur mit eindeutigen Grundsätzen der katholischen Soziallehre, sondern auch mit der ständigen Praxis der staatlichen und kommunalen Politik. Es ist noch niemand auf den Gedanken gekommen, daß Redistributionspolitik (so etwa in der Form der Steuererhebung oder des Lastenausgleichs, also typischer Maßnahmen der Umverteilung bestehenden Eigentums) grundsätzlich rechtswidrig und deshalb für eine auf dem Recht gegründete Gesellschaft untragbar sei. Die Privateigentumsordnung steht im Dienst des Gemeingebrauchs der Güter und also des Gemeinwohls. Dieses aber verlangt Eigentum für alle. Das ist die unabdingbare Forderung des absoluten Naturrechts, das nicht auf die Erhaltung, sondern auf den ständigen Wandel der individuellen Eigentumsrechte zielt, und zwar entsprechend dem Wandel der geschichtlichen Situation.

Die Gemeinwohlgerechtigkeit wendet sich gegen die Verabsolutierung einer statisch und positivistisch mißverstandenen Rechtsordnung, gegen die Konservierung „wohlerworbener Eigentumsrechte" und ein reaktionäres Festhalten an einem durch die geschichtlichen Wandlungen überholten, also rechtlich nicht mehr verbindlichen System von güterrechtlichen Abgrenzungen. Es ist das Ziel der Gemeinwohlgerechtigkeit, zu verhüten, daß unter Berufung auf die falsch verstandene Gerechtigkeit eines toten Rechtsformalismus die Gemeinschaftsordnung ausgehöhlt und zerstört wird. Die individuellen Eigentumsrechte können durch die geschichtliche Entwicklung überholt und dann in hohem Grade rechtswidrig und gemeinschaftsschädlich sein. Eigentumsrechte solcher Art auch dem Staat gegenüber als unantastbar und unwandelbar zu erklären, entspricht der Eigentumsideologie des Manchester-Liberalismus, nicht der katholischen Soziallehre.

Verfehlt wäre es auch, gegen eine Neuordnung bestehender Eigentumsrechte Argumente ins Feld zu führen wie etwa diese: „Eigentum muß

---

58 Franz Greiss, Eigentum und Miteigentum. Möglichkeiten und Grenzen. Bonn, Frankfurt 1954, S. 11.

erarbeitet werden"[59] oder „Eigentum darf nicht geschenkt, sondern muß erworben sein, und zwar durch Leistung oder Sparen"[60]. Solche wohlklingenden Formulierungen sind Umhüllungen des Egoismus; denn jedermann weiß, daß der weitaus größte Teil aller materiellen Güter nicht konsumiert werden kann und mit dem Tode seiner Nutznießer nicht zu bestehen aufhört, sondern an die folgende Generation verschenkt wird, und gerade die Vermögenden wissen, daß die Substanz ihres Reichtums von ihnen weder erspart noch erarbeitet worden ist, sondern ihnen von ihren vermögenden Ahnen zugeflossen ist. Treffend bemerkt Hermann Josef Wallraff: „Arbeitnehmereigentum, dessen Bildung durch Kollektivverträge oder gesetzgeberische Maßnahmen angeregt bzw. begünstigt wird, sollte man nicht leichtfertig geschenktes Eigentum nennen und es dadurch diffamieren. Derartiges kann leicht zurückschlagen auf analoge Vorgänge. Man kann in bezug auf die derzeitigen industriellen Vermögensmassen nachweisen, daß sie deutlich durch staatliche Entscheide, steuerrechtliche, außenhandelspolitische und andere, begünstigt und erhöht wurden. Würde man das Motto: Eigentum muß aus eigener Leistung hervorgehen, das man in Deutschland den Arbeitern entgegenzuhalten pflegt, dem derzeitigen Großeigentum entgegenhalten, dann würde dort vieles in Frage gestellt. Es gibt nur wenige Eigentumsformen, die ausschließlich aus der Kraft ihrer Vorstufen hervorwuchsen und nicht aus Begünstigungen der öffentlichen Hand"[61].

Im gleichen Sinne nimmt Paul Jostock zu jenem Fragenkreis Stellung: „Was den Arbeitern durch materielle Benachteiligung entging, läßt sich natürlich nicht dadurch begleichen, daß man sie nachträglich mit schönen Worten streichelt. So etwa mutet es nämlich an, wenn in einem Aktionsprogramm für Soziale Marktwirtschaft gegenüber den verschiedenen Maßnahmen zur Förderung der Vermögensbildung (wie Volksaktie, Investivlohn, Sozialkapitalfonds und dergleichen) geltend gemacht wird, diese beeinträchtigten die Würde des Arbeiters als eines selbstverantwortlichen freien Menschen, der keine almosenhaften Sozialprämien oder Sonderaktien nach Armenrecht empfangen, sondern nur durch eigene Leistung Eigentümer werden wolle. Nur so könne er auch echtes Eigentumsbewußtsein erlangen. Es läge nahe, hierauf mit einer Satire voll Hohn und Sarkasmus zu antworten. Aber begnügen wir uns mit der einfachen Gegenfrage: Haben sich die Kapitalisten und Unternehmer eigentlich in ihrer Würde und ihrem Eigen-

59 Fritz Berg in einer Rede vor der Bundesvereinigung der deutschen Arbeitgeberverbände in Bremen am 27. November 1953.

60 Thesen der Arbeitsgemeinschaft selbständiger Unternehmer. In: Monatsblätter für freiheitliche Wirtschaftspolitik, Nr. 1, 1955, S. 47.

61 Hermann Josef Wallraff, Mitbestimmung und Miteigentum der Arbeitnehmer. In: Mitbestimmung und Miteigentum in Europa. Freiburg 1960, S. 28.

tumsbewußtsein beeinträchtigt gefühlt dadurch, daß sie generationenlang Gelder kassierten, die *anderen* aufgrund ihrer Leistung zugestanden hätten? ... Wie schwer hätte dieser Umstand doch die Würde und das Eigentumsgefühl der Empfänger herabdrücken müssen! Aber das Gegenteil trat ein: In ihrer Unbekümmertheit um soziale Rücksichten gebärdeten sie sich nur um so selbstbewußter, vornehmer und besitzstolzer. Und da soll der Arbeiter wegen der kleinen Vergünstigung, die ihm vom Staat im Namen der ganzen Volksgemeinschaft eingeräumt wird und ihm daher ganz legal zusteht, sich entwürdigt und bedrückt fühlen"[62]?

Damit ist erneut die Frage nach den immer wieder zitierten „wohlerworbenen Eigentumsrechten" ins Blickfeld getreten. Die gegenwärtigen Eigentumsverhältnisse sind das Ergebnis eines vielfältig verschlungenen Ursachenkomplexes von sinnlosen Zufällen, von Konjunkturbegünstigungen, ungerechten Wirtschafts- und Sozialordnungen, von ungerechter Politik und Gesetzgebung, insbesondere der Steuergesetzgebung. Noch bedenklicher ist, daß die Konzentration der Vermögen in den Händen weniger zu einem entscheidenden Teil auch das Ergebnis einer rücksichtslosen Ausbeutung der Arbeiterschaft ist.

Das sind die Gründe für die Vermögensakkumulation auf der einen Seite, für die Eigentumslosigkeit auf der anderen Seite. Der Hinweis auf „wohlerworbene Eigentumsrechte" steht geschichtlich also auf schwachen Füßen. Aber selbst dann, wenn Eigentümer sich darauf berufen können, daß bei der Entstehung ihrer Vermögen Betrug und Ausbeutung der Arbeiterschaft oder andere Ungerechtigkeiten nicht im Spiele waren, muß ihnen dennoch entgegengehalten werden, daß über allen individuellen Eigentumsrechten, gleichgültig wie sie zustande gekommen sind, die Norm des Gemeingebrauchs der Güter steht und also die Forderung der sozialen Gerechtigkeit, die in jeder Situation eine dem Gemeinwohl entsprechende Eigentumsverteilung verlangt. Die von Interessenten und Nutznießern einer ungerechten Eigentumsordnung immer wieder vorgebrachte Behauptung, daß die Unantastbarkeit bestehender Eigentumsrechte eine Neuverteilung der industriellen Vermögen nicht zulasse, muß von der katholischen Soziallehre als unhaltbar zurückgewiesen werden. Gemeinwohlwidriges Privateigentum verstößt gegen das Naturrecht, ist also rechtlich nicht begründet und erfordert die Neuabgrenzung der individuellen Eigentumsrechte.

Mit Recht erklärt deshalb Hermann Josef Wallraff: „Oberstes Richtmaß des Privateigentums ist das allgemeine Wohl. Wenn die konkrete Gestalt, die es angenommen hat oder anzunehmen droht, den Sinngehalten der Wirtschaft und Gesellschaft entgegensteht und sie damit ordnungsethisch fragwürdig wird, kann es Rechtens sein, dieses Eigen-

---

62 Paul Jostock, Das Problem des Mehrwerts ist noch nicht erledigt. In: Test, 4, 1963, S. 25.

tum durch öffentliche Rechtsakte zu modifizieren, u. U. sogar zu sozialisieren. Ist gegebenenfalls selbst die schroffe Sozialisierung erlaubt, dann können erst recht mildere Auflagen institutions-konform sein, sofern das bonum commune sie nämlich als notwendig erweist"[63]. Der gleiche Grundgedanke bestimmt übrigens auch das Eigentumsverständnis der evangelischen Sozialethik: „Grundsätzlich kann es nach evangelischem Verständnis bei der Erörterung jeder Eigentumsstruktur niemals nur um die Verteidigung und Sanktionierung vorgegebener Eigentumsstrukturen gehen. Jede solche Struktur muß sich mit dem Wandel der geschichtlichen Verhältnisse die sozialethische Frage gefallen lassen, ob im Interesse einer gerechteren Eigentumsordnung nicht eine Revision angebracht ist"[64]. Das sind eigentumspolitische Konsequenzen, die sich aus der Überordnung des Gemeingebrauchprinzips über das Privateigentum ergeben.

Hier liegt also auch die Rechtfertigung für die Forderungen nach Bodenreform, deren Vertreter zu Unrecht bekämpft werden mit dem Vorwurf, sie untergrüben das Eigentum und die bestehende Ordnung. Das Gegenteil trifft zu: Sie retten beides, indem sie die Reform unhaltbarer Eigentumsverhältnisse verlangen. Man denke an die unheilvolle Rolle des deutschen Adels und insbesondere des ostelbischen Großgrundbesitzes in der neueren deutschen Geschichte. Als die Regierung Brüning 1932 die längst fällige Bodenreform vornehmen und Siedlungsland bereitstellen wollte, wurde sie des Bolschewismus bezichtigt und gestürzt. Damit nahm die Katastrophe ihren Anfang. An ihrem Ende hat dann der Bolschewismus höchst eigenhändig die damals unterlassene Reform auf seine Weise nachgeholt.

Stehen mehrere Wege für eine durch die soziale Gerechtigkeit geforderte Neuordnung der Eigentumsverhältnisse zur Verfügung, so sind allerdings die Mittel der „leichten Hand" denen der „schweren Hand" vorzuziehen. Es ist also zu prüfen, welcher Weg unter den relativ geringsten Störungen und Reibungsverlusten für die Wirtschafts- und Gesellschaftsordnung zum Ziele führt. Geschichtliche Erfahrungen, insbesondere die mit dem Lastenausgleich, haben gezeigt, daß eine Vermögenskorrektur ex tunc, also der redistributive Weg einer rückwirkenden Eigentumsreform, mit erheblichen Kosten und volkswirt-

63 Hermann Josef Wallraff, Unternehmenseigentum und katholische Soziallehre. In: Eigentum und Eigentümer in unserer Gesellschaftsordnung (Veröffentlichungen der Walter-Raymond-Stiftung, 1. Bd). Köln, Opladen 1960, S. 89 f.

64 Klaus von Bismarck, Das Eigentum hat sozialen Charakter. Evangelische Vorstellungen zur Eigentumsbildung. In: Eigentum und Eigentümer in unserer Gesellschaftsordnung (Veröffentlichungen der Walter-Raymond-Stiftung, Bd 1). Köln, Opladen 1960, S. 104. — Vgl. auch Heinz-Dietrich Wendland, Eigentum und Gesellschaftsordnung im Lichte der evangelischen Soziallehre. In: Eigentum und Eigentümer, a. a. O., S. 159.

schaftlichen Vermögenseinbußen verbunden ist und überdies nicht gewährleistet, daß die Weichen der Vermögensbildung auch für die Zukunft richtig gestellt werden. Unter der Voraussetzung einer expansiven Wirtschaft würden die Eigentumsstrukturen schon nach kurzer Zeit erneut eine Korrektur verlangen, und das als Netto-Investition sich niederschlagende Ergebnis des wirtschaftlichen Wachstumsprozesses müßte immer wieder neu aufgeteilt werden. Deshalb ist zunächst zu überlegen, welche Möglichkeiten der schon erwähnte Weg der *künftigen* Vermögensbildung in Aussicht stellt; ob nicht eine Vermögenskorrektur ex nunc die geforderte Reform der Eigentumsverhältnisse reibungsloser und „geräuschloser“ zu bewerkstelligen vermag und vor allem eine intensivere Wirksamkeit und größere Dauerhaftigkeit der auf diese Weise eingeleiteten Neuordnung verspricht. Dieser Weg kommt natürlich nur in Betracht für vermehrbare Güter, nicht für Grund und Boden, wo eine Neuabgrenzung der Eigentumsrechte infolge der Unvermehrbarkeit des Bodens nur durch Umverteilung dessen, was schon vorhanden ist, erfolgen kann.

Die Eigentumsbildung der Arbeitnehmer und ihre Beteiligung am industriellen Vermögenszuwachs kann im Blick auf den arbeitgebenden Betrieb und unter Isolierung auf diesen organisiert werden, oder als eine auf die Umstrukturierung der Gesamtgesellschaft abzielende Lösung, in welche das Produktionsvermögen einer Volkswirtschaft insgesamt einbezogen wird. Das Godesberger Programm bemerkt hierzu knapp: „Geeignete Maßnahmen sollen dafür sorgen, daß ein angemessener Anteil des ständigen Zuwachses am Betriebsvermögen der Großwirtschaft als Eigentum breit gestreut oder gemeinschaftlichen Zwecken dienstbar gemacht wird“ (GP, 17).

Das gesellschaftspolitische Problem einer Änderung der Vermögensstrukturen mit dem Ziel, die Arbeiterschaft zum gleichberechtigten Partner der Besitzer des Produktionsmittelapparates zu machen und auf diese Weise die Klassenschichtung in besitzende Selbständige und besitzlose Unselbständige zu überwinden, läßt sich nicht mikroökonomisch, unter Beschränkung auf den einzelnen Betrieb, sondern nur makroökonomisch, im Blick auf die Gesamtwirtschaft, lösen. Das ist der Grundgedanke der eigentumspolitischen Überlegungen Oswald v. Nell-Breunings, der alle seither ausgetragenen Kontroversen und Diskussionen zu der Frage, wie man auf makroökonomischem Wege zu einer Neuordnung des Eigentums an den Produktionsmitteln kommen könne, maßgeblich beeinflußt hat[65]. Mit ihm stimmen im

65 Vgl. Oswald v. Nell-Breuning, Eigentumsbildung in Arbeiterhand. 2. Aufl. Paderborn 1955. — Ders., Der Lohn als Erwerbsmittel und Eigentumsquelle. In: Eigentum und Eigentümer in unserer Gesellschaftsordnung (Veröffentlichungen der Walter-Raymond-Stiftung, 1. Bd). Köln, Opladen 1960.

Grundsätzlichen führende Vertreter des freiheitlichen Sozialismus und der Gewerkschaften überein[66].

„Das Zentralproblem ist nicht", so schreibt v. Nell-Breuning, „die Verteilung des Erfolges, des Ergebnisses, des Ertrages der einzelnen Unternehmung; Zentralproblem ist vielmehr der Anteil der verschiedenen Bevölkerungskreise am Sozialprodukt im ganzen"[67]. Es komme darauf an, „daß wir die Kapitalrendite insgesamt verkleinern, das Arbeitseinkommen insgesamt vergrößern"[68]. „In dem Maße, wie breiteste Kreise — hier der Arbeiterschaft — Anteil am Kapitalbesitz, d. i. an der Sachmittelausstattung der Volkswirtschaft, insbesondere an den ertragbringenden Sachmitteln (Produktionsmitteln) erlangen, setzt sich ihr Einkommen aus mehr als einer funktionellen Einkommensart zusammen. Dadurch wird unmittelbar die Frage der funktionellen Einkommensbildung und Einkommensverteilung entschärft"[69].

Hinsichtlich der in Betracht kommenden Größenordnungen hält v. Nell-Breuning „eine Steigerung des realen Anteils am Sozialprodukt zugunsten der unselbständig erwerbstätigen breiten Massen um 10 bis 15 v. H." als „durchaus im Bereich des Möglichen" liegend[70]. Gemeint ist damit nicht eine die gestiegene Arbeitsproduktivität einholende oder über das Maß der Arbeitsproduktivität hinausgehende Lohnsteigerung, sondern eine Steigerung des dem Faktoreinkommen der Arbeit zufließenden Anteils am Sozialprodukt zu Lasten der Anteile der beiden anderen Faktoreinkommen, gegebenenfalls auch zu Lasten des Residualeinkommens Unternehmergewinn. Ansatzpunkt einer solchen Umstrukturierung des Eigentums am volkswirtschaftlichen Realkapital ist der Substanzzuwachs der Betriebe, die jährliche Netto-Investitionsrate, die im Sozialprodukt enthalten ist. Unter der Voraussetzung, daß die Expansionsrate der Wirtschaft ein

---

66 Vgl. Gerhard Weisser, Eigentumspolitik als Ausweg aus zunehmender sozialer Abhängigkeit. In: Eigentum in der industrialisierten Gesellschaft. Göttingen 1958. — Ludwig Preller, Weshalb Eigentum in Arbeiterhand? In: Gewerkschaftliche Monatshefte, 9, 1958. — Ders., Sozialpolitik. Theoretische Ortung. Tübingen, Zürich 1962. — Georg Leber, Vermögensbildung in Arbeitnehmerhand. Eine vordringliche Aufgabe unserer Zeit. In: Gewerkschaftliche Monatshefte, 16, 1965. — Ders., Vermögensbildung in Arbeitnehmerhand, 4 Bde, Frankfurt 1964/66. — Hans Peter, Über gerechte Verteilung des Einkommens und Eigentums. In: Zeitschrift für die gesamte Staatswissenschaft, 112, 1956. — Bruno Gleitze, Lohnpolitik und Vermögensverteilung. In: Sozialer Fortschritt, 6, 1957. — Ders., Die Bildung und Verteilung von Sozialprodukt. In: Sozialer Fortschritt, 7, 1958.

67 Oswald v. Nell-Breuning, Eigentumsbildung, a. a. O., S. 28.

68 a. a. O., S. 10.

69 a. a. O., S. 53 f.

70 a. a. O., S. 29.

Jahrzehnt lang fünf Prozent ausmachte und es möglich wäre, die Hälfte der neugeschaffenen Vermögenswerte an Realkapital in die Hände der bisherigen Nichteigentümer zu leiten, könnte nach zehn Jahren schon etwa ein Fünftel der Kapitalausstattung der Wirtschaft Eigentum der Arbeitnehmerschaft sein[71].

Eine wesentliche Voraussetzung für die Verwirklichung eines solchen Planes besteht darin, daß trotz Veränderung der Anteile der verschiedenen Bevölkerungsgruppen am Sozialprodukt dessen volkswirtschaftlich optimale Zusammensetzung gesichert bleibt, das will sagen: Obwohl darauf abzuzielen ist, den Anteil des Faktoreinkommens der Arbeit am Sozialprodukt zu erhöhen, kommt es darauf an, daß sich diese Erhöhung nicht in Konsumsteigerungen niederschlägt. Die Netto-Investitionsrate muß auf jener Höhe bleiben, die auch künftighin die volkswirtschaftlich notwendige Kapitalbildung ermöglicht. Auch nach der Umschichtung der Einkommensquoten von Kapital und Arbeit darf sich die Relation von Konsumgütern und Kapitalgütern nicht wesentlich zuungunsten der letzteren verschieben, da sonst nicht nur wirtschaftliche Entwicklung und volkswirtschaftliche Produktivität gehemmt und in eine rückläufige Bewegung gebracht würden, sondern auch der Plan einer massiven Kapitalbeteiligung der Arbeitnehmerschaft illusorisch würde[72].

Es liegt solchen Feststellungen die volkswirtschaftliche Erkenntnis zugrunde, „daß die Höhe des Einkommens, verstanden als Anteil am Sozialprodukt, das einer Bevölkerungsgruppe zufließen kann, maßgeblich bestimmt wird durch die Verwendung, der die Einkommensbezieher ihr Einkommen zuführen. Eine Bevölkerungsgruppe, die grundsätzlich ihr gesamtes Einkommen dem Verbrauch zuzuführen entschlossen ist, schließt sich damit selbst vom Bezug höheren Einkommens aus. Diejenige Quote des Sozialprodukts, die — güterwirtschaftlich gesehen — in Kapitalgütern besteht, kann ihrer Natur nach nur Einkommen solcher Einkommensbezieher werden, die bereit sind, ihr Einkommen unmittelbar oder mittelbar in Gestalt von Kapitalgütern entgegenzunehmen, und — aufs Ganze gesehen — es in dieser Gestalt auch festhalten. Ebenso darf — geldseitig gesehen — diejenige Quote des Sozialprodukts, die investiert werden muß, nur Einkommen solcher Einkommensbezieher werden, die gewillt sind, diesen Teil ihres Einkommens . . . der Investition zuzuführen“[73]. Müßte man also damit rechnen, daß die Arbeitnehmerschaft die ihr zusätzlich zugedachte Einkommensquote konsumieren würde, wäre es nicht möglich, sie auf dem Wege der Beteiligung an der Netto-Investitionsrate in das Eigentum an den Produktionsmitteln einzubeziehen.

---

71 Vgl. a. a. O., S. 29, 48.
72 Vgl. a. a. O., S. 18 ff., 49 ff.
73 a. a. O., S. 52.

Hier stellt sich die Frage: Was ist zu tun angesichts der Möglichkeit, daß der zusätzliche Teil des Faktoreinkommens der Arbeit konsumtiv verwendet wird? Volkswirtschaftlich gesehen kann es sich nur um einen Versuch am untauglichen Objekt handeln, auf diese Weise den Konsum zu steigern; denn die Kaufkraft, die einer Bevölkerungsgruppe auf dem Wege einer Einkommenserhöhung zuwächst und zusätzlich auf dem Konsumgütermarkt eingesetzt wird, stößt — güterwirtschaftlich gesehen — auf feste Größen: den Fonds der Konsumgüter und den der Produktionsmittel, die, weil unverzehrbar, einen gesteigerten Konsumbedarf nicht zur Geltung kommen lassen. Erhöhte Nachfrage nach Konsumgütern führt also zu Preissteigerungen. Das bedeutet, daß das zusätzliche Nominaleinkommen kaufkraftmäßig entwertet wird. In the long run mag es zu einer Umstellung der Produktion kommen, die nun mehr Konsumgüter und weniger Investitionsgüter erzeugt. Das aber führt schließlich zur Minderung der volkswirtschaftlichen Produktivität und somit auch zur Drosselung des Konsums.
Sicherlich kann man nicht darauf vertrauen, daß die Erkenntnis solcher volkswirtschaftlichen Zusammenhänge die Masse der mit zusätzlichem Einkommen ausgestatteten Arbeitnehmer veranlassen wird, von diesem Einkommen den rechten Gebrauch zu machen und es nicht konsumtiv einzusetzen, sondern der Investition zuzuführen. Es ist auch ein natürlicher Vorgang, daß aus geringen Einkommen relativ weniger gespart wird als aus hohen Einkommen. Es wäre aber ungerecht, behaupten zu wollen, die Arbeitnehmer wären nicht eigentumswillig und würden zusätzliches Einkommen restlos dem Konsum zuführen. Demgegenüber wäre darauf hinzuweisen, daß seit Jahrzehnten die Sparbeträge der Arbeiter einen erheblichen Teil der Einlagen der Spar- und Zwecksparkassen ausmachen. Es ist sogar die Annahme berechtigt, daß dann, wenn den Arbeitern umfangreiche Einkommensteile, die gespart werden können, zur Verfügung stehen, zusätzlich noch solche Beträge, um die sich das Sparen bisher nicht lohnte, zurückgelegt werden; dies allein im Gefühl der Genugtuung darüber, daß nun die Aussicht besteht, künftighin über ein kleines Vermögen verfügen zu können. Oswald v. Nell-Breuning spricht von „kompensatorischen Konsumeinschränkungen", die, als Ausgleich für Konsumsteigerungen mancher Bevölkerungsschichten und hinsichtlich bestimmter Güter, insofern zu erwarten sind, als „Teile des bisherigen Einkommens, die in den Konsum gingen, nunmehr ebenfalls der Ersparnisbildung zugeführt werden, in dem Augenblick nämlich, wo man sieht: Es ist kein bloßer Tropfen auf einen heißen Stein, sondern es schlägt zu Buche, man kommt damit vorwärts"[74].
Dennoch bedarf es „geeigneter Maßnahmen, um die Menschen zu ver-

74 a. a. O., S. 22 f. — Vgl. auch a. a. O., S. 51 f.

anlassen, ihr Denken und dann auch ihren Willen auf das auszurichten, was wirtschaftlich sinnvoll und möglich ist, und abzulassen von einem Streben, bei dem nichts herauskommen kann, bei dem man nur selbst immer wieder den sozialen Fortschritt untergräbt oder rückgängig macht"[75]. Zwei Wege stehen zur Verfügung: die Schaffung von Anreizen wirtschaftlicher Art, welche die Beteiligung an der Investition erleichtern und lohnend erscheinen lassen, und ferner eine wirtschaftspädagogische Beeinflussung, welche die Menschen zu einem Verhalten führt, das eine Vermögensbeteiligung am Produktionsmittelapparat möglich macht[76].

Unter der Voraussetzung, daß es gelingt, mit Hilfe wirtschaftspolitischer Anreize und sozialpädagogischer Beeinflussung den Sparwillen der Arbeitnehmerschaft zu fördern, so daß von daher eine Gefährdung der volkswirtschaftlich notwendigen Kapitalbildung nicht zu befürchten wäre, könnte man sich der Frage zuwenden, welche konkreten Wege zu gehen wären, um die Arbeitnehmerschaft am volkswirtschaftlichen Kapitalzuwachs zu beteiligen. Grundsätzlich ließe sich dieses Ziel auf zweierlei Weise erreichen: entweder innerhalb des Lohnarbeitsverhältnisses mit Hilfe von Lohnerhöhungen oder auf dem Wege einer Umwandlung des Lohnvertrags in einen Gesellschaftsvertrag, in dem der Arbeitnehmer als gleichberechtigter Partner neben dem Kapitalgeber steht und sein Einkommen nicht mehr als „Lohn" empfängt, der kalkulatorisch als Kostenelement erscheint, sondern als Gewinn.

Da es im Falle der Kapitalbeteiligung der Arbeitnehmer nicht darum geht, die Anteile der funktionellen Einkommensarten neu zu bestimmen und abzugrenzen, sondern die „Wertschöpfung des Unternehmens" in befriedigender Weise zu verteilen[77], ist es wirtschaftlich gleichgültig, welchen Weg man geht: den der Lohnerhöhung oder den der Umwandlung des Lohnarbeitsverhältnisses in ein Gesellschaftsverhältnis, auf Grund dessen dem Arbeiter als nunmehrigem Unternehmensteilhaber ein Gewinnanteil zusteht. Man muß im Zusammenhang dieser ganzen Fragestellung aber beachten, daß es nicht auf den Unternehmergewinn im herkömmlichen Sinne und die Beteiligung des Arbeitnehmers an diesem Unternehmergewinn ankommt, sondern auf den Unternehmensgewinn. Das ist nicht ein anderer Terminus für den Unternehmergewinn als Residualeinkommen, sondern etwas völlig anderes, nämlich die im Betrieb und durch die Betriebsgemeinschaft geschaffene, durch den Markt bestätigte und

75 a. a. O., S. 21.
76 Vgl. a. a. O., S. 21 f., 51.
77 Vgl. Oswald v. Nell-Breuning, Das Lohnproblem im Zusammenhang mit der Beteiligung des Arbeiters am Sozialprodukt, insbesondere an der volkswirtschaftlichen Vermögensbildung. In: Wirtschaft und Gesellschaft heute. 1. Bd, Freiburg 1956, S. 419.

honorierte Wertschöpfung, welche auf die an ihrer Entstehung Mitwirkenden aufzuteilen ist[78].

Um die Aufteilung dieser Wertschöpfung geht es gleichermaßen unter den Bedingungen des Lohnarbeitsverhältnisses und des Gesellschaftsvertrags. Nur werden im Falle des Lohnvertrags die Sachverhalte leicht dadurch überdeckt, daß die Lehre von den funktionalen Einkommenskategorien den Eindruck entstehen lassen kann, als seien die Anteile der an der Erstellung des Produktionsergebnisses Beteiligten vorweg automatisch festgelegt und bedürften nur der Bestätigung oder höchstens gewisser durch „Friktionen“ des Marktmechanismus, insbesondere des Arbeitsmarktes, bedingter Korrekturen. Tatsächlich kommt es aber nicht auf die Höhe des „Lohnes“, des „Kapitalzinses“ und des „Unternehmergewinns“ an, sondern auf die Aufteilung des Sozialprodukts unter reale Personen und Personengruppen, so daß also „die letzte nicht nur rechtliche, sondern auch ursächliche Begründung nicht in der Vergangenheit, sondern im Ausblick auf die Zukunft liegt, rechtlich auf das Bedürfnis, ursächlich auf die Verwendung“[79].

Soweit der Marktmechanismus von sich aus eine sozial befriedigende Verteilung des Sozialproduktes herbeizuführen vermag, ist das durchaus erwünscht. Dieser Automatismus enthält indessen keinen Maßstab für richtig und falsch hinsichtlich der Verteilung des Sozialprodukts. Die geschichtlichen Erfahrungen haben gezeigt, daß die eigene Dynamik des ökonomischen Prozesses, unter verteilungspolitischen Aspekten gesehen, sehr unzulänglich ist. In einer dem Gemeinwohl verpflichteten sozialgerechten Wirtschaftsordnung „gibt es keinen Automatismus, der über die Höhe der den verschiedenen Funktionstypen zustehenden Einkommensarten entschiede, sondern genießt die Wirtschaftspolitik die souveräne Freiheit, sowohl die Erträge der Unternehmungen als auch deren Verteilung auf die verschiedenen beteiligten Personengruppen so zu lenken, daß eine ‚befriedigende Einkommens- und Vermögensverteilung‘ herauskommt“[80].

Dennoch ist die Vorstellung verbreitet, daß es eine die Höhe der funktionalen Einkommensarten bestimmende und damit auch über Recht und Unrecht entscheidende Marktgesetzlichkeit gebe. Das zeigt sich in Äußerungen, welche die wirtschaftspolitische Forderung einer Kapitalbeteiligung mit Diebstahl und Raub vergleichen[81], dem Unternehmer einen „Anspruch auf die gesamte Vermögensvermehrung“ zusprechen, den „Vorschlag des Miteigentums als unmoralisch und

78 Vgl. a. a. O., S. 419 ff.
79 a. a. O., S. 419 f.
80 a. a. O., S. 421.
81 Vgl. Hans Bolza, Kritisches zur Frage des Miteigentums. In: Der Arbeitgeber, 9, 1957, S. 774 ff., insbes. S. 775.

unzumutbar“ zurückweisen und zum Ausdruck bringen, daß die durch eine derartige „Entrechtung“ bedrohten Unternehmer sich „mit Recht gegen einen solchen legalisierten Raub zur Wehr setzen“ werden, weil damit „Prinzipien des Grundgesetzes, in erster Linie das der Gewährleistung des Eigentums“, verletzt würden[82]. Die ebenfalls im Grundgesetz zur Geltung gebrachte Sozialpflichtigkeit des Eigentums pflegen die Ideologen des Kapitalismus nicht zur Kenntnis zu nehmen.

Hier werden offenbar in unzulässiger Weise modelltheoretische Konstellationen und Abläufe — das der kapitalistischen Wirtschaft abgelesene Schema einer Zuordnung der Kostenelemente Lohn, Zins und Grundrente an die Produktionsfaktoren Arbeit, Kapital und Boden und des dann noch verbleibenden „Restes“ an betrieblicher Wertschöpfung als Unternehmergewinn an den Unternehmer — in die Ebene des Normativen verpflanzt und mit der Würde und dem Geltungsanspruch ethischer Normen ausgestattet. Die gegen die Kapitalbeteiligung der Arbeitnehmer erhobenen Einwendungen von der Art, wie sie eben angedeutet wurden, können zu ihrer Begründung nur dieses anführen: Die Einkommensverteilung ist in der kapitalistischen Wirtschaft bisher nach jenem Schema abgelaufen, also muß es so bleiben, eine offenbare petitio principii: Was zu beweisen wäre — die wirtschafts- und sozialpolitische Richtigkeit jenes Verteilungsschemas — wird als bewiesen vorausgesetzt. Es handelt sich um den typischen Fall eines Bekenntnisses zur normativen Kraft des Faktischen.

Demgegenüber muß darauf hingewiesen werden, daß Arbeit und Kapital nicht erstrangig als Kontrahenten im arbeitsrechtlichen Sinne angesehen werden können, sondern daß sie als gemeinsame Produzenten des Sozialproduktes gelten müssen, die aufeinander angewiesen sind. Demnach ist der Lohn, auch wenn er kalkulatorisch als Kostenfaktor behandelt wird, seinem Wesen nach etwas anderes. Er ist gleich dem Unternehmergewinn legitimer Anteilsanspruch auf das Wirtschaftsresultat des Betriebes.

Aus der Art der Kooperation im modernen Industriebetrieb folgt, daß der eigentliche Faktor der Lohnzumessung in erster Linie nicht die Arbeitsleistung als solche ist, weil es unmöglich ist, das Produktionsergebnis den an seinem Zustandekommen beteiligten Produktionsfaktoren kausal zuzurechnen. Dabei ist noch zu bedenken, daß der Ertrag der Produktion in der modernen Wirtschaft zu einem wesentlichen Teil nicht allein das Ergebnis einer betrieblichen Leistungsgemeinschaft ist, sondern außer- und überbetrieblicher Bedingungskonstellationen (Wirtschaftsordnung, Marktsituation, Konjunktur, Wirtschafts- und Steuerpolitik). Eine kausale Zurechnung ist deshalb „logisch unvollziehbar“. „Sowenig wir den Ertrag des

82 a. a. O., S. 776 ff.

Ackers auf die Kausalfaktoren Intelligenz und Fleiß des Bauern, Stall- und Kunstdünger, Sonnenschein, Wind und Regen aufgliedern können, ebensowenig den Ertrag eines gewerblichen Unternehmens, in dessen Rechnungswerk zudem auch immer nur diejenigen Kausalfaktoren erscheinen, die zugleich Kostenelemente sind, andere nicht minder gewichtige Kausalfaktoren, die uns entweder die Natur oder die bestehende gesellschaftliche Ordnung gratis zur Verfügung stellt, dagegen nicht“[83].

Es ergibt sich daraus, daß eine Zurechnung des Produktionsergebnisses auf die Beteiligten nicht kausal, sondern nur teleologisch vorgenommen werden kann. Die teleologische Zurechnung geht von der Tatsache aus, daß die verschiedenen am Produktionsprozeß beteiligten Menschen „innerhalb der menschlichen Gesellschaft bestimmte Aufgaben zu erfüllen haben. Um diese Aufgaben zu erfüllen, müssen sie mit einem Einkommen ausgestattet sein, das ihnen ermöglicht, die Rolle, die sie in der Gesellschaft zu spielen berufen sind, auch wirklich spielen zu können. Ist es dafür erforderlich, daß sie auch über ein gewisses Vermögen verfügen, dann muß sowohl die Einkommensverteilung als auch die Vermögensverteilung daraufhin ausgerichtet sein“[84].

Das Prinzip einer teleologischen Zurechnung zielt also darauf, den Beteiligten das zukommen zu lassen, was sie brauchen, um der ihnen gestellten Lebens- und Berufsaufgabe gerecht zu werden und die ihnen zugewiesene Stellung im Ganzen der Gesellschaft ausfüllen zu können. Gewiß ist die Leistung des einzelnen nicht bedeutungslos, sie ist aber für die Bestimmung der Einkommenshöhe nur *ein* Faktor unter mehreren und läßt sich kalkulatorisch nicht festlegen. Das oberste Kriterium des in diesem Sinne zu verstehenden „Lebenslohnes“ oder „Bedarfslohnes“ ist das Gemeinwohl, es sind „die Erfordernisse des befriedeten, geordneten, gedeihlichen Gemeinschaftslebens“ als der „Richtschnur, mit der allein man sich hier durchfindet“[85].

Bei der Ermittlung einer richtigen Einkommensverteilung sind verschiedene Komponenten zu berücksichtigen: Zielsetzungen der Gesellschafts- und Wirtschaftspolitik, Stand der Konjunktur, gesamtpolitische Situation[86]. Jede Änderung einer dieser Komponenten nimmt auch der bisherigen Einkommensverteilung ihre Grundlage und drängt auf eine Neufestlegung der Einkommensanteile. Die Einkommensverteilung, in

83 Oswald v. Nell-Breuning, Der Lohn als Erwerbsmittel und Eigentumsquelle. In: Eigentum und Eigentümer in unserer Gesellschaftsordnung (Veröffentlichungen der Walter-Raymond-Stiftung, 1. Bd). Köln, Opladen 1960, S. 54 f.

84 a. a. O., S. 55.

85 a. a. O., S. 55.

86 Vgl. Oswald v. Nell-Breuning, Politischer Lohn. In: Stimmen der Zeit, 159, 1956/57, S. 251.

unserer engeren Fragestellung die Lohnfindung, ist an eine „politische Vorentscheidung" gebunden, das will sagen: „Vor der sachverständigen Lohnfindung steht also die politische Aufgabe, sich über ein bestimmtes Ziel, eine bestimmte gesellschaftliche und wirtschaftliche Ordnung, beispielsweise über den Platz und Rang, den die Arbeitnehmerschaft in Gesellschaft und Wirtschaft einnehmen soll, und über den Weg, auf dem man dieses Ziel erreichen will, einig zu werden. Das ist offenbar eine echt politische Aufgabe, und in diesem Sinne setzt Lohnfindung notwendig eine politische Vorentscheidung voraus, ist der Lohn in *diesem* Sinne immer 'politischer Lohn'[87]. Nur vor dem Hintergrund einer solchen Vorentscheidung läßt sich beurteilen, was hinsichtlich der Bemessung der Einkommensanteile der verschiedenen Bevölkerungsschichten „gerecht" oder „ungerecht", „richtig" oder „falsch" ist.

Tatsächlich aber vollziehen sich Distribution und Vermögensbildung nach dem der kapitalistischen Wirtschaft entlehnten Schema der funktionalen Eigentumsverteilung und unterscheiden sich auch im Zeichen des „sozial temperierten Kapitalismus" in der Grundtendenz nicht wesentlich von der des Hochkapitalismus. Das ist um so anfechtbarer, als die krasse Disproportionalität der Vermögensschichtung nicht nur eine Gefährdung des Gesellschaftsgefüges bedeutet, sondern auch vermeidbar wäre und keineswegs zu den unabwendbaren Zwangsläufigkeiten des marktwirtschaftlichen Systems gehört[88]. Der Ausschluß der Arbeitnehmer von der Vermögensbildung ist „kein Systemfehler, der nur durch Beseitigung des kapitalistischen Systems behoben werden könnte, sondern ein gewiß schwerwiegender Fehler, der aber im System selber behoben werden kann und muß"[89].

Ist man im Sinne der katholischen Soziallehre dazu entschlossen, die Arbeitnehmerschaft am wachsenden Sozialprodukt teilnehmen zu lassen und also ihre Einkommensquote entsprechend zu erhöhen, dann könnte man unter den Bedingungen des Lohnarbeitsverhältnisses so vorgehen, daß dem „Konsumlohn" als der zur Deckung des laufenden Bedarfs bestimmten Lohnquote ein nicht konsumfähiges Investitionseinkommen, der „Investivlohn", aufgestockt wird, für den, um einer konsumtiven Verwendung vorzubeugen, die Möglichkeit einer freiwilligen Bindung durch individuelle, aber auch durch kollektive Vereinbarung vorgesehen werden kann. Das bedeutet nicht, daß die Quote des Investivlohns für den einzelnen eine starr abgegrenzte Größe ist; es kommt nur darauf an, daß die der Investition zur Verfügung gestellte Lohnquote im ganzen ausreicht, um die volkswirtschaftlich notwendige Kapitalbildung zu sichern. Es kann also an der einen Stelle

87 a. a. O., S. 252.

88 Vgl. Eine Kontroverse über Eigentumsbildung. In: Herder-Korrespondenz, 13, 1958/59, S. 495 ff.

89 Oswald v. Nell-Breuning, Kapitalismus und Kapitalismuskritik. In: Gesellschaftspolitische Kommentare, 5, 1958, S. 293.

mehr konsumiert werden, wenn an anderer Stelle entsprechend mehr gespart wird. Aber auch die volkswirtschaftliche Investitionsrate als Ganzes ist keine fixe Größe und kann bei hinreichender Kapitalausstattung einer Volkswirtschaft bedeutend geringer sein als in einer ramponierten oder unterentwickelten, mit Produktionsmitteln neu auszustattenden Wirtschaft.

Eine große Rolle spielt in der Diskussion des Investivlohns die Frage, wie die Unternehmer auf eine solche Umschichtung der Einkommensverteilung, die für sie eine Absenkung der Kapitalrendite bedeutet, reagieren werden; ob sie das Interesse an der Produktion verlieren und diese einschränken oder ob sie versuchen werden, durch Ausdehnung der Produktion ihren Einkommensanteil trotz relativer Minderung doch in seiner absoluten Größe zu erhalten. Es scheint, daß man dieser Frage, die vom Psychologischen her anzugehen wäre, eine zu große Bedeutung beimißt. Sicherlich würde eine umfassende Kapitalbeteiligung der Arbeitnehmerschaft durchkreuzt werden, wenn feststünde, daß die Unternehmerschaft durchgängig mit Produktionseinschränkung und Entlassung von Arbeitskräften reagieren würde.

Bei der Erarbeitung und Analyse von Typen unternehmerischer Verhaltensweisen wird man aber vermutlich in einige Verlegenheit kommen, wenn man nach dem Typ des Unternehmers suchen würde, der sich entschließt, eine Verkürzung seiner Kapitalrendite mit Produktionseinschränkung zu beantworten. Dem kapitalistischen, von Werner Sombart durch die „Grenzenlosigkeit des Erwerbsstrebens“ charakterisierten Unternehmer, der den Erwerb um des Erwerbs willen betreibt und von der Freude am Wachsen seines Betriebes lebt, läge jene Mentalität sehr fern. Bei ihm darf man mit viel stärkeren Gründen die entgegengesetzte Reaktion erwarten: daß er durch erhöhte unternehmerische Aktivität eine Gewinnminderung zu kompensieren sucht. Ähnliches gilt für den Fall des mittleren oder kleinen Familienbetriebes. Es wäre wirklichkeitsfremd, anzunehmen, daß dessen Eigentümer seine unternehmerische Aktivität von Gewinnerwartungen abhängig macht. Zumindest wird er bei Gewinnminderung die Produktion nicht einschränken, sondern eher das Gegenteil tun und sie ausdehnen, soweit die Situation des Betriebes und des Marktes dies zuläßt. Und hinsichtlich des Manager-Betriebes besteht ebenfalls kein Grund zu der Annahme, daß die vorgesehenen Umschichtungen der Einkommensverteilung zu einer Drosselung der Produktion führen könnten. Der ursprüngliche Impuls eines echten Managers, zu organisieren, über Kapitalien zu verfügen, neue Märkte zu erschließen, Menschen und Apparaturen einzusetzen und immer wieder neu zu kombinieren, würde wohl kaum gehemmt, wenn sich die Einkommensverteilung und betriebliche Vermögensbildung zugunsten der Arbeitnehmer verschieben würden. Wer in so grandioser Form mit fremden Eigentumsrechten umzugehen weiß wie die Managerschicht der Großbetriebe, wird sich von Vermögensumschichtungen kaum beeindrucken lassen.

Damit werden freilich im Hinblick auf die Eigentumsbeteiligung der Arbeitnehmerschaft neue Probleme aufgeworfen, wenn der Arbeiter wirklich *Eigentum* an Produktionsmitteln erlangen soll und nicht nur eine Art „Untereigentum", das, weil von Managern beherrscht, in deren „Obereigentum" steht, zwar nicht rechtlich, aber doch faktisch. Hier geht es nur um die Frage der Unternehmerreaktion auf eine Umschichtung der künftigen Vermögensbildung. Der Manager-Betrieb jedenfalls bietet ebenfalls keinerlei Ansatzpunkte, sie negativ zu beantworten. Es dürfte schwer sein, überhaupt einen Unternehmertypus zu beschreiben, für den die Produktion eine Resultante der Gewinnerwartungen ist. In diesem Punkte muß man gegenüber Keynes, dessen Einfluß hier offenbar übermäßig zur Geltung kommt, einige Einschränkungen machen.

Ein weiterer Einwand geht davon aus, eine Gewinnbeteiligung ziehe notwendig auch eine Verlustbeteiligung nach sich; es sei aber fraglich, ob die Arbeiter dazu bereit seien und ob man ihnen das zumuten könne. Dem ist zunächst entgegenzuhalten, daß die Volkswirtschaft im ganzen in normalen Zeiten regelmäßig mit Gewinn arbeitet. Aufs Ganze gesehen steht also nach Deckung des laufenden Bedarfs immer noch ein Überschuß zur Verfügung, der verteilt werden kann. Natürlich wird es immer einzelne submarginale Betriebe geben, die mit Verlust abschließen und dem Konkurs verfallen können. Nur in diesen Fällen wird das Problem akut.

Zunächst muß in diesem Zusammenhang daran erinnert werden, daß die Betriebe, solange sie mit Gewinn arbeiten, von diesem eine Wagnis- und Risikoprämie absetzen und im Falle einer Substanzbeteiligung der Arbeitnehmer erst der dann verbleibende Rest für die Aufteilung in Betracht käme. Damit wäre innerbetrieblich die Frage der Verlustbeteiligung schon erledigt. Die Möglichkeit betrieblicher Verluste und selbst des Konkurses ist also kein Grund, die Arbeiter vom Substanzzuwachs auszuschließen und diesen allein der Kapitalseite zukommen zu lassen. Es kann nur um die Frage gehen, das Verlustrisiko für die heute noch vermögenslose Arbeiterschaft so zu begrenzen, daß es tragbar und zumutbar ist. Soweit die Vermögensbeteiligung auf der Basis eines Gesellschaftsvertrages erfolgt, wäre es angemessen, daß die beteiligten Arbeiter im Innenverhältnis von der nach außen hin freilich nicht auszuschließenden Haftung Dritten gegenüber ausgenommen werden. Für den Fall des Konkurses müßten die den Arbeitslohn ablösenden Mindestentnahmen konkursrechtlich in der gleichen Weise bevorzugt behandelt werden wie im gegenwärtigen Recht der Arbeitslohn.

Im übrigen ergeben sich aber unter dem Gesichtspunkt betrieblicher Verluste und einer in Einzelfällen auch den Arbeiter treffenden Einbuße keine Ansatzpunkte gegen den Plan der Arbeiter-Kapitalbeteiligung. Der Arbeiter kann äußerstenfalls seinen Arbeitsplatz verlieren; das kann ihm widerfahren, ob Kapitalbeteiligung besteht oder nicht. Das

besondere Risiko im Falle der Kapitalbeteiligung geht ja nicht über den Verlust seines Anteils am Produktionsvermögen. Im schlimmsten Falle könnte er also nur das verlieren, was er ohne Eigentumsbeteiligung gar nicht hätte. Da aber von solchen Verlusten normalerweise nur einzelne Betriebe und Arbeiter, nicht die Volkswirtschaft im ganzen betroffen wird, deshalb wird davon das strukturpolitische Anliegen der Forderung nach Arbeiter-Miteigentum, die Beseitigung der Klassenschichtung in Arbeit und Kapital, nicht berührt.
Es wird des weiteren eingewendet, der Investivlohn werde, ungeachtet der Tatsache, daß er der Kapitalbildung diene, als Kostenelement eingesetzt und auf die Preise überwälzt. Demgegenüber ist zunächst darauf hinzuweisen, daß die Möglichkeit einer Überwälzung vom Zusammenspiel verschiedener Komponenten abhängt (Marktform, Konjunktur, Elastizität der Nachfrage), von denen jede für sich schon eine Überwälzung ausschließen kann. Immerhin ist eine Situation denkbar, in der sich die Betriebe zu einer Art Kalkulationskartell zusammenschließen könnten und alsdann die Kapitalbeteiligung zu Lasten der Allgemeinheit ginge. Solchen Gefahren will Oswald v. Nell-Breuning dadurch begegnen, daß er die Umwandlung des Lohnarbeitsverhältnisses in einen Gesellschaftsvertrag vorschlägt, „den Weg der Beteiligung an der Unternehmerfunktion und damit auch am Unternehmergewinn“[90]. Damit tritt der zweite Weg einer makroökonomisch durchgeführten Vermögensbeteiligung ins Blickfeld.
Zur Veranschaulichung dessen, was gemeint ist, eignet sich am besten das Modell einer Offenen Handelsgesellschaft (§§ 105 ff. HGB). Als Ausgangspunkt wird das Beispiel einer Einzelfirma gewählt, deren Inhaber dazu übergeht, ein jüngeres Belegschaftsmitglied, das bisher im abhängigen Dienst- oder Arbeitsvertrag stand, als Partner in seine Firma hineinzunehmen und mit ihm einen Gesellschaftsvertrag abzuschließen. Die beiden, Senior- und Juniorpartner, verpflichten sich, „die Erreichung eines gemeinsamen Zweckes in der durch den Vertrag bestimmten Weise zu fördern, insbesondere die vereinbarten Beiträge zu leisten (§§ 105 Abs. 2 HGB, 705 BGB). Diese Beiträge können in Geldleistungen, in der Einbringung von Sachen, insbesondere aber auch in der Leistung von Diensten bestehen. Für die Zwecke dieses Modells wird unterstellt, daß der Juniorpartner kein Vermögen hat, aber ein tüchtiger Mann ist, der dem Unternehmen allein seine Arbeitskraft zur Verfügung stellen kann. Die Beiträge, zu denen sich der Seniorpartner im Gesellschaftsvertrag verpflichtet, sind seine Arbeitsleistung und Geschäftserfahrung, überdies aber auch das zur Fortführung des Unternehmens notwendige Kapital[91]. Das Vermögen dieses Unternehmens,

90 Eigentumsbildung, a. a. O., S. 25.

91 Der Einfachheit und Anschaulichkeit halber wird hier unterstellt, daß der Seniorpartner sein gesamtes, für die Zwecke dieser OHG notwendiges Kapital (sowohl Anlage- als auch Umlaufkapital) einbringt und nicht,

sowohl das eingebrachte als auch das zugewachsene, wird „gemeinschaftliches Vermögen der Gesellschafter“ (§§ 105 Abs. 2 HGB, 718 BGB), es steht im Gesamthandeigentum der beiden Gesellschafter und ist als eine von ihrem Privatvermögen gesonderte rechtliche Einheit dinglich gebundenes Sondervermögen, über das der Gesamtwille der Gesellschafter entscheidet. Auf diese Weise wächst der Juniorpartner in die Vermögensbildung des Unternehmens hinein, er wird „Miteigentümer“[92]. Sein Einkommen bezieht er nun nicht mehr in der Form von Lohn oder Gehalt als Kostenfaktoren, sondern nach einem im Gesellschaftsvertrag festgelegten Verteilungsschlüssel aus dem Gewinn, und zwar in der Form, daß ihm daraus eine Vorentnahme zur Beseitigung seines laufenden Unterhalts etwa in der Höhe seines früheren Gehalts oder Lohnes gestattet ist, während der darüber hinausgehende Gewinnanteil der Produktion als Kapital zur Verfügung steht.

Im Blick auf die Kapitalbeteiligung der Arbeitnehmer wäre dieses Modell nunmehr dahingehend zu erweitern, daß an die Stelle des kapitalstarken Seniorpartners die Anteilseigner eines Betriebes, etwa die Aktionäre, treten und an die Stelle des Juniorpartners die an der Partnerschaft interessierten Arbeitsbeteiligten, die nunmehr ebenfalls in die Kapitalbeteiligung am Produktionsvermögen hineinwachsen würden, und zwar grundsätzlich in der gleichen Weise, wie es im Falle des Juniorpartners angedeutet wurde. Auch den in den Gesellschaftsvertrag einbezogenen Arbeitsbeteiligten müßten zur Bestreitung ihres Lebensbedarfs Vorentnahmen aus dem Gewinn etwa in Höhe des bisherigen Lohnes gestattet werden, während der darüber liegende Gewinnanteil investiv gebunden bleiben müßte. Entscheidend ist, daß dieser Teil des Gewinns nicht konsumiert, sondern der Investition erhalten bleibt. *Wo* er eingesetzt wird, müßte der Freiheit des Gesellschafters überlassen bleiben: ob er ihn im eigenen Unternehmen stehen läßt, ob er ihn als Sparbetrag einem Kreditinstitut übergibt oder ob er ihn in Aktien, Obligationen, Pfandbriefen oder Investment-Zertifikaten anlegt.

Man hat darauf hingewiesen, daß der Gedanke der Eigentumsbildung der Arbeiterschaft die dritte große Konzeption sei, die Deutschland neben der Idee der Sozialversicherung und der des Mitbestimmungsrechtes zur sozialen Entwicklung der westlichen Welt beigesteuert habe[93]. Es fehlt aber weithin noch die Entschlossenheit, über betrieb-

---

wie es in der Praxis meist geschieht, das Anlagekapital nur im Pachtvertrag zur Verfügung stellt.

92 „Miteigentum“, verstanden hier im Sinne des nicht-juristischen Sprachgebrauchs, nicht der Rechtsfigur des „Miteigentums nach Bruchteilen“ (§§ 1008 ff. BGB), das nur eine unter verschiedenen Möglichkeiten des „Miteigentums“ im Sinne des allgemeinen Sprachgebrauchs darstellt.

93 Vgl. Goetz Briefs, Das Gewerkschaftsproblem gestern und heute. Frankfurt 1955, S. 86.

liche Einzelkorrekturen hinauszugreifen und auf eine die Klassenschichtung von Kapital und Arbeit überwindende gesamtwirtschaftliche Neugestaltung der Eigentumsverhältnisse hinzuarbeiten. Man sucht vielfach die überkommenen Positionen dadurch zu halten, daß man Fragen der praktischen und technischen Durchführung zu grundsätzlich unüberwindlichen Schwierigkeiten hypertrophiert. Es wäre jedoch utopisch, darauf zu warten, daß ein Plan zur Eigentumsbildung vorgelegt wird, der von jedermann und unter allen denkbaren Aspekten vorbehaltlos akzeptiert werden könnte. Wie man die Lösung des Problems auch angehen mag, ohne Friktionen und gewisse Risiken wird sie sich nicht durchsetzen lassen. „Werden alle Einwände berücksichtigt", erklärt Gerhard Weisser, „so bleiben schließlich für die Politik, die mangels eines echten Automatismus nach allgemeiner Meinung nötig ist, überhaupt keine Mittel mehr übrig ... Von den Mitteln der Eigentumsbildung in Arbeiterhand werden neben in der Tat ungeeigneten auch die geeigneten zerredet"[34].

Die Dinge müssen aber noch unter einem anderen, im allgemeinen zu wenig beachteten Gesichtspunkt gesehen werden: Man sollte sich nicht damit abfinden und beruhigen, daß der Prozeß der industriellen Vermögenskonzentration in der Richtung, die er bislang genommen hat, ad infinitum weiterlaufen kann. Es ist sozialpsychologisch ganz unwahrscheinlich, daß die Arbeiterschaft und ihre Organisationen nach der seit Karl Marx abgelaufenen geschichtlichen Entwicklung diesen Prozeß der einseitigen Vermögensbildung in Unternehmerhand auf die Dauer hinnehmen werden. Wird die Lösung nicht auf dem eben skizzierten evolutionären Wege der Umlenkung künftiger Vermögenszugänge gefunden, dann wird man sich darauf einstellen müssen, daß das Eigentumsproblem schließlich durch Sozialisierung und Neuverteilung der schon vorhandenen Vermögenswerte angegangen wird. Es werden, wenn sich der bisherige Trend der Vermögenskonzentration fortsetzt, alle jene Tendenzen verstärkt, die einer radikalen Lösung der Eigentumsfrage zustreben. Ob man das wünscht oder nicht, ob man es für gerecht oder ungerecht, für gesellschaftspolitisch richtig oder falsch hält, ist hier nicht zu untersuchen. Kommt es aber zu einer solchen radikalen Neuordnung der Eigentumsrechte am volkswirtschaftlichen Produktionsvermögen, so werden angesichts der dann entstehenden Reibungsverluste und Vermögenseinbußen kaum noch Meinungsverschiedenheiten darüber aufkommen, daß es schon allein unter ökonomischen Gesichtspunkten „ergiebiger" gewesen wäre, den von der katholischen Soziallehre und vom freiheitlichen Sozialismus empfohlenen Weg zu gehen. Bis dahin aber scheint man diesen Weg durch Bedenken und Vorbehalte, vor allem durch den massiven Widerstand unternehmerischer Interessenverbände, versperren zu wollen.

94 Gerhard Weisser, Einfache Wirtschaftsordnung? In: Gewerschaftliche Monatshefte, 8, 1957, S. 525.

d) Enteignung und Sozialisierung

Unter *Enteignung* versteht man einen öffentlich-rechtlichen Eingriff in private Vermögensrechte: deren Entziehung, Belastung oder Beschränkung. Der Begriff umschließt also auch Maßnahmen wie etwa die Anordnung von Bausperren, die Festlegung von Fluchtlinienplänen, die Stellung unter Denkmalschutz.

Die *Sozialisierung* oder *Vergesellschaftung* ist ein Sonderfall oder Unterfall der Enteignung. Ihre Besonderheit besteht darin, daß im Privateigentum stehende Produktionsmittel enteignet und in Gemeineigentum überführt werden, sei es auf den Staat (Verstaatlichung, Nationalisierung), auf die Gemeinde (Kommunalisierung), auf Sozialgemeinschaften als gemischtwirtschaftliche, aus Vertretern der Belegschaft, der Verbraucherschaft und des Staates zusammengesetzte Körperschaften oder auf die jeweils als Gilde genossenschaftlich organisierte Gesamtheit der in einem bestimmten Wirtschaftszweig Beschäftigten (Gildensozialismus). Artikel 15 Satz 1 des Bonner Grundgesetzes formuliert folgendermaßen: „Grund und Boden, Naturschätze und Produktionsmittel können zum Zwecke der Vergesellschaftung durch ein Gesetz, das Art und Ausmaß der Entschädigung regelt, in Gemeineigentum oder in andere Formen der Gemeinwirtschaft überführt werden".

Hinsichtlich des Ausmaßes der Sozialisierung ist zu unterscheiden zwischen Totalsozialisierung und Teilsozialisierung, die fallweise durchgeführt wird. Die Totalsozialisierung zielt auf die Enteignung aller Produktionsmittel und ihre Überführung in die öffentliche Hand, also auf eine strukturelle Umgestaltung der Wirtschaftsverfassung, während die Teilsozialisierung grundsätzlich das Privateigentum an Produktionsmitteln anerkennt, sofern es nicht eine Gefährdung des Gemeinwohls bedeutet und „nicht den Aufbau einer gerechten Sozialordnung hindert" (GP, 15).

Daneben gibt es allerdings noch einen weiteren Begriff von Sozialisierung, den man zweckmäßig mit dem Terminus System-Sozialisierung belegt. Sachlich muß diese Form der Sozialisierung streng unterschieden werden sowohl von der Total- als auch von der Teilsozialisierung, wenn sie auch geschichtlich mit beiden in engem Zusammenhang steht. Die System-Sozialisierung läßt die Frage des Eigentums und seiner Trägerschaft — ob Privat- oder Gemeineigentum — formal unberührt und richtet sich auf die Ordnung des Wirtschaftsprozesses. Von System-Sozialisierung wäre dann zu sprechen, wenn die Entscheidungen über den Wirtschaftsablauf zentral von einer Stelle erfolgen. Es handelt sich also um jenes Wirtschaftssystem, das die Nationalökonomie als Zentralverwaltungswirtschaft zu benennen pflegt. Die als System-Sozialisierung bezeichnete Form der Sozialisierung war in den Jahren nach dem ersten Weltkrieg, oft unter dem Stichwort der „Wirtschaftsdemokratie", Gegenstand lebhafter Auseinandersetzungen. Das

Problem selbst — die Frage der zentralen Steuerung der Wirtschaft — ist natürlich auch in der Gegenwart noch akut. Es wird aber nicht mehr unter dem Stichwort Sozialisierung diskutiert, sondern unter dem der Zentralverwaltungswirtschaft (gleichbedeutend mit Zentralplanwirtschaft oder Zwangswirtschaft). Für unsere augenblickliche Fragestellung scheidet der unter dem Begriff der System-Sozialisierung zusammengefaßte Sachverhalt aus.

In diesem Zusammenhang bedarf auch der Begriff der Gemeinwirtschaft der Erläuterung. Er entstand in der zweiten Hälfte des neunzehnten Jahrhunderts und diente zunächst der „Propagierung einer neuen Wirtschaftsgesinnung. An die Stelle des reinen Privatinteresses sollte die bewußte Hinwendung auf das Gemeinwohl treten“[95]. Bei der Erörterung der Frage, welcher institutioneller Hilfen man sich bedienen könne, um eine solche Wirtschaftsgesinnung zu verwirklichen, verband sich der Begriff mit dem der Sozialisierung. Für die eben umschriebenen drei Formen der Sozialisierung wird seither synonym auch der Begriff Gemeinwirtschaft verwendet, so daß immer dann, wenn er irgendwo erscheint, zunächst zu klären ist, ob an Totalsozialisierung als Entprivatisierung der Produktionsmittel, an Teilsozialisierung als fallweise Entprivatisierung einzelner Betriebe oder Wirtschaftszweige oder an die System-Sozialisierung im Sinne der zentralen Lenkung des Wirtschaftsprozesses gedacht ist. Die terminologischen Komplikationen können sich noch dadurch erhöhen, daß der Begriff Gemeinwirtschaft über die verschiedenen Tatbestände der Sozialisierung hinausgreift. Mit Recht nimmt beispielsweise auch die Genossenschaftsbewegung für ihre Organisationen und Betriebe den Begriff Gemeinwirtschaft in Anspruch. Es kommt aber auch vor, daß der Begriff ohne Beziehung auf eine bestimmte Organisationsweise der Wirtschaft „lediglich im Sinne einer auf das Gemeinwohl gerichteten Gesinnung und Weise des Wirtschaftens aufgefaßt wird“[96].

Nach diesen terminologischen Klärungen stellt sich die Frage nach der sozialethischen Beurteilung der Sozialisierung. Auch hier muß man von dem obersten Grundsatz der Güterlehre, vom Gemeingebrauchprinzip, ausgehen, von der Tatsache also, daß sich die Zweckbestimmung jeder geschichtlichen Güterordnung auf den Nutzen *aller* Gemeinschaftsmitglieder richtet. Dem Staat als oberstem Verwalter des Gemeinwohls obliegt in letzter Instanz die Verantwortung dafür, daß diese Zweckbestimmung der Güterwelt gewahrt werde. Er ist also verpflichtet, in eine gemeinwohlwidrige Entwicklung der Eigentumsverhältnisse einzugreifen und sie zu korrigieren. Eines der Mittel staatlicher Eigentumskorrekturen ist die Sozialisierung.

---

95 Ludwig Wirz, Gemeinwirtschaft. In: Zur Wirtschaftsordnung (Wörterbuch der Politik, hrsg. von Hermann Sacher und Oswald v. Nell-Breuning, Heft IV). 3. Aufl. Freiburg 1958, Sp. 27.

96 a. a. O., Sp. 27.

Durch das kirchliche Lehramt ist die grundsätzliche Möglichkeit und Erlaubtheit der Sozialisierung expressis verbis erstmals in der bekannten Sozialisierungsstelle der Enzyklika Quadragesimo anno ausgesprochen worden. Nachdem Pius XI. festgestellt hat, daß eine „wider alles Recht angemaßte gesellschaftliche Herrschaftsstellung des Eigentums ... von Rechts wegen gar nicht dem Eigentum, sondern der öffentlichen Gewalt zukommt", fährt er fort: „Mit vollem Recht kann man ja dafür eintreten, bestimmte Arten von Gütern der öffentlichen Hand vorzubehalten, weil die mit ihnen verknüpfte übergroße Macht ohne Gefährdung des öffentlichen Wohls Privathänden nicht überantwortet bleiben kann"[97]. Diese Feststellung Pius' XI. erscheint in der Enzyklika nicht dort, wo sie systematisch einzuordnen wäre, nämlich innerhalb der Stellungnahme zum Eigentum, sondern im Zusammenhang der Auseinandersetzung mit dem Sozialismus. Das ist nicht bedeutungslos. Der Papst formuliert die Auffassung der katholischen Soziallehre zur Sozialisierung offenbar nicht in der Überzeugung, einen bislang noch unbekannten Grundsatz auszusprechen, sondern mehr als ein obiter dictum, das hier nur zur Illustration herangezogen wird, um die Annäherung des Sozialismus an die katholische Soziallehre zu verdeutlichen und damit zu verhüten, daß Gegensätze und Kluften aufgerissen werden, wo keine sind. Die grundsätzliche Möglichkeit der Sozialisierung selbst wird nicht als Problem gesehen, sondern als ein Mittel der Wirtschaftspolitik, das in sich nicht ungerecht ist, weil es „nichts an sich hat, was mit christlicher Auffassung in Widerspruch stände"[98].

Diese Linie wird von Pius XII. weiter verfolgt, der dem Staat die Befugnis zuspricht, „den Gebrauch des Privateigentums zu regeln oder auch, falls sich auf eine andere billige Weise kein Ausweg findet, gegen angemessene Entschädigung die Enteignung zu verfügen"[99]. Während Pius XI. sich noch darauf beschränkte, den Mißbrauch wirtschaftlicher Macht als Sozialisierungsgrund hervorzuheben, gibt Pius XII. weitere Gründe an, die eine Sozialisierung rechtfertigen. Er anerkennt die Sozialisierung „in den Fällen, wo sie wirklich durch das Gemeinwohl gefordert zu sein scheint, d. h. wo sie das einzig wirksame Mittel ist, Mißbräuche abzustellen, eine Vergeudung der produktiven Kräfte eines Landes zu verhüten, die organische Ordnung eben dieser Kräfte zu sichern und sie zum Besten der wirtschaftlichen Interessen der Nation zu lenken"[100]. In einer späteren Ansprache beruft Pius XII. sich auf die Sozialisierungsstelle in Quadragesimo anno[101]. Nachdem der Papst die Nichtverwirklichung der berufsständischen Ordnung als

---

97 Quadragesimo anno, n. 114.
98 a. a. O., n. 115.
99 Rundfunkbotschaft am 1. September 1944. In: Utz-Groner, n. 736.
100 Ansprache am 11. März 1945. In: Utz-Groner, n. 2919.
101 Vgl. Ansprache am 7. Mai 1949. In: Utz-Groner, n. 3347.

ein „Verpassen günstiger Gelegenheiten" bedauert hat, fährt er fort: „Nachträglich bemüht man sich nun, andere Formen einer öffentlich-rechtlichen Organisation der Sozialwirtschaft auszuarbeiten, und im Augenblick neigt man mit Vorliebe zur Verstaatlichung und zur Nationalisierung der Unternehmen. Ohne Zweifel läßt auch die Kirche in bestimmten gerechten Grenzen die Verstaatlichung zu und erklärt, daß ‚man mit Recht bestimmte Arten von Gütern der öffentlichen Hand vorbehalten kann, jene nämlich, die eine solche Macht darstellen, daß man sie ohne Gefährdung des öffentlichen Wohls Privathänden nicht überantworten kann'"[102].

Auch Johannes XXIII. nimmt Stellung zur Frage der Sozialisierung und erklärt in Mater et Magistra, daß „auch der Staat und andere öffentlich-rechtliche Gebilde rechtmäßig Eigentum besitzen, auch an Produktionsmitteln, ganz besonders dann, wenn ‚die mit ihnen verknüpfte übergroße Macht ohne Gefährdung des öffentlichen Wohls Privathänden nicht überantwortet bleiben kann'. Ja, es scheint ein Merkmal unserer Zeit zu sein, daß das staatliche und sonstige öffentliche Eigentum immer umfangreicher wird. Das hat unter anderem darin seine Ursache, daß der Staat um des Gemeinwohls willen immer größere Aufgaben übernehmen muß"[103]. Auch Johannes XXIII. übernimmt also das in der Möglichkeit des Machtmißbrauchs privaten Eigentums gründende Sozialisierungs-Argument aus Quadragesimo anno, hebt darüber hinaus aber die Tatsache hervor, daß die wachsenden Staatsaufgaben notwendig auch zu einer Ausdehnung des Gemeineigentums führen.

Mit stärkerer Betonung als frühere kirchliche Verlautbarungen verweisen die Pastoralkonstitution Gaudium et spes des II. Vatikanischen Konzils und die Enzyklika Populorum progressio Pauls VI. auf das Mittel der Sozialisierung, insbesondere im Blick auf den Großgrundbesitz der unentwickelten Länder[104]. Paul VI. spricht nicht nur von der Möglichkeit und Erlaubtheit der Sozialisierung, sondern fordert unter bestimmten Bedingungen mit Nachdruck deren Durchführung: „Das Gemeinwohl verlangt dann eine Enteignung, wenn ein Besitz wegen seiner Größe, seiner geringen oder überhaupt nicht erfolgten Nutzung, wegen des Elends, das die Bevölkerung durch ihn erfährt, wegen eines beträchtlichen Schadens, den die Interessen des Landes erleiden, dem Gemeinwohl hemmend im Wege steht. Das Konzil hat das ganz klar gesagt (Gaudium et spes, n. 71). Und nicht weniger klar hat es erklärt, daß verfügbare Mittel nicht einfach dem willkürlichen Belieben der Menschen überlassen sind, und daß egoistische Spekulationen keinen Platz haben dürfen. Man braucht es deswegen nicht zu dulden, daß

102 a. a. O., n. 3347.

103 Mater et Magistra, n. 116 f.

104 Vgl. Pastoralkonstitution Gaudium et spes, n. 71. — Paul VI., Populorum progressio, n. 23 f.

Staatsbürger mit übergroßen Einkommen aus den Schätzen und der Arbeit des Landes einen großen Teil ins Ausland schaffen, zum ausschließlichen persönlichen Gebrauch, ohne sich um das offensichtliche Unrecht zu kümmern, das sie ihrem Land damit zufügen (Gaudium et spes, n. 65)"[105].

Erweist sich die Sozialisierung als notwendig, so entsteht daraus „die Verpflichtung zu angemessener Entschädigung, d. h. einer Entschädigung, die danach festgesetzt wird, daß sie unter den angegebenen Umständen für alle Beteiligten gerecht und billig ist"[106]. Damit ist auch schon gesagt, daß die Höhe der Entschädigung von den Erfordernissen des Gemeinwohls her zu bestimmen ist. Sie liegt zwischen dem vollen Wertausgleich als Obergrenze und der entschädigungslosen Enteignung als Untergrenze. Im Falle der Enteignung eines Grundstücks zum Zwecke des Ausbaus einer Straße, wo die Enteignung als „Zwangskauf" lediglich den nicht zustande gekommenen Kaufvertrag ersetzt, besteht kein Grund, eine hinter dem Gleichwert zurückliegende Entschädigung zu leisten. Anders liegen die Verhältnisse im Falle der Sozialisierung industrieller Unternehmungen und landwirtschaftlichen Großgrundbesitzes. Eine Entschädigung könnte den Zweck der Sozialisierung vereiteln und den Aufbau neuer wirtschaftlicher Machtpositionen ermöglichen. In anderen Fällen wird sie einfach die Finanzkraft des Staates übersteigen, zumal dann, wenn es sich, wie etwa im Falle der Verstaatlichung der Großbanken, des Kohlenbergbaus, wie überhaupt der Grundstoffindustrie, nicht nur um einzelne Betriebe, sondern um ganze Wirtschaftszweige handelt. Unter solchen Umständen entfällt der Anspruch auf vollen Wertausgleich. Oberste Norm auch für die Höhe der Entschädigung ist stets das Gemeinwohl. Dieses kann es gestatten und gebieten, daß „die ‚entsprechende' oder ‚angemessene' Schadloshaltung sogar auf Null zurückgeht, dann nämlich, wenn dem Erfordernis des Gemeinwohls nur durch entschädigungslose (unentgeltliche) Hingabe einer Sache Genüge getan wird"[107].

Die Auffassung des freiheitlichen Sozialismus zur Sozialisierung faßte Gerhard Weisser schon vor der Veröffentlichung des Godesberger Programms in folgender Feststellung zusammen: „Der Unterschied gegenüber den marxistischen Konzeptionen besteht darin, daß ... die allgemeine Überführung des Produktivvermögens in die Hand der Allgemeinheit nicht mehr als das geeignete Mittel angesehen wird. Sozialisierung wird zwar gefordert, aber nur für eine begrenzte Anzahl von Wirtschaftszweigen"[108]. Die Sozialisierung wird vom freiheitlichen

105 Populorum progressio, n. 24.

106 Pius XII., Ansprache am 11. März 1945. In: Utz-Groner, n. 2919.

107 Oswald v. Nell-Breuning, Sozialisierung. In: Stimmen der Zeit, 139, 1946/47, S. 426.

108 Gerhard Weisser, Freiheitlicher Sozialismus. In: Handwörterbuch der Sozialwissenschaften, 9. Bd, 1956, S. 512.

Sozialismus, ähnlich dem Begriff der klassischen Enteignung, als ein rechtspolitisches Instrument angesehen, das nicht *gegen* die bestehende, auf dem Privateigentum gründende Gesellschaftsordnung eingesetzt wird, sondern *innerhalb* und im *Dienste* dieser Ordnung als *ein* Mittel eines differenzierten Instrumentariums, welches, ganz im Sinne der katholischen Soziallehre, verhüten soll, „daß die Einrichtung des Privateigentums ... zu unerträglichen Unzuträglichkeiten führt und so sich selbst ihr Grab gräbt“[109]. Das Godesberger Programm selbst erklärt das Gemeineigentum für „eine legitime Form der öffentlichen Kontrolle, auf die kein moderner Staat verzichtet“ (GP, 16). Das Gemeineigentum gilt als „zweckmäßig und notwendig, wo mit anderen Mitteln eine gesunde Ordnung der wirtschaftlichen Machtverhältnisse nicht gewährleistet werden kann“ (GP, 16). Die entscheidende Gefahr des Großeigentums für das Gemeinwohl sieht auch der freiheitliche Sozialismus darin, daß das Eigentum seiner ursprünglichen Sinnbestimmung, der Persönlichkeitsentfaltung des Menschen zu dienen, entzogen und als Mittel der Macht mißbraucht wird. Die öffentliche Kontrolle marktbeherrschender Kräfte und die Verhütung des Machtmißbrauchs seitens der Großwirtschaft mit Hilfe des Gemeineigentums „dient der Bewahrung der Freiheit vor der Übermacht großer Wirtschaftsgebilde. In der Großwirtschaft ist die Verfügungsgewalt überwiegend Managern zugefallen, die ihrerseits anonymen Mächten dienen. Damit hat das Privateigentum an den Produktionsmitteln hier weitgehend seine Verfügungsgewalt verloren. Das zentrale Problem heißt heute: Wirtschaftliche Macht“ (GP, 16). Wenn der freiheitliche Sozialismus die Institution des Gemeineigentums einsetzen will, um die Freiheit und Persönlichkeitsentfaltung des Menschen zu sichern und ihn vor dem Machtmißbrauch des Privateigentums zu schützen, so sind das die gleichen Ziele, welche die katholische Soziallehre seit Pius XI. mit Hilfe der Sozialisierung verwirklichen will. Die Bejahung des Gemeineigentums unter bestimmten Bedingungen und für begrenzte Bereiche der Wirtschaft verbindet der Godesberger Sozialismus aufgrund seines durch die geschichtliche Erfahrung geschärften Blickes für die Möglichkeiten des Machtmißbrauchs, auch seitens des Staates, und seiner Distanzierung gegenüber naiver Staatsgläubigkeit mit der Forderung, daß „das Gemeineigentum nach den Grundsätzen der Selbstverwaltung und der Dezentralisierung geordnet werden soll“ (GP, 16).

e) Mitbestimmung

Das rechte Verständnis der Arbeiter-Mitbestimmung im Betrieb ergibt sich aus der Analogie zur Demokratie als Organisationsform des Staates: Der wahlberechtigte Bürger entscheidet über die Zusammen-

109 Quadragesimo anno, n. 49.

setzung der staatlichen Führungsorgane, des Parlaments und der Regierung, nicht über deren Einzelakte. Die Staatsorgane werden durch das Volk autorisiert und kontrolliert. Sie treffen ihre Entscheidungen in der Verantwortung gegenüber dem Volk, jedoch — von plebiszitären Ausnahmebestimmungen abgesehen — ohne Befragung des Volkswillens. Die Kontrollfunktion des Volkes wird wirksam erst nach Ablauf der Legislaturperiode, in Ausübung des Wahlrechts. Das gleiche gilt für eine am Prinzip der Arbeiter-Mitbestimmung orientierte Unternehmensverfassung: Es geht um die Bestellung der Unternehmensleitung. Das Unternehmen ist ein Verband von Personen, die durch ihre Mitwirkung, sei es durch Arbeit oder die Bereitstellung von Kapital, zur Erreichung des Unternehmenszweckes beitragen und deshalb das Recht haben, über die Bestellung der Unternehmensführung zu entscheiden. Die laufenden Geschäfte erledigt die Unternehmensleitung allein, aber im Auftrag und im Interesse der das Unternehmen konstituierenden Faktoren Arbeit und Kapital. Sie befindet sich in der gleichen Situation wie eine rechtsstaatliche Regierung, die *allein* regiert, ohne ‚Mit'regierung des Volkes, aber nicht absolutistisch-diktatorisch, sondern kraft der Legitimation durch das Volk, in seiner Abhängigkeit und unter seiner Kontrolle. Das ‚Volk' ist im Falle der Unternehmensverfassung die Gesamtheit der an der Verwirklichung des Unternehmenszweckes beteiligten Personen, die aufgrund dieser ihrer Funktion das Recht haben, an der Formierung des von ihnen auszuführenden Willens mitzuwirken.
Der freiheitliche Sozialismus hat im Godesberger Programm unter dem Titel „Die Gewerkschaften in der Wirtschaft" seine Auffassung zur Mitbestimmung folgendermaßen formuliert: „Die Gewerkschaften kämpfen um einen gerechten Anteil der Arbeitnehmer am Ertrag der gesellschaftlichen Arbeit und um das Recht auf Mitbestimmung im wirtschaftlichen und sozialen Leben. — Sie kämpfen um größere Freiheit und handeln als Vertreter aller arbeitenden Menschen. Sie sind damit wesentliche Träger des ständigen Demokratisierungsprozesses. Jeden Arbeitnehmer zu ständiger Mitarbeit fähig zu machen und dafür zu sorgen, daß er diese Fähigkeiten nutzen kann, ist eine große Aufgabe der Gewerkschaften. — Die Arbeiter und Angestellten, die den entscheidenden Beitrag zum Ergebnis der Wirtschaft leisten, sind bisher von einer wirksamen Mitbestimmung ausgeschlossen. Demokratie aber verlangt Mitbestimmung der Arbeitnehmer in den Betrieben und in der gesamten Wirtschaft. Der Arbeitnehmer muß aus einem Wirtschaftsuntertan zu einem Wirtschaftsbürger werden. — Die Mitbestimmung in der Eisen- und Stahlindustrie und im Kohlenbergbau ist ein Anfang zu einer Neuordnung der Wirtschaft. Sie ist zu einer demokratischen Unternehmensverfassung für die Großwirtschaft weiterzuentwickeln. Die Mitbestimmung der Arbeitnehmer in den Selbstverwaltungsorganen der Wirtschaft muß sichergestellt werden" (GP, 19 f.).

Diese Erklärung des Godesberger Programms deckt sich mit der Mitbestimmungsidee der katholischen Soziallehre, die, wenn man sie in programmatischer Form darstellen wollte, nicht besser zusammenfassen könnte, als es hier geschehen ist. Dies im einzelnen auszuführen, ist die Aufgabe der folgenden Darlegungen.

Der Mitbestimmungsgedanke gehört schon zum ideellen Bestand der katholisch-sozialen Bewegung des vergangenen Jahrhunderts. Der Sachverhalt, der in der Gegenwart als Mitbestimmung in die Erscheinung tritt, steht in enger Beziehung zu den unter dem Begriff der Produktivgenossenschaft zusammengefaßten Bestrebungen des vormarxistischen sozialreformerischen Sozialismus. Dessen Wirkungen reichen über Lassalle und Ketteler in die katholisch-konservative Bewegung hinein, wo unter der Forderung des Gesellschaftsvertrags das alte Anliegen der Produktivgenossenschaft, aufgefaßt als Miteigentum und Mitunternehmertum der durch den Betrieb zusammengeschlossenen Arbeitspartner, in neuem Gewande aufgenommen und weitergetragen wurde. Lehramtlich empfohlen wurde die wirtschaftliche Mitbestimmung durch Pius XI. in der Enzyklika Quadragesimo anno[110]. Starke Impulse gingen 1949 vom Bochumer Katholikentag aus, der das Mitbestimmungsrecht als Naturrecht bezeichnete[111]. Pius XII. stand dem Gedanken der wirtschaftlichen Mitbestimmung zunächst, da es erprobte Formen seiner Verwirklichung noch nicht gab, zurückhaltend gegenüber. Eine ablehnde Haltung nahm Gustav Gundlach ein. Die von ihm verfochtene Linie wurde aber schon 1952 durch ein aufsehenerregendes Schreiben des damaligen Unterstaatssekretärs Montini und jetzigen Papstes Paul VI. durchbrochen, dessen positive Stellungnahme zur wirtschaftlichen Mitbestimmung von Johannes XXIII. voll inhaltlich in die Enzyklika Mater et Magistra aufgenommen wurde. Paul VI. hat wiederholt auf die Verwirklichung der Arbeiter-Mitbestimmung gedrängt[112].

Johannes XXIII. hat das Mitbestimmungsrecht nicht nur gebilligt, sondern mit Nachdruck seine Verwirklichung gefordert, und zwar vorbehaltlos und ohne Begrenzung auf eine bestimmte Form: „Mit der menschlichen Natur selbst verbindet sich der Anspruch, daß, wer produktive Arbeit leistet, auch in der Lage sei, den Gang der Dinge

110 Vgl. a. a. O., n. 65.

111 Vgl. Franz Klüber, Das Naturrecht der Mitbestimmung. In: Normen der Gesellschaft (Festgabe für Oswald v. Nell-Breuning). Mannheim 1965, S. 92 ff.

112 Vgl. G. B. Montini, Päpstlicher Brief zur 21. Sozialen Woche der Katholiken Italiens in Turin vom 19. September 1952. In: Utz-Groner, n. 3368 ff., insbes. n. 3374. — Paul VI., Populorum progressio, n. 28. — Ansprache an die Hauptversammlung der Internationalen Arbeitsorganisation (IAO) am 10. Juni 1969. In: Papst Paul VI. an die Welt. Osnabrück 1970, S. 239 f. — Apostolisches Schreiben Octogesima adveniens, n. 22, 24, 47.

mitzubestimmen und durch seine Arbeit zur Entfaltung seiner Persönlichkeit zu gelangen"[113]. Aus dieser ontologischen Begründung der Mitbestimmung zieht der Papst die sozialethischen Konsequenzen und erklärt, daß „die Arbeiter mit Recht aktive Teilnahme am Leben des sie beschäftigenden Unternehmens fordern"; daß „in jedem Fall die Arbeiter an der Gestaltung der Angelegenheiten ihres Unternehmens aktiv beteiligt werden sollten", und daß „bei der Erledigung der Angelegenheiten und beim Ausbau des Unternehmens auch die Stimme des Arbeiters gehört und seine Mitverantwortung angesprochen werden sollte"[114]. Von besonderer Bedeutung ist die Feststellung: „Die weitergehende Verantwortung, die heute in verschiedenen Wirtschaftsunternehmen den Arbeitern übertragen werden soll, entspricht der geschichtlichen Entwicklung von heute in Wirtschaft, Gesellschaft und Staat"[115]. Dem Papst sind die Bemühungen um die Verwirklichung des Mitbestimmungsrechtes, so insbesondere auch das deutsche Montan-Mitbestimmungsgesetz, nicht unbekannt. Auch solche tiefgreifenden, die kollektive Mitbestimmung einbeziehenden Beteiligungsformen finden nicht nur die Zustimmung des Papstes, sondern werden, wie dies zuvor schon im Hinblick auf das Mitbestimmungsrecht im allgemeinen geschehen ist, noch einmal ausdrücklich mit dem Hinweis auf die Erfordernisse der menschlichen Natur begründet.
Das kirchliche Lehramt hat seine Auffassung zur Mitbestimmung erneut zum Ausdruck gebracht in der Pastoralkonstitution Gaudium et spes, die vom II. Vatikanischen Konzil am 7. Dezember 1965 verkündet wurde. Die folgenden Überlegungen gehen von diesem Dokument aus und wollen versuchen, anhand der Aussagen des Konzils die kirchliche Lehre zur Mitbestimmung zusammenfassend darzustellen. Das ist allerdings nur möglich, wenn man die auf die Mitbestimmung bezogenen Texte nicht isoliert betrachtet, sondern in jenem größeren Zusammenhang sieht, in den sie das Konzil selbst gestellt hat.
Im 3. Kapitel des II. Hauptteils bringt die Pastoralkonstitution unter dem Thema „Über einige das ganze wirtschaftsgesellschaftliche Leben beherrschende Prinzipien" Aspekte des sozialen Lebens zur Geltung, die schon in Mater et Magistra zur Sprache kamen und nun in systematischer Darstellung entfaltet werden. Sie beziehen sich auf die Problemkreise Arbeit, Mitbestimmung und Eigentum. Schon die Form ihrer Anordnung ist kennzeichnend für die Neuorientierung der katholischen Soziallehre, die sich seit Mater et Magistra vollzogen hat: An erster Stelle steht die *Arbeit,* sie hat als Ausdruck der personalen Würde des Menschen den absoluten Vorrang vor allen anderen Elementen des Wirtschaftslebens. Aus dem personalen Charakter der Arbeit ergibt sich als unmittelbare Konsequenz das Recht des Arbeiters

113 Mater et Magistra, n. 82.
114 a. a. O., n. 91 f.
115 a. a. O., n. 93.

auf *Mitbestimmung* im Gesamtbereich des Wirtschaftslebens, also sowohl das Recht auf betriebliche als auch auf überbetriebliche Mitbestimmung. Erst als dritte Kategorie in dieser Hierarchie der wirtschaftlichen Ordnungselemente erscheint das *Eigentum*. Es hat nur instrumentalen Charakter und ist eine Kategorie reiner Nutzhaftigkeit und Zweckmäßigkeit, die der von Arbeit und Mitbestimmung her aufzubauenden Gestalt der Wirtschaft Hilfsdienste zu leisten hat und nur von dem Maße ihrer Eignung als Instrument im Dienst des arbeitenden Menschen ihre Legitimation erhält.

Diese überragende Stellung der Arbeit im Kosmos der Wirtschaft bringt das Konzil gleich im ersten Satz dieses Abschnitts in programmatischer Form zum Ausdruck: „Die menschliche Arbeit, die in der Erzeugung und Verteilung von Gütern sowie in der Bereitstellung von Dienstleistungen betrieben wird, überragt alle übrigen Elemente des wirtschaftlichen Lebens, die nur instrumentalen Charakter tragen". Die Begründung dieser These gibt der nächste Satz: „Diese Arbeit nämlich, mag sie in eigener Verantwortung verrichtet oder von einem anderen in Dienst genommen werden, ist unmittelbarer Ausfluß der Person, welche die Dinge der Natur gleichsam mit deren Siegel zeichnet und sie ihrem Willen unterwirft"[116]. Die Pastoralkonstitution nimmt hier nur die Gedanken wieder auf, die sie schon im 3. Kapitel des I. Hauptteils in einer Theologie der Arbeit systematisch dargestellt hatte. Schon dort hieß es: „So wie das menschliche Schaffen aus dem Menschen hervorgeht, so ist es auch auf den Menschen hingeordnet. Wenn nämlich der Mensch ein Werk setzt, formt er nicht nur die Dinge und die Gesellschaft um, sondern vollendet auch sich selbst. Er lernt viel, entwickelt seine Fähigkeiten, geht aus sich heraus und wächst über sich hinaus"[117]. Der Sinn der Arbeit besteht also nicht nur im Erwerb des Lebensunterhaltes und im Dienst am Gemeinwohl, sondern vor allem darin, daß der Mensch im Vollzug der Arbeit an der weiteren Entfaltung der Schöpfung teilnimmt und so sein eigenes Menschtum vervollkommnet[118].

In der Pastoralkonstitution wird also hinsichtlich der Bestimmung des Verhältnisses von Arbeit und Kapital die schon durch Johannes XXIII. eingeleitete Linie konsequent weiterverfolgt. Zwar war, wie Oswald v. Nell-Breuning betont, auch den früheren Dokumenten der katholischen Soziallehre die höhere metaphysische Rangstufe der Arbeit geläufig, sie wurde aber nicht mit Nachdruck herausgestellt und in ihren Konsequenzen fruchtbar gemacht, weil sich die Kirche zunächst genötigt sah, gegenüber dem Angriff des orthodoxen Marxismus das Eigentumsrecht zu verteidigen, dies freilich mit der fatalen Folge, daß sie in eine falsche Frontstellung gedrängt wurde: in die Gegnerschaft

---

116 Gaudium et spes, n. 67.
117 n. 35.
118 Vgl. n. 67.

zum Sozialismus und in die Nähe zum Kapitalismus, der bis zur Stunde die katholische Soziallehre als Ideologie zur Absicherung von Profitinteressen mißbraucht. Nachdem aber der Sozialismus im Bekenntnis zur Würde und Freiheit der Person seine grundsätzliche Ablehnung des Privateigentums wie überhaupt seine Gegnerschaft zum Christentum aufgegeben hatte, bestand für die Kirche kein Grund mehr, noch länger an der einseitigen, durch ihre Abwehrstellung zum marxistischen Sozialismus veranlaßten Akzentuierung ihrer Soziallehre festzuhalten. Es konnte nun die falsche Optik berichtigt werden, als ob die Kirche eine angebliche „Heiligkeit" des Privateigentums lehre und diese sogar der Menschenwürde des Arbeiters vorordne[119]. Seit Mater et Magistra steht die Arbeit im Vordergrund. Arbeit geht vor Eigentum, so lehrte Johannes XXIII.: „Die Arbeit ist unmittelbarer Ausfluß der menschlichen Person und hat deshalb den Vorrang vor dem Vermögen, dem seiner Natur nach nur der Wert eines Mittels zukommt"[120]. Das Konzil macht sich dieser These Johannes' XXIII. zu eigen und erklärt deshalb, daß die in der Arbeit sich vollziehende Persönlichkeitsentfaltung einen unvergleichlich höheren Wert habe als die Anhäufung von Vermögen; daß der Mensch mehr wert sei „durch das, was er ist, als durch das, was er hat"[121].
Die *Arbeit* nimmt also unter den Ordnungselementen der Wirtschaft den *ersten* Rang ein, weil der arbeitende Mensch als Mitgestalter am Werk des Schöpfers zur Verwirklichung des Schöpfungsplanes beiträgt und im Vollzug seiner täglichen Arbeit sein eigenes Menschtum entfaltet. Dieser durch die Arbeit bewirkten inneren Bereicherung der Person kommt ein höherer Wert zu als dem Eigentum. Dieses ist nur ein Ordnungsinstrument im Dienste des Menschen. Die Ordnung des Eigentums muß also der Arbeit und dem Anspruch des arbeitenden Menschen unterstellt werden. Das ist die Quintessenz der katholischen Soziallehre in der Frage des Verhältnisses von Arbeit und Eigentum[122].
Aus dieser Auffassung der Arbeit ergibt sich konsequent der Anspruch des arbeitenden Menschen auf *Mitbestimmung*, ein Anspruch, der deshalb vom Konzil folgerichtig sogleich im unmittelbaren Anschluß an die Erörterung der Sinnbestimmung der Arbeit formuliert wird: „In den wirtschaftlichen Unternehmungen sind Personen miteinander verbunden, d. h. freie und selbstverantwortliche, nach dem Bilde Gottes geschaffene Menschen. Deshalb soll, unter Beachtung der verschiedenen Aufgabenbereiche eines jeden, sei es der Eigentümer, der Arbeitgeber, der leitenden oder der ausführenden Kräfte, und unbeschadet der not-

119 Vgl. Oswald v. Nell-Breuning, Die Wirtschaft im Urteil des II. Vatikanischen Konzils. In: Theologie und Philosophie, 41, 1966, S. 196 f.
120 Mater et Magistra, n. 107.
121 Vgl. Gaudium et spes, n. 35.
122 Vgl. hierzu im einzelnen Gaudium et spes, n. 26, 34, 35, 43, 57, 67. — Mater et Magistra, n. 107, 256, 259.

wendigen einheitlichen Leitung die aktive Beteiligung aller an der Unternehmensführung gefördert werden; die geeignete Form der Verwirklichung ist näher zu bestimmen“[123].

Die Bejahung der Mitbestimmung durch das Konzil und die Forderung ihrer Verwirklichung gründen also in der Personalität des arbeitenden Menschen. Deshalb versteht das Konzil das Unternehmen nicht als Inbegriff sachlicher Produktionsmittel, sondern als freien Zusammenschluß von Personen, die durch ihre Mitwirkung, sei es durch Arbeit oder durch Bereitstellung von Kapital, zur Leistungserstellung und zur Erreichung des Produktionszweckes beitragen. Aus diesem Verständnis des Unternehmens als eines Unternehmens-Verbandes im Sinne einer auf Leistungserstellung zielenden freien Kooperation von Personen leitet das Konzil das Mitbestimmungsrecht der Arbeitnehmer ab: Wer im Unternehmen und an der Verwirklichung des Produktionszweckes mitarbeitet, hat das Recht, aktiv an der Unternehmensleitung beteiligt zu sein.

Das vom Konzil ausgesprochene Recht der Mitbestimmung bezieht sich auf den Gesamtbereich der betrieblichen Entscheidungen und umgreift also die personelle, die soziale und die wirtschaftliche Mitbestimmung. Daß auch diese, die *wirtschaftliche* Mitbestimmung, in die Erklärung des Konzils miteinbezogen ist, ergibt sich aus dem nächsten, auf die überbetriebliche Mitbestimmung gerichteten Satz der Pastoralkonstitution: „Da aber sehr häufig nicht mehr im Unternehmen selbst, sondern auf höherer Ebene von übergeordneten Institutionen über den Gang der wirtschaftlichen und sozialen Verhältnisse entschieden wird, von denen das künftige Schicksal der Arbeiter und ihrer Kinder abhängt, müssen sie auch an deren Zustandekommen teilhaben, und zwar persönlich oder durch frei gewählte Vertreter“[124]. Wenn hier von *„wirtschaftlichen“* Entscheidungen die Rede ist und dann gesagt wird, daß die Arbeiter *„auch“* an deren Zustandekommen beteiligt sein

---

123 Gaudium et spes, n. 68. — Anmerkung 7 zu n. 68 bezieht sich ausdrücklich auf die einschlägigen Stellen in Mater et Magistra, die das wirtschaftliche Mitbestimmungsrecht der Arbeitnehmer bejahen und seine Verwirklichung fordern. Von diesem Hinweis auf Mater et Magistra hebt sich der auf die Mitbestimmungsansprache Pius' XII. vom 3. Juni 1950 in der Weise ab, daß gesagt wird, man möge sie „unter dem Aspekt der Entwicklung dieses Problemkreises“ mit heranziehen. Jakob David zieht daraus den Schluß, daß die Stellungnahmen Pius' XII. zur wirtschaftlichen Mitbestimmung „heute überholt, als Etappen einer Entwicklung anzusehen seien“. Vgl. J. David, Das Konzil und die Wirtschaft von heute. In: Orientierung, 30, 1966, S. 69 ff., insbes. S. 70.

124 n. 68. — Der Zusatz zur überbetrieblichen Mitbestimmung „et quidem per se ipsos vel per delegatos libere electos“ fehlt bei der betrieblichen Mitbestimmung. Daraus ist zu schließen, daß das Konzil die Frage, ob und in welcher Weise sich die Belegschaftsmitglieder im Falle der betrieblichen Mitbestimmung vertreten lassen sollen — ob durch betriebsgebundene Belegschaftsangehörige oder durch betriebsunabhängige Ge-

müssen, dann kann das nur einen Sinn haben, wenn in die im vorangehenden Satz geforderte betriebliche Mitbestimmung auch die *wirtschaftlichen* Entscheidungen einbezogen sind[125]. Die gleiche Konsequenz ergibt sich aus anderen Textstellen, so etwa aus n. 9, wo es heißt, daß die Arbeiter „durch ihre Arbeit auch ihre Persönlichkeitswerte entfalten und überdies im wirtschaftlichen, sozialen, politischen und kulturellen Leben mitentscheiden" wollen.

Die Texte der Pastoralkonstitution lassen auch keinen Zweifel darüber offen, daß das Konzil die wirtschaftliche Mitbestimmung der Arbeiter als rechtlich verbindliche Mitentscheidung verstanden wissen will. Die Konstitution verlangt die Teilnahme der Arbeiter am *„Zustandekommen"* der wirtschaftlichen Entscheidungen: „in his statuendis partem habeant"[126]. Die Arbeiter sollen in wirtschaftlichen Angelegenheiten *mitentscheiden:* „suas partes agere"[127]. Das Wesen der Mitbestimmung besteht in der aktiven Teilnahme an der Unternehmensführung: „actuosa participatio in inceptorum curatione"[128]. Diese letztere Formulierung erhält ein besonderes Gewicht durch den Hinweis in Anmerkung 7 zu n. 68: daß der Begriff „curatio" dem lateinischen Text der Enzyklika Quadragesimo anno (n. 65) entnommen sei. In Quadragesimo anno, n. 65, werden Lohnvertrag (contractus operae) und Gesellschaftsvertrag (contractus societatis) gegenübergestellt. Pius XI. empfiehlt eine Unternehmensverfassung auf der Basis des Gesellschaftsvertrags und hebt dessen Vorteile hervor: „So werden Arbeiter und Angestellte gleichberechtigte Teilhaber am Eigentum oder an der Verwaltung, oder sie gelangen zu irgendeiner Art Gewinnbeteiligung (Ita operarii officialesque consortes fiunt dominii vel curationis, aut de lucris perceptis aliqua ratione participant)"[129]. Das Mitbestimmungsrecht erhält durch die Begriffe „Gesellschaftsvertrag" (contractus societatis) und „Teilhaber" (consortes) logisch seine denkbar stärkste innere Verfestigung. Denn mit dem „Gesellschaftsvertrag" kann nur eine Ordnung des Arbeitsverhältnisses gemeint sein, die über das Lohnarbeitsverhältnis hinausführt. Weil die Erklärung Pius' XI. in Quadragesimo anno, n. 65, nur in diesem Sinne verstanden werden kann, ist die Formulierung „consortes curationis" in allen Übersetzungen und Kommentierungen ausnahmslos als „Mitverwaltung" begriffen worden.

---

werkschaftsvertreter —, offen lassen wollte, damit sie von Fall zu Fall, den Umständen entsprechend, entschieden werden kann. Es ist aber logisch unzulässig, aus diesem Zusatz zu schließen, das Konzil habe die Ausübung der betrieblichen Mitbestimmung durch betriebsunabhängige Gewerkschaftsvertreter zurückweisen wollen.

125 Vgl. v. Nell-Breuning, a. a. O., S. 199.

126 Vgl. n. 68.

127 Vgl. n. 9.

128 Vgl. n. 68.

129 Quadragesimo anno, n. 65.

In dem vom damaligen Unterstaatssekretär Montini, dem jetzigen Papst Paul VI., verfaßten Päpstlichen Brief vom 19. September 1952 an die Soziale Woche in Turin wird die wirtschaftliche Mitbestimmung der Arbeiter im Betrieb ebenfalls in aller Eindeutigkeit als Mit-Direktion (codirezione) bezeichnet[130]. Als Entscheidungsbefugnis über die wirtschaftlichen Angelegenheiten des Betriebes ist das Mitbestimmungsrecht auch von Johannes XXIII. verstanden worden[131]. Die wirtschaftliche Mitbestimmung kann also nach katholischer Lehre nur als rechtlich verbindliche Entscheidungsbefugnis aufgefaßt werden und nicht lediglich als irgendeine Art von Mitsprache, Anhörung oder „Mitsorge"[132].

Die Stellungnahme des Konzils bedeutet eine prinzipielle und generelle Entscheidung zugunsten der wirtschaftlichen Mitbestimmung. Über die konkrete Form ihrer Verwirklichung kann naturgemäß ein im Blick auf das Weltganze verfaßtes Dokument nichts aussagen. Das ist eine Aufgabe des Sachverstandes der Fachleute. Sie läßt sich nur bewältigen unter Berücksichtigung der besonderen geschichtlichen Bedingungen eines Staates und nicht ohne die fachkundige Mitwirkung von Juristen, Nationalökonomen und Soziologen. Das Konzil hat aus sozialethischer Sicht entschieden und sich uneingeschränkt für das Recht des Arbeiters auf wirtschaftliche Mitbestimmung ausgesprochen. Zur Frage der konkreten Modalitäten konnte es nur dieses sagen: es müsse eine „geeignete Form" der Mitbestimmung gefunden werden (modis apte determinandis)[133]. *Welches* aber die geeignete Form ist, das ist keine ethisch-theologische, sondern eine juridisch-technische Frage. Hier ist den Fachleuten eine Aufgabe gestellt, die nur im Blick auf die jeweilige geschichtliche Situation angegangen werden kann und je nach den besonderen Umständen einmal in dieser, ein anderes Mal in jener Form ihre sachgerechte Lösung findet. Es gibt keinen konkreten Lösungsversuch, von dem man sagen könnte, er sei vom Konzil gutgeheißen oder er sei von ihm verworfen worden. Einem Konzil ist es weder aufgrund seiner Kompetenz noch aufgrund seines Fachwissens möglich, praktikable Mitbestimmungsmodelle zu entwerfen und zu empfehlen. Es kann nur die einschlägigen sozialethischen Prinzipien verkünden. Sie sind Orientierungspunkte und Maßstäbe für die speziellen Lösungsversuche der Gesellschaftspolitik. Anhand dieser Maßstäbe kann entschieden werden, ob eine bestimmte Form der Mitbestimmung zu billigen oder zu verwerfen ist.

---

130 Vgl. Utz-Groner, n. 3374. — Oswald v. Nell-Breuning. Das Sendschreiben nach Turin. In: Wirtschaft und Gesellschaft heute, II. Bd, Freiburg 1957, S. 139 ff., insbes. S. 141.

131 Mater et Magistra, n. 82, 91 ff.

132 Vgl. v. Nell-Breuning, Die Wirtschaft im Urteil des II. Vatikanischen Konzils, a. a. O., S. 199.

133 Vgl. Gaudium et spes, n. 68. — Mater et Magistra, n. 91.

Das sind die Voraussetzungen, die beachtet werden müssen, wenn man in der Sicht der katholischen Soziallehre zur innerdeutschen Diskussion um die Mitbestimmung Stellung nehmen will. Von diesen Voraussetzungen her läßt sich im einzelnen folgendes sagen: Wenn SPD und DGB darauf drängen, daß die paritätische Mitbestimmung der Arbeitnehmer und ihrer Gewerkschaften ausgeweitet werde, dies mit dem Ziel einer partnerschaftlichen Gestaltung von Wirtschaft und Gesellschaft, so entspricht das der Mitbestimmungsforderung des Konzils. Das gleiche gilt für die Gesellschaftspolitische Grundsatzerklärung der Katholischen Arbeiterbewegung, die ihrer Mitbestimmungsforderung folgenden Ausdruck gegeben hat: „Die in den Mitbestimmungsgesetzen im Bergbau und in der Stahlindustrie bereits verankerte paritätische Mitbestimmung muß auf alle anderen Großunternehmungen ausgeweitet werden."

DGB und KAB beschränken ihre Forderung nach Mitbestimmung bewußt auf Großunternehmen, also auf solche Unternehmen, die infolge ihrer Größe ohnehin ein institutionalisiertes Management erfordern. Hinsichtlich der Kleinbetriebe des Handwerks und des Einzelhandels hat man nicht nur Bedenken, von „Unternehmungen" zu sprechen, es fehlen hier auch einfach die Voraussetzungen für eine am Prinzip der Mitbestimmung orientierte Unternehmensverfassung. Der Handwerksmeister ist in seiner Person gleichzeitig Unternehmer, der den Betrieb in Gang hält, Kapitaleigner, der die Sachmittel bereitstellt, und meist auch der erste Arbeiter dieses Betriebes. Hier fehlen die verschiedenen Funktionsträger für eine Institutionalisierung der Mitbestimmung. Eine Unternehmensleitung als eigene Betriebsstelle im Gesamtkomplex eines solchen Betriebes zu schaffen, erscheint weder notwendig noch sinnvoll. In diesen Fällen scheitert die Verwirklichung einer Unternehmensverfassung an der Kleinheit des Betriebes. Man muß sich auf andere Weise zu helfen versuchen und die Stellung der familienfremden Arbeitskräfte arbeitsrechtlich so gut wie möglich sichern. Den Ausgleich für eine Unternehmensverfassung bietet in einem Handwerksbetrieb die Tatsache der personalen Überschaubarkeit. Es besteht regelmäßig ein persönliches Verhältnis zum Meister, welches in gewissem Grad eine Teilhabe an der Unternehmerfunktion bedeutet.

In vielen Fällen wird man einräumen müssen, daß unter den gegebenen Bedingungen dem Gemeinwohl und letztlich also auch dem richtig verstandenen Wohl des einzelnen besser gedient ist, wenn bestimmte Unternehmungen weiterhin auf der Basis des reinen Lohnarbeitsverhältnisses betrieben werden. Man wird sich immer wieder die Frage stellen müssen, ob in dieser bestimmten Situation die Aktualisierung des Mitbestimmungsrechtes dem einzelnen und dem Gemeinwohl zum Vorteil gereicht[134]. Die für die Gestaltung von Gesellschaft und Wirt-

---

134 Man dürfte deshalb den Befürwortern der Mitbestimmung nicht den törichten Einwand entgegenhalten, ob man nun jedem Lehrling sein

schaft verantwortlichen Gruppen und Kräfte sind überdies gehalten, ihre gesellschaftspolitischen Forderungen auf das, was politisch möglich ist, abzustellen. Deshalb hat es einen guten Sinn, wenn SPD und DGB ihre Mitbestimmungsforderung auf Großunternehmungen begrenzen.

Die Aufgabe einer Konkretisierung der Mitbestimmung besteht darin, daß alle, die im Unternehmen mitwirken, an der Bestellung der Unternehmensleitung beteiligt werden. Das Unternehmen gründet in der Kooperation von Arbeit und Kapital. Demnach muß es also interessen-pluralistisch und nicht, wie bisher, interessen-monistisch strukturiert sein. Bis jetzt aber gilt das Unternehmen als Herrschaftsobjekt des Kapitalbesitzers. Das Kapital nimmt die Subjektstellung ein, die Arbeitskräfte sind nur Objekt. Sie werden nach geltendem Recht nicht als zum Unternehmen gehörend gewertet, sondern ihm nur äußerlich mit Hilfe des Lohnarbeitsvertrags sozusagen angeheftet und als Unternehmenszubehör verstanden. Weil sie nur als Objekt gelten und als Mittel für die Zwecke des Kapitaleigentümers eingesetzt werden, können sie, entsprechend dem jeweiligen Kapitalinteresse, eingestellt, aber auch bei mangelndem Interesse wieder entlassen werden, soweit dem nicht Kündigungsschutzbestimmungen entgegenstehen. Durch diese vom geltenden Recht gebilligte Verfahrensweise wird die natürliche Ordnung auf den Kopf gestellt. Es ist die eindeutige und nicht mehr wegzudisputierende Erklärung des II. Vatikanischen Konzils, daß das oberste Ordnungsprinzip der Wirtschaftsgesellschaft nicht das Eigentum, sondern die Arbeit ist. Deshalb muß es ein vordringliches Ziel der Gesellschaftspolitik sein, der Arbeit in der Struktur des Unternehmens den ihr zukommenden Rang einzuräumen und sie also an der Bestellung der Unternehmensleitung angemessen zu beteiligen. Es geht darum, daß um der Würde der Person willen Fremdbestimmtheit und Objektstellung der Arbeit überwunden und der im Unternehmen tätige Arbeiter aus einem Objekt zum Subjekt des Unternehmens wird. Arbeiter und Vermögensbesitzer müssen gemeinsam die Unternehmensleitung bestellen, müssen ihr gemeinsam die Weisungsbefugnis und die Verfügungsmacht über die Produktionsmittel übertragen.

Dieses Ziel läßt sich im Rahmen der geltenden Rechtsordnung ohne große Schwierigkeiten bei jenen Unternehmen verwirklichen, die in der Rechtsform der juristischen Person geführt werden. Die im Vorstand einer Aktiengesellschaft realisierte Unternehmensleitung repräsentiert bislang nur die Kapitalseite und leitet ihre Befugnisse von den Aktionären, den mit Kapital am Unternehmen Beteiligten, her; der Faktor Arbeit kommt nicht zur Geltung[135]. Die Mitbestimmung kann

---

Mitbestimmungsrecht garantieren und jedem Handwerksbetrieb eine an der Norm der Mitbestimmung ausgerichtete Unternehmensverfassung geben müsse.

135 Demgegenüber wird von den Vorständen der Kapitalgesellschaften eingewendet, sie seien nicht lediglich Beauftragte der Kapitalseite, sondern,

hier ohne tiefgreifende gesellschaftsrechtliche Reformen durch paritätische Zusammensetzung des Aufsichtsrates aus Vertretern der Arbeiterschaft und der Kapitalseite verwirklicht werden. Diese Form der qualifizierten Mitbestimmung, die im Montan-Mitbestimmungsgesetz vorgebildet ist, läßt sich auch auf andere, als Kapitalgesellschaften organisierte Unternehmen übertragen. Für Unternehmen, die als Personalgesellschaften oder in der Hand eines Einzelkaufmanns geführt werden, müßten neue Formen der Mitbestimmung gefunden werden. Die Einführung der Mitbestimmung im Gesamtbereich der Wirtschaft muß differenzieren und bedarf einer Vielfalt von Formen. Ein Konzilsdokument kann hierfür keine Rezepte aufstellen. Die Pastoralkonstitution sagt nur, die Mitbestimmung solle „vorangebracht werden (promoveatur)", und drängt also die Verantwortlichen, keine Zeit zu verlieren, ans Werk zu gehen, nach praktikablen Lösungen zu suchen und sie durchzusetzen.

Wenn von „praktikablen Lösungen" die Rede ist, dann soll damit gesagt werden, daß Formen der Mitbestimmung gefunden werden müssen, die zwar die konkrete geschichtliche Situation berücksichtigen, aber zugleich am Maßstab des vom Konzil aufgestellten Prinzips zu messen sind. Das Konzil fordert die *Mitentscheidung* der Arbeiterschaft auch in *wirtschaftlichen* Angelegenheiten. Damit ist die Frage beantwortet, wie das Montan-Mitbestimmungsgesetz und das Betriebsverfassungsgesetz — gemessen an der Konzilsforderung — zu qualifizieren sind. Weil es dem Konzil um eine mitentscheidende Beteiligung der Arbeiterschaft an der Unternehmensleitung geht, muß die im Betriebsverfassungsgesetz entworfene Form der Mitbestimmung als unangemessen bezeichnet werden. An der Norm der Pastoralkonstitution gemessen, handelt es sich im Betriebsverfassungsgesetz nur um eine nominelle Vorspiegelung der wirtschaftlichen Mitbestimmung, sachlich fehlt sie vollständig, weil der Arbeiterschaft keine Mitentscheidung

---

da ihre Vorstandstätigkeit Arbeit sei, auch durch den Faktor Arbeit legitimiert. Daraus wird gefolgert, die Mitbestimmung der Arbeiterschaft sei überflüssig oder gar unberechtigt, weil das Mitbestimmungsrecht des Faktors Arbeit schon durch die „Mit"bestimmung des Vorstandes konsumiert sei, der sein Mitbestimmungsrecht in der Weise geltend gemacht habe, daß er selbst an seiner eigenen Bestellung mitgewirkt habe. Der Kurzschluß dieser Argumentation ist schnell erkannt und behoben, wenn man bedenkt, daß es um die Frage geht: Wer ist berechtigt, die Unternehmensleitung (im Falle der AG: den Vorstand) zu bestellen und wem ist sie verantwortlich? Der zu bestellende Vorstand kann sich nicht selbst bestellen, ebensowenig wie sich Münchhausen am eigenen Schopf aus dem Sumpf ziehen kann. Der Vorstand kann nicht „mit"bestimmen, sondern muß allein die unternehmerischen Entscheidungen treffen, aber im Auftrag und im Interesse der Faktoren Arbeit und Kapital, also ähnlich wie eine rechtsstaatliche Regierung, die allein regiert, aber nicht absolutistisch, sondern in Abhängigkeit vom Staatsvolk und unter parlamentarischer Kontrolle.

über die Bestellung der Unternehmensleitung gewährt wird[136]. Es kommt noch hinzu, daß das Betriebsverfassungsgesetz die Wahrnehmung des Arbeiterinteresses durch betriebsunabhängige Gewerkschaftsvertreter ausschließt. Die Stellung der Arbeiter innerhalb des Betriebes ist aber so schwach, daß ein auf den Einzelbetrieb isoliertes, die Gewerkschaften ausschließendes Mitbestimmungsrecht den Sinn der Mitbestimmung illusorisch macht und nur ein Scheinrecht ist, weil ihm die Möglichkeit einer angemessenen Realisierung fehlt. Bis jetzt ist die Arbeiterschaft der Routine des Unternehmertums und des Managements in keiner Weise gewachsen. Sie kann von diesem selbst innerhalb klar fixierter rechtlicher Positionen überspielt werden und kann von sich aus noch nicht einmal verhüten, daß Rechte der Arbeiter gegen diese gewendet und in den Dienst des Kapitalinteresses gestellt werden. Deshalb muß die Mitwirkung betriebsunabhängiger Gewerkschaftsvertreter als die conditio sine qua non einer Arbeiter-Mitbestimmung angesehen werden, die dem Anspruch der Pastoralkonstitution gerecht werden will.

Unter den bisher in Deutschland praktizierten Modellen der Mitbestimmung entspricht also nicht das Betriebsverfassungsgesetz, sondern nur das Montan-Mitbestimmungsgesetz der Konzilforderung. Im Blick auf die deutsche Situation kann nur die kollektive, unter Beteiligung der Gewerkschaften durchgeführte Mitbestimmung für sich in Anspruch nehmen, als „geeignete Form“ im Sinne des Konzils zu gelten. Das kann auch durch den Hinweis auf angebliche „Gefahren einer Fernsteuerung der Betriebe“ nicht in Frage gestellt werden, ein Scheinargument der Interessentenideologie, deren Verfechter in der schon von Pius XI. schärfstens verurteilten Diktatur des Finanzkapitals, in der Fernsteuerung der Unternehmen durch Konzernver-

136 Zur Frage der Eignung der im Mitbestimmungsgesetz und im Betriebsverfassungsgesetz vorgezeichneten Mitbestimmungsmodelle im Sinne des „modis apte determinandis“ der Pastoralkonstitution bemerkt Oswald v. Nell-Breuning, „daß der Konziltext ganz unzweideutig die wirtschaftliche Mitbestimmung einschließt, die im Betriebsverfassungsgesetz nur dem Namen nach, jedoch nicht der Sache nach vorkommt. Diese entscheidend wichtige Aussage des Konzils steht zwar nicht in dem Satz, der von der ‚betrieblichen‘ Mitbestimmung handelt, sondern erst in dem folgenden, von der ‚überbetrieblichen‘ Mitbestimmung handelnden Satz; dort aber heißt es, auch auf dieser höheren Ebene müßten die Arbeiter an den wirtschaftlichen (und anderen) Entscheidungen beteiligt sein, wobei die Ausdrucksweise ganz eindeutig besagt, daß echte mitentscheidende Beteiligung gemeint ist. Dieses ‚auch‘ sowie die ganze Gedankenführung dieser Stelle setzen klar die Beteiligung der Arbeiter an den wirtschaftlichen Entscheidungen im Unternehmen voraus. In diesem wesentlichen Punkt entspricht also unser Montanmitbestimmungsgesetz eher dem Konziltext; das Betriebsverfassungsgesetz bleibt hinter dem, was im Konziltext steht, weit zurück“ (KNA, Nr. 4, 27. Januar 1966, S. 6).

flechtung und Delegierung von Bankenvertretern in die Aufsichtsräte noch niemals eine Gefährdung der Betriebe und eine volkswirtschaftliche Fehlentwicklung gesehen haben[137].

Die Leitregel für die Abgrenzung des Anteils der betriebsgebundenen Arbeiterschaft und jenes der betriebsunabhängigen Gewerkschaftsvertreter an der betrieblichen Mitbestimmung ist dem Subsidiaritätsprinzip zu entnehmen: Die im Betrieb tätigen Arbeiter sind soweit zu beteiligen, wie sie in der Lage sind, ihr Mitbestimmungsrecht zur Geltung zu bringen; soweit das nicht der Fall ist, sind die Gewerkschaften berechtigt und verpflichtet, die Arbeiterinteressen im Betrieb wahrzunehmen.

SPD und DGB fordern die *paritätische* Mitbestimmung. Diese ist, gemessen an der Norm des Konzils, keine Maximal-, sondern eine Minimalforderung. Man darf nicht die Tatsache aus dem Blick verlieren, daß die Mitbestimmungsthese des Konzils in jenem Abschnitt der Pastoralkonstitution erscheint, der die Überschrift trägt: „Über einige das ganze wirtschaftsgesellschaftliche Leben beherrschende Prinzipien". Das oberste dieser Prinzipien verkündet den absoluten Vorrang der Arbeit als personaler Selbstverwirklichung gegenüber den anderen Elementen des wirtschaftlichen Lebens, denen nur Instrumentalcharakter zugesprochen wird. Daraus ergibt sich für das Unternehmen als „Zusammenschluß von Arbeit und Kapital" die Konsequenz, daß der instrumentale Faktor Kapital dem personalen Faktor Arbeit unterzuordnen ist. Die Tatsache, daß Arbeit und Kapital sich nicht gleichwertig und gleichrangig gegenüberstehen, sondern im Verhältnis von Über- und Unterordnung, bestimmt auch ihren Stellenwert als Ordnungselemente des Unternehmens. Aus der *seinsmäßig* begründeten Höherwertigkeit und Überordnung der Arbeit über die rein instrumentale Zweckhaftigkeit des Kapitals ergibt sich für die Gestaltung der Betriebsstruktur das *funktionale* Übergewicht der Ordnungsfunktion der Arbeit über die des Kapitals. Soweit Interessen der Arbeit mit denen des Kapitals kollidieren, muß das Kapitalinteresse zurücktreten.

Die *Parität* der Arbeiter-Mitbestimmung kann deshalb nur als die untere Grenze des für die Arbeiterschaft zu fordernden Anteils an der Bestellung der Unternehmensleitung angesehen werden. Unter den gegenwärtigen Umständen und im Blick auf das politisch Mögliche wird man die paritätische Mitbestimmung als die der Konzilsforderung angemessene Norm betrachten müssen. Das darf aber nicht zu dem Mißverständnis führen, als sei die Parität eine in der natürlichen Ordnung begründete und absolut gültige Leitregel der Bestimmung des Verhältnisses von Arbeit und Kapital. Nicht die Parität, sondern die *Überordnung* der Arbeit über das Kapital ist ein Gesetz der metaphysischen Ordnung. Das ist die klare Aussage des Konzils, die nicht mehr übergangen werden kann. Dem Bewußtsein der Zeit hat sich aber

137 Vgl. Quadragesimo anno, n. 105 ff.

der Dualismus Arbeit und Kapital und von der Tarifpolitik her die Gleichstellung von Arbeit und Kapital so sehr eingeprägt, daß man den natürlichen Vorrang der Arbeit vor dem Kapital fast vergessen hat, den Vorrang des sich persönlich mit seiner Arbeit einsetzenden Menschen vor dem bloß sein Vermögen zur Verfügung stellenden Menschen. So wird man in den gegenwärtigen gesellschaftspolitischen Auseinandersetzungen an der Parität als Minimalziel festhalten müssen, dem vom Konzil eröffneten Hochziel der Gesellschaftspolitik entspricht sie nicht. Die Verwirklichung dieses Hochziels würde die Umkehrung der bestehenden Unternehmensordnung bedeuten und die Subjektstellung der Arbeit im Unternehmen uneingeschränkt zur Geltung bringen, während dem Kapital nur eine dienende Rolle zuzuweisen wäre[138]. Das Konzil hat hinsichtlich der Grundsatzfrage des Verhältnisses von Arbeit und Kapital gesellschaftspolitisch „einen Durchbruch vollzogen“, der „die schlimmsten Befürchtungen der Mitbestimmungsgegner, wenn möglich, noch übertroffen hat“; von ihm sind aber auch „die höchsten Erwartungen der Freunde und Förderer der Mitbestimmung noch übertroffen“ worden[139].

Gegen die Entscheidung des Konzils zugunsten der wirtschaftlichen Mitbestimmung ist eingewendet worden, sie sei mit dem Eigentumsrecht des Unternehmers nicht vereinbar. Dem ist entgegenzuhalten, daß das Eigentumsrecht nur zur Herrschaft über Sachen, nicht zur Herr-

---

138 In seiner Auseinandersetzung mit der interessengebundenen Interpretation des Konziltextes durch das Deutsche Industrie-Institut, nach dessen Meinung das Betriebsverfassungsgesetz der Mitbestimmungsforderung des Konzils „eher entspricht“ als das Montan-Mitbestimmungsgesetz, erklärt Oswald v. Nell-Breuning, der erste der vom Konzil formulierten wirtschaftsgesellschaftlichen Grundsätze verkünde „den unbedingten Vorrang der Arbeit als Ausfluß der menschlichen Person gegenüber allen anderen Elementen des wirtschaftlichen Lebens, die alle nur instrumentalen Charakter besitzen. Von daher liegt es jedenfalls nahe, im Unternehmen, das vom Konzil als ‚Verbund von Arbeit und Kapital‘ angesprochen wird, die führende Stellung nicht dem instrumentalen Faktor ‚Kapital‘, sondern dem personalen Faktor ‚Arbeit‘ zuzuerkennen. So könnte man sich versucht fühlen, die im Betriebsverfassungsgesetz vorgesehene Verteilung der Aufsichtsratssitze umzukehren: zwei Drittel der Arbeit, ein Drittel dem Kapital ... Es soll nur angedeutet werden, daß man aus der behaupteten besseren Übereinstimmung des Betriebsverfassungsgesetzes mit dem Konziltext Schlußfolgerungen ziehen kann, an die das Industrie-Institut wohl kaum gedacht hat.“ Abschließend stellt v. Nell-Breuning fest, in unseren heutigen Unternehmen sei das Kapital Subjekt, während die Arbeit als Objekt die dienende Rolle spiele. Der natürlichen Ordnung entsprechend müsse aber dem Kapital die dienende Rolle zugewiesen werden. Diese seine schon vor Jahren vertretene Auffassung habe das Konzil „nicht desavouiert“ (vgl. KNA, Nr. 4, 27. Januar 1966, S. 7).

139 Oswald v. Nell-Breuning, Das Konzil und die gewerkschaftlichen Forderungen. In: Welt der Arbeit, 16, 1966, Nr. 8, S. 8.

schaft über Menschen berechtigt. Mit dem Aufkommen des Industrialismus jedoch wurde der eigentumslose Nur-Lohnarbeiter, eben auf Grund seiner Eigentumslosigkeit, in die Abhängigkeit des kapitalbesitzenden Unternehmers gebracht. Auf diese Weise ist der Produktionsprozeß „unter die Verfügungsmacht nur weniger Menschen geraten, so daß eine verschwindend kleine Schicht gutgestellter und sehr vermögender Leute die breite Masse von Besitzlosen in beinahe sklavischer Abhängigkeit hält"[140]. Das ist die von Leo XIII. beschriebene Situation der kapitalistischen Klassengesellschaft, die zwar in den sozial fortschrittlichen Ländern mit Hilfe des Systems der sozialen Sicherheit in ihren Auswirkungen auf die Arbeiterschaft gemildert ist, aber im Prinzip fortbesteht[141]. Hier übt der Unternehmer auf Grund seines Eigentums an den Produktionsmitteln über andere Menschen eine Macht aus, zu der er vom Eigentum her nicht berechtigt ist. Kraft seiner Verfügungsgewalt über Sachwerte kann er niemanden zwingen, zu ihm in ein Abhängigkeits- und Unterwerfungsverhältnis zu treten. Das widerspricht der Personenwürde und der in ihr begründeten gesellschaftlichen Subjektstellung des Arbeiters. Niemand denkt daran, die sachnotwendige Über- und Unterordnung im Betrieb aufzuheben und die Einheit der Unternehmensführung in Frage zu stellen. Die hier gelegentlich zur Schau getragene Sorge ist ganz unbegründet: Aus der Tatsache, daß in der Demokratie *alle* Staatsbürger an der politischen Willensbildung beteiligt sind, hat man bislang noch nicht den Schluß gezogen, daß damit die Unterordnung des einzelnen unter die Staatsgewalt und die Einheit ihrer Ausübung gefährdet sind. Ebensowenig aber wie sich die Arbeiterschaft von der politischen Willensbildung ausschließen läßt, kann man ihr zumuten, sich einer Unternehmensleitung unterzuordnen, die nicht auch die Arbeiterschaft repräsentiert, sondern nur Repräsentant eines fremden Interesses, eben des Kapitalinteresses, ist. Der Lohnarbeiter wird gezwungen, sich dem kapitalunterbauten Interesse des Produktionsmittelbesitzers zu unterwerfen, weil er diesem gegenüber als Nichteigentümer den kürzeren Atem hat. Auf diese Weise wird aus dem betrieblichen Verhältnis von Über- und Unterordnung, dessen Sachnotwendigkeit von niemandem bestritten wird, ein Macht- und Unterwerfungsverhältnis, gegen das der Arbeiter sich mit Recht auflehnt.

Aus dem Eigentum an Produktionsmitteln ergibt sich also kein Rechtsanspruch des Inhalts, daß ein freier und mündiger Mensch gegen seinen Willen verpflichtet werden könnte, in der Abhängigkeit von einem Kapitalbesitzer dessen Produktionsmittel für ihn nutzbar zu machen. Das bedeutet für die Unternehmensordnung, daß der Arbeiter das Recht und die Freiheit hat, seine Arbeitskraft nur unter der Bedingung

---

140 Rerum novarum, n. 2.

141 Vgl. Paul Jostock, Gibt es noch ein Arbeiterproletariat? In: Stimmen der Zeit, 166, 1960, S. 161 ff.

der Mitbestimmung zur Verfügung zu stellen, sei es in einem gesellschaftlichen oder in einem gesellschaftsähnlichen, den Lohnarbeitsvertrag beibehaltenden Arbeitsverhältnis. Wenn die Arbeiterschaft ihr Mitbestimmungsrecht geltend macht, kann ihrer Forderung nicht das unternehmerische Eigentumsrecht an den Produktionsmitteln entgegengestellt werden. Gewiß steht unternehmerisches Eigentum, wie jedes andere Eigentum, im Schutze des Rechts, das dem Unternehmer die Verfügungsmacht über die ihm gehörenden Sachwerte zuspricht, damit er sie in den Dienst seiner personalen Sinnbestimmung stelle. Soweit er dazu mit seiner eigenen Hände Arbeit in der Lage ist, bleibt seine Eigentümerposition unangefochten. Damit er aber seinen Betrieb in Gang halten und ihn volkswirtschaftlich ergiebig machen kann, bedarf er regelmäßig der Mithilfe anderer. Diese kann er aber nicht zu einem Herrschafts- und Unterwerfungsverhältnis auf der Basis des reinen Lohnvertrags zwingen, damit sie ihm auf diese Weise die Nutzbarmachung seines Produktionsvermögens erwirken.
Wenn also die Arbeiterschaft an ihrer Forderung nach Mitbestimmung festhält, der Unternehmer sie aber ablehnt, bliebe ihm nur die Möglichkeit, auf die Mithilfe fremder Arbeitskräfte zu verzichten. Schon die Andeutung dieser Möglichkeit genügt, um festzustellen, daß sie nicht diskutabel ist, zumal dann nicht, wenn man über den einzelnen Betrieb hinaus auf das Ganze der Volkswirtschaft sieht und die aus der Sozialnatur des Eigentums entspringenden Beanspruchungen durch das Gemeinwohl beachtet, demgegenüber ein Stillstand der Produktion nicht verantwortet werden könnte. Es wäre zwar erwünscht, wenn die Sozialpartner in freier Vereinbarung zu einer Verständigung kämen. Ist das aber nicht möglich, dann ist die Kompetenz des Staates als des Letztverantwortlichen für das Gemeinwohl gegeben. Er ist dann auf Grund der sozialen Gerechtigkeit verpflichtet, auf dem Wege des Gesetzes die Forderung der Arbeiterschaft nach Gewährung von Mitbestimmungsrechten in einer der jeweiligen geschichtlichen Situation angemessenen Form zu verwirklichen. Versagt die Initiative des Staates, dann bleibt der Arbeiterschaft nur noch die Möglichkeit, mit Hilfe des Streiks ihre Rechte zu erzwingen.
Grund und Sinn eines Gesetzes, das die Forderungen der Arbeiterschaft nach Mitbestimmung zur Geltung bringt, bestehen also darin: Ein solches Gesetz anerkennt und schützt die Würde des arbeitenden Menschen, dem nicht gegen seinen Willen zugemutet werden kann, daß er sich mit seiner Arbeit fremden Kapitalinteressen unterwirft; daß er mit dem sachlichen Substrat des Betriebes auf eine Stufe gestellt und zum Kostenfaktor degradiert wird. Wenn die Rechtsordnung durch ein Mitbestimmungsgesetz die Arbeitnehmer davor schützt, sich gegen ihren Willen in die Abhängigkeit eines Produktionsmittelbesitzers begeben zu müssen, sich seiner Verfügungsmacht zu unterwerfen und ausschließlich im Lohnarbeitsverhältnis tätig zu werden, so greift sie zur Sicherung der Personenwürde und der Frei-

heit des Arbeiters ein und vollzieht damit für den Bereich des Arbeitslebens den Anspruch des Art. 2 GG, daß „jeder das Recht auf die freie Entfaltung seiner Persönlichkeit (hat)". Die gesetzlich normierte Mitbestimmung ist in diesem Fall, da die Arbeiter als Nichteigentümer von Produktionsmitteln gegen ihren Willen zu einem Lohnarbeitsverhältnis ohne Mitbestimmung gezwungen werden, ein Schutzgesetz zugunsten ihrer rechtlichen Freiheit.

Das ist der *eine* Aspekt: die Blickrichtung vom Mitbestimmungsgesetz auf die Situation der Arbeitnehmerschaft. Der *andere* Aspekt fixiert die Wirkungen, die sich aus einem Mitbestimmungsgesetz für die Eigentümer von Produktionsmitteln ergeben. Hier muß festgehalten werden, daß ein solches Schutzgesetz zur Sicherung der personalen Würde und Freiheit des Arbeiters das Eigentumsrecht des Kapitalbesitzers unberührt läßt und nicht in Frage stellt. Er kann „mit der Sache nach Belieben verfahren und andere von jeder Einwirkung ausschließen" (§ 903 BGB). Niemand bestreitet und beschneidet ihm das Recht, seine Produktionsmittel in den Dienst seiner Persönlichkeitsentfaltung zu stellen, soweit seine Arme und seine Kraft reichen. Es läßt sich aber weder naturrechtlich oder theologisch noch positivrechtlich aus dem Eigentumsrecht ein Anspruch ableiten, demzufolge jemand gegen seinen Willen verpflichtet werden könnte, auf der Basis eines Unterwerfungsverhältnisses in fremdbestimmter Arbeit an den Produktionsmitteln eines anderen tätig zu werden, um ihm so zur Fülle seiner Persönlichkeit zu verhelfen. Persönlichkeitsentfaltung in der Form, daß sich der Arbeitnehmer zum Objekt und zum Mittel der Nutzbarmachung fremden Eigentums entwürdigen läßt, ist vom Eigentumsrecht her nicht zu begründen. Es widerstreitet naturrechtlich dem Grundwert der Personenwürde und positivrechtlich den in Art. 2 GG garantierten persönlichen Freiheitsrechten. Die Arbeitnehmer haben auf Grund ihrer Personalität das Recht, an der Bestellung der in ihr eigenes Dasein eingreifenden Unternehmensleitung und damit an der Verfügung über die von ihnen nutzbar gemachten Produktionsmittel beteiligt zu werden[142].

Die aus dem Eigentumsrecht ableitbaren Ansprüche des Unternehmers

142 Vgl. Oswald v. Nell-Breuning, „Kollektive" Mitbestimmung. In: Wirtschaft und Gesellschaft heute. 2. Bd, Freiburg 1957, S. 115 ff., insbes. S. 126. — Mitbestimmung und Partnerschaft auf der Ebene von Betrieb und Unternehmen. In: Wirtschaft und Gesellschaft, a. a. O., S. 143 ff., insbes. S. 146 f. — In einem Interview mit dem Deutschlandfunk vom 18. Juli 1965 faßte v. Nell-Breuning seine Auffassungen zu diesem Fragenkreis folgendermaßen zusammen: „In dieser Frage vertrete ich mit voller Überzeugung die Lehre, das Eigentumsrecht berechtige den Eigentümer nur zu denjenigen Verfügungen über sein Eigentum, die er allein ohne fremde Hilfe ausführen kann; bedarf er dazu fremder Hilfe, so verleiht sein Eigentumsrecht ihm keinerlei Rechtsanspruch darauf, daß andere Menschen sich seiner Befehlsgewalt unterwerfen, viel-

werden also durch ein Mitbestimmungsgesetz nicht angetastet, weil es sich um ein Schutzgesetz im Sinne des Art. 2 GG handelt, das die Arbeiterschaft abschirmt gegen den Mißbrauch des unternehmerischen Eigentumsrechtes als Machtinstrument zur Abstützung von Herrschaftsverhältnissen. Die gesetzlich angeordnete Mitbestimmung ist eine Aktualisierung der Sozialgebundenheit des Eigentums, nicht aber eine Enteignung oder ein enteignungsähnlicher Eingriff. Sie kann also nicht unter die Norm des Art. 14, Abs. 3 GG, sondern nur unter die des Art. 14, Abs. 2 GG subsumiert werden.
Die konziliare Mitbestimmungsforderung erstrebt die Subjektstellung des Arbeiters im Betrieb und nimmt damit das von der katholischen Gesellschaftslehre schon seit hundert Jahren verfochtene Anliegen der Partnerschaft zwischen Arbeitnehmern und Kapitalbesitzern auf. Das Ziel der Konzilsentscheidung ist die Ausgestaltung der Mitbestimmung zu einer Unternehmensverfassung, die den Arbeiter aus der ihm vom Liberalkapitalismus zugedachten Objektrolle herauslöst und ihm auch im Betrieb die seiner Personalität angemessene Stellung sichert. Im Lebensgefühl und im gesellschaftlichen Bewußtsein der abendländischen Menschheit haben sich seit dem Beginn der Neuzeit Wandlungen vollzogen, die innerhalb des politischen Bereichs in der Demokratie längst den ihnen adäquaten Ausdruck gefunden haben. Die Denkweise der Patrimonialtheorie, die das Land und seine Bewohner als persönliches Eigentum des Regenten auffaßte, ist für unsere Zeit unvorstellbar geworden. Der wirtschaftliche Bereich aber wird nach wie vor von patrimonialtheoretischen Prinzipien beherrscht: Das Unternehmensrecht ist ganz abgestellt auf den Kapitaleigentümer und versteht das Unternehmen als Herrschaftsobjekt dieses Eigentümers. Die im Unternehmen tätigen Menschen sind Zubehör der darin investierten Sachwerte; über die Arbeitskräfte wird grundsätzlich in der gleichen Weise verfügt wie über den sachlichen Produktionsapparat. Unternehmensleitung und Weisungsbefugnis werden aus dem Kapitaleigentum abgeleitet. Das sind Residuen einer historischen Fehlentwicklung. Die Leitungsgewalt des

---

mehr muß er mit ihnen die Bedingungen aushandeln; diese aber sind befugt, ihre Mitwirkung davon abhängig zu machen, daß ihnen ein vollkommen gleichberechtigtes Mitbestimmungsrecht eingeräumt wird. Auch der Gesetzgeber ist befugt, eine solche Mitbestimmung allgemein anzuordnen" (abgedruckt: Echo der Zeit, 1. August 1965). — Vgl. auch Johannes Kleinhappl, Arbeit — Pflicht und Recht. Fragen der Wirtschaftsethik. Wien, Frankfurt, Zürich 1962. Kleinhappl äußert sich im gleichen Sinne: „Niemals ist es sittlich zulässig, die Verfügungsgewalt über Arbeitsmittel, die das Eigentum verleiht, dazu zu verwenden, um andere in bezug auf ihre Arbeit von sich abhängig zu machen ... Das wäre ein offenkundiger Widerspruch gegen den Wesenszweck des Eigentums und damit auch ein Verstoß gegen das Sittengesetz" (a. a. O., S. 75).

Unternehmens läßt sich nicht von dessen Sachausrüstung, sondern nur von den in ihm tätigen Menschen herleiten.

Die Begründung der Mitbestimmung steht also in genauer Entsprechung zur Begründung der staatlichen Autorität: Die Staatsgewalt geht vom Staatsvolk aus. Dieses ist der ursprüngliche Träger der Staatsgewalt und überträgt ihre Ausübung widerruflich auf die von ihm eingesetzten Organe. Ebenso wie das Staatsvolk nicht Objekt der Regierenden im Sinne der Patrimonialtheorie, sondern Subjekt des staatlichen Lebens ist, müssen auch die im Unternehmen tätigen Menschen dessen Subjekt werden und dürfen nicht länger Objekt einer allein vom Kapitaleigentum abgeleiteten Unternehmensführung sein. Deshalb müssen in Analogie zur staatlichen Ordnung auch im Unternehmen die Autoritätsverhältnisse umstrukturiert werden: Die Ablösung patrimonialtheoretischer Vorstellungen durch die Prinzipien der Volkssouveränität und der Rechtsstaatlichkeit führte im politischen Bereich zur Demokratie. Das bedeutet für den wirtschaftlichen Raum die Ablösung des absolutistischen Herr-im-Hause-Standpunktes durch die Unternehmensverfassung der Wirtschaftsdemokratie. Deren Kerngedanken hat das Manifest der flämischen Organisation der Katholischen Arbeiterbewegung Belgiens eindrucksvoll formuliert: „Wir fordern eine Unternehmensverfassung, in der die Autorität von uns selbst kommt“[143]. Es geht also nicht um die Schwächung und Beseitigung der Autorität im Betrieb, sondern um ihre Begründung. Die bisher in den Unternehmen ausgeübte Leitungsgewalt ist keine Autorität, sondern Usurpation von Macht auf der Basis des Kapitaleigentums, eine vom Stärkeren über den Schwächeren ausgeübte Gewalt, der das sittliche Fundament und die rechtliche Legitimation fehlen. Die bestehende Unternehmensordnung ist das wirtschaftliche Analogon zur politischen Diktatur und zum absolutistischen Polizeistaat, ein erratischer Block im Gefüge der rechtsstaatlichen Demokratie. „L'état c'est moi“, meinte Ludwig XVI. Das Unternehmen — das bin ich, der Kapitaleigentümer, so müßte der Satz in Anwendung auf unsere gegenwärtige Unternehmensordnung lauten. So wenig aber die absolute Monarchie die endgültige Form der Staatsverfassung bezeichnen konnte, so wenig kann der Absolutismus die letzte und höchste Form der modernen Unternehmensverfassung sein. Das Ordnungsprinzip der Wirtschaft ist aber bis jetzt nicht die Demokratie, sondern die Diktatur in der Form der Plutokratie, der Kapitalherrschaft. Und was im politischen Bereich als nicht mehr diskutabel gilt, die Vererbung von Macht, wird im wirtschaftlichen Bereich noch als selbstverständlich angesehen. Die Unternehmensleitung wird weithin ausgeübt von Menschen, die den Vorzug hatten, in eine reiche Familie hineingeboren zu sein. Reichtum aber und Zugehörigkeit zu einer

143 Vgl. KNA, Nr. 17, 28. April 1966, S. 4.

reichen Familie sind noch kein Befähigungsnachweis und keine Legitimation für die Leitung eines Unternehmens.
Es ist nicht eine Frage der ökonomischen Zweckmäßigkeit, sondern der Humanität und der sozialen Gerechtigkeit, dem Arbeiter im Wege des Aufbaus einer neuen Unternehmensordnung die seiner Personenwürde angemessene Stellung auch innerhalb des wirtschaftlichen Bereichs einzuräumen. Aus Industrieuntertanen müssen Industriebürger werden, so erklärte Friedrich Naumann schon fünfzig Jahre vor Erscheinen des Godesberger Programms, das diesen Satz inhaltlich in seine Aussagen mitaufnahm (vgl. GP, 19). Und in einer seiner Zeit weit vorauseilenden genialen Vision sprach dieser große Repräsentant des sozialen Liberalismus von der Notwendigkeit einer „Industrieverfassung“ und eines „Betriebsparlamentarismus“ und drängte auf eine Demokratisierung der Gesellschaft.
Mit diesen Feststellungen erledigen sich die gegen das Mitbestimmungsrecht vorgebrachten Einwendungen. Es geht nicht um die Maximierung des Produktionsertrags, sondern um die Aufrichtung einer Wirtschaftsordnung, die sich als Dienst am Menschen versteht. Man kann die Verwirklichung einer vom Prinzip der Wirtschaftsdemokratie beherrschten Unternehmensverfassung nicht davon abhängig machen, ob sich daraus unmittelbar festzustellende produktivitätssteigernde oder produktivitätsmindernde Wirkungen ergeben. Jede gesellschaftliche Neuordnung ist mit Friktionen verbunden. Auch die demokratischen Freiheitsrechte sind der Menschheit nicht als Geschenk zugefallen, sondern mußten unter großen Opfern erkämpft werden. Selbstverständlich sollte alles getan werden, damit beim Aufbau einer wirtschaftsdemokratischen Ordnung volkswirtschaftliche Einbußen vermieden werden. Das sind Probleme der technischen Ausgestaltung der Mitbestimmung, die man nicht unterschätzen wird. Prinzip und Anspruch der Wirtschaftsdemokratie bleiben davon unberührt. Es wäre ein Rückfall in den Irrtum des Ökonomismus, wenn man das oberste Ziel der Wirtschaft in einem Maximum an Güterausstoß sehen wollte und diesem Ziel alles andere, auch die Personalität des Menschen, unterordnen würde. Dem stellt das Konzil die klar formulierte These entgegen, daß die Ordnung der Sachwelt in den Dienst der Person zu stellen ist und nicht umgekehrt[144]. Es ist deshalb verfehlt, den weiteren Ausbau der Wirtschaftsdemokratie vom Grad der Produktivität der bislang schon auf der Basis der Mitbestimmung geführten Unternehmen abhängig zu machen. Solche Überlegungen sind für die organisatorische Form der Wirtschaftsdemokratie von Bedeutung. Das Prinzip selbst aber kann von daher weder begründet noch bestritten werden. Man müßte sonst zu der Konsequenz bereit sein, auf die politische Demokratie zu verzichten, sobald sich nachweisen läßt, daß eine bestimmte Form der Diktatur in der Lage ist, der Wirtschaft höhere Produktivitätschancen in Aussicht zu stellen,

144 Vgl. Gaudium et spes, n. 26.

als dies unter den Bedingungen einer demokratischen Ordnung möglich ist. Oberster Wert ist die Humanität, sie behält ihre Gültigkeit und ihren Stellenwert, auch wenn sie wirtschaftlich nichts einbringt.
Es kann aber auch das Prinzip der Wirtschaftsdemokratie nicht durch den Hinweis auf ein angeblich schwaches Interesse eines Teiles der Arbeiterschaft in Frage gestellt werden, da man auch die Existenz der politischen Demokratie nicht vom Maß der jeweiligen staatspolitischen Interessiertheit ihrer Bürger abhängig machen kann. Zudem ist das zu beachten, worauf Manfred Krämer hingewiesen hat: „Gerade in den unteren sozialen Schichten herrschen konventionell-autoritäre Erziehungsmuster vor, die es verhindern, daß die ihnen Unterworfenen es lernen, eigene Bedürfnisse zu formulieren oder gar neue Bedürfnispositionen zu entwickeln. Diese, den objektiven Lebens-'Möglichkeiten' entsprechenden rezeptiven Verhaltensdispositionen werden durch die entfremdete Arbeitssituation verfestigt. Familiäre Sozialisation, schulische und berufliche Sozialerfahrungen verengen den Blickwinkel der Mehrheit der Arbeitnehmer so sehr, daß Apathie, Resignation und Konzentration auf das 'Nächstliegende' die Folge sind. Das Votum von Arbeitnehmern für eine 'Mitbestimmung der Nähe' ist nicht ... ein Zeichen von Mündigkeit, sondern die Konsequenz des Sozialisationsprozesses und der objektiven Situation der Unterschicht, die in den einzelnen verankert ist“[145]. Das hier angesprochene Problem muß einer Lösung zugeführt werden durch eine Intensivierung der politischen und sozialen Bildung der Arbeitnehmer, die im Interesse ihrer eigenen Persönlichkeitsentfaltung über die ihnen zustehenden Rechte zu informieren sind.
Im übrigen ist es eine offene Frage, wie viele Arbeiter es überhaupt gibt, die an einer Mitbestimmung nicht interessiert sind. Man müßte ihnen nur den Sachverhalt erläutern und ihnen klar machen, worum es geht. Man kann den Arbeiter fragen, ob er ein Interesse daran habe, darüber mitzubestimmen, was produziert werden soll; ob die Produktion auszudehnen oder einzuschränken sei; ob Maschinen zu ersetzen und neue technische Verfahren einzuführen seien. Auf *solche* Fragen werden die meisten Arbeiter eine verneinende Antwort geben. Sie fühlen sich überfordert, weil es sich hier um Probleme handelt, deren Lösung den Sachverstand der Fachleute und die Kenntnisse der Spezialisten voraussetzt. Fragt man die Arbeiter aber, ob sie daran interessiert seien, daß in der Unternehmensleitung auch Leute ihres Vertrauens mitwirken und über das Unternehmen mitbestimmen, — und darum geht es ja — wird ihre Antwort regelmäßig positiv ausfallen. An den von der Unternehmensleitung zu treffenden Ent-

145 Manfred Krämer, Kirche kontra Demokratie? Gesellschaftliche Probleme im gegenwärtigen Katholizismus (mit einem Geleitwort von Walter Dirks). München 1973, S. 146. — Vgl. auch Norbert Blüm, Reaktion oder Reform. Wohin geht die CDU? Reinbek bei Hamburg 1972, S. 56 f.

scheidungen kann der Arbeiter nicht unmittelbar mitwirken. Sie sind für ihn undurchschaubar, weil sie spezielle Sachkenntnisse voraussetzen. Er wird aber von den Konsequenzen dieser Entscheidungen betroffen. Deshalb will er an ihnen beteiligt sein durch seine Repräsentanten, durch Leute seines Vertrauens. Es ist die gleiche Situation wie im Staat: Niemand kann die Hintergründe und Bedingungen, den Sinn und die Konsequenzen aller durch Parlament und Regierung zu treffenden Entscheidungen verstehen. Deshalb gibt er jenen Abgeordneten seine Stimme, von deren stärkerer Befähigung, Grundsatzfestigkeit und Glaubwürdigkeit er überzeugt ist.

Die vorangegangenen Darlegungen enthalten implizite auch schon eine Antwort auf die Frage: Inwiefern bedeutet die Einführung der Mitbestimmung eine Verbesserung der Gesamtsituation des Arbeiters, seiner „Vitalsituation"? Auch hier bietet sich die Analogie zur politischen Demokratie an. Es ist für das Lebensgefühl des einzelnen, für sein Persönlichkeitsbewußtsein und die Entfaltung seiner Personalität ein Unterschied, ob er der Willkür eines absolutistischen Polizeistaates, der Rechtlosigkeit eines totalitären Terror-Regimes ausgeliefert ist oder ob er in einer parlamentarischen Demokratie lebt, in der die Staatsgewalt der politischen Kontrolle durch die Gewaltunterworfenen unterliegt und von ihnen eine Legitimation erhält, die, widerruflich erteilt, zurückgenommen werden kann, wenn der ursprüngliche Träger der Staatsgewalt, das Staatsvolk, es wünscht. Wenn hier die Rechtlosigkeit der Diktatur mit der Rechtsstaatlichkeit der parlamentarischen Demokratie konfrontiert wird, so soll damit nicht bestritten werden, daß in den meisten Unternehmungen rechtlich geordnete Verhältnisse bestehen. Der Widersinn liegt aber darin, daß der Arbeitnehmer, dessen staatspolitische Freiheitsrechte niemand mehr in Frage stellt, im Betrieb bloßer Befehlsempfänger einer ihm aufoktroyierten Unternehmensleitung ist, die nicht *sein* Interesse, sondern das Kapitalinteresse wahrzunehmen hat und ihn in der Produktionsplanung als Nummer und Objekt einsetzt, genau in der gleichen Weise, wie die einzelnen Stücke des im Betrieb investierten Vermögens. Von daher läßt sich auch die Frage nach den positiven Möglichkeiten einer am Prinzip der Mitbestimmung orientierten Unternehmensverfassung für die Vitalsituation des Arbeiters abschließend beantworten. Es besteht kein Grund, daran zu zweifeln, daß eine objektive Neuordnung der Unternehmensstruktur, welche die Personalität des Arbeiters anerkennt und zur Geltung bringt, ihm auch subjektiv ein anderes Bewußtsein seines Persönlichkeitswertes und seiner gesellschaftlichen Situation und damit auch eine positive innere Beziehung zur freiheitlich-demokratischen Lebensordnung vermittelt, so daß sich ihm insgesamt neue Möglichkeiten der Entfaltung und Bereicherung seines personalen Lebens eröffnen.

Das ist aber auch für den demokratischen Staat selbst von entscheidender Bedeutung. Die Existenz der Demokratie hängt davon ab, daß sie von der Arbeiterschaft innerlich anerkannt und mitgetragen wird. Man kann aber vom Arbeiter nicht erwarten, daß er sich in einem Staat zu Hause fühlt, der sich immer noch nicht vom Geist des preußischen Drei-Klassen-Wahlrechts freigemacht hat und den Arbeitnehmer in seinem beruflichen Lebenskreis zum Bürger minderen Ranges deklassiert. Ohne die volle gesellschaftliche Integrierung der Arbeiterschaft fehlen der Demokratie die Voraussetzungen für ihre Ausreifung, die Glaubwürdigkeit ihres Anspruchs und das Fundament ihres Fortbestandes.

Deshalb entscheidet sich am Bekenntnis zur Wirtschaftsdemokratie die Wahrhaftigkeit des Bekenntnisses zur Demokratie überhaupt. Die demokratischen Grund- und Freiheitsrechte sind unteilbar. Wer sie für den politischen Bereich bejaht, im wirtschaftlichen Raum aber bekämpft, bezeugt damit nur, daß er zur freiheitlichen Lebensordnung der Demokratie noch keinen Zugang gefunden hat.

5. Zur Frage einer „Christlichen Politik"

Die Personalität des Menschen, die in ihr gründenden Werte der Freiheit, der Gerechtigkeit und der Solidarität als „Grundwerte des Sozialismus" (GP, 7) und die aus ihnen abgeleiteten „Grundforderungen für eine menschenwürdige Gesellschaft" (GP, 8 ff.) müssen nach der Überzeugung des freiheitlichen Sozialismus abgegrenzt werden von letzten und obersten religiösen Wahrheiten. Im Godesberger Programm heißt es: „Der demokratische Sozialismus ... will keine letzten Wahrheiten verkünden — nicht aus Verständnislosigkeit und nicht aus Gleichgültigkeit gegenüber den Weltanschauungen oder religiösen Wahrheiten, sondern aus Achtung vor den Glaubensentscheidungen des Menschen, über deren Inhalt weder eine politische Partei noch der Staat zu bestimmen haben" (GP, 7). Hier werden die Grenzen zwischen weltanschaulich-religiöser Überzeugung und parteipolitischer Zielsetzung abgesteckt. Jede der in der Bundesrepublik vertretenen Parteien setzt sich zusammen aus Menschen verschiedener Konfessionen und Weltanschauungen. Und alle Parteien haben wiederholt erklärt, daß ihnen Christen, Nichtchristen und Atheisten angehören können. Deshalb muß sich eine Partei *als* Partei begnügen mit der Verständigung über Grundwerte, die aber nur vorletzte Werte sein können. Die Grundsätze einer Partei können, ebenso wie die einer Verfassung, nur zu letzten Wahrheiten hin offenstehen, nicht aber durch die Partei selbst auf oberste, transzendent begründete weltanschauliche Wahrheiten zurückgeführt, in ihnen verklammert und aus ihnen abgeleitet werden, weil sonst im Verband eines Zusammenschlusses von Menschen verschiedener weltanschaulicher Überzeugungen Toleranz und Gewissensfreiheit und damit die Gemeinschaft selbst als sittlicher Wert in Frage gestellt wären.

Entscheidend ist für das Programm einer Partei, ebenso für das staatliche Zusammenleben der Menschen unter dem Anspruch einer Verfassung, die gemeinsame Anerkennung von Grundwerten, nicht die ihres letzten Wahrheitsgrundes, also nicht die Gemeinsamkeit ihrer Begründung aus obersten Wahrheiten. Man wird deshalb Oswald v. Nell-Breuning zustimmen müssen, wenn er sagt: „Die politische Partei begnügt sich sozusagen mit einer *vor*letzten Begründung und überläßt es dem einzelnen, wie er seine Haltung *letzt*endlich begründet; die katholische Soziallehre und die evangelische Sozialethik dagegen begründen ihre Forderungen *letzt*endlich aus ihrer Glaubensüberzeugung und dem ihr entsprechenden christlichen Weltbild"[1]. In seinem Nachruf auf Willi Eichler führt v. Nell-Breuning diesen Gedanken weiter aus: „Selbstverständlich muß die Partei sich zu *Werten*, ja zu einer klar umschriebenen *Rangordnung* von Werten bekennen, an denen sie zunächst ihr Programm und dann ihre politische Praxis ausrichtet. Nun ist die Frage diese: Decken diese Werte und ihre Rangordnung sich so mit den Werten und der Wertordnung *einer* Weltanschauung, daß *nur* deren Anhänger sich zu dieser Partei bekennen können? Dann wäre diese Partei in der Tat Weltanschauungspartei. Oder finden diese Werte oder doch deren Kerngehalte sich *nicht* in einer Weltanschauung *allein*, sondern sind mehr als einer Weltanschauung *gemeinsam?* Dann ist zwar ihre letzte Verankerung je nach der Weltanschauung *verschieden*, ihr Kerngehalt jedoch ein und derselbe. Ist dem so, dann wird die Partei sich klugerweise darauf beschränken, sich zu dem Kern- oder Wesensgehalt dieser Werte, so z. B. der Menschenwürde (GG Art. 1, Abs. 1), zu bekennen, und es ihren Mitgliedern überlassen, wie sie die letzte Verankerung in ihrer Weltanschauung und deren umfassender Wertordnung vornehmen, und welche *zusätzlichen* Dimensionen diese Werte in den verschiedenen Weltanschauungen etwa aufweisen (beispielsweise die der christlichen bzw. theistischen Weltanschauung eigene, der humanitären Konfession jedoch fremde „transzendente" Dimension der Menschenwürde). Das meinte Willi Eichler, wenn er feststellte, die politische Partei beschränke sich auf das Bekenntnis zu *„vor*letzten" Werten. — Diese Beschränkung auf vorletzte Werte besagt im Sinne von Willi Eichler durchaus keine Geringschätzung gegenüber letzten Werten und letzten Bindungen, viel eher das Gegenteil. Wie der einzelne, der sich einer politischen Partei anschließt, letztendlich seine Wertentscheidungen begründet, worin sie bei ihm ihren letzten Halt finden, das respektiert die Partei als seine höchstpersönliche Angelegenheit. Soll schon der Staat in diese Intimsphäre nicht eindringen (WRV Art. 136, Abs. 3, Satz 1), dann ebensowenig die Partei; am allerwenigsten soll sie sich zur Lehrmeisterin oder gar Ketzerrichterin in Fragen der Weltanschauung aufwerfen. In diesem Sinne ist die Religion oder andere Weltanschauung des einzelnen wirklich seine „Privatsache" und wird als solche nicht geringgeschätzt, sondern respektiert. Weltanschauung ist Sache der einzelnen und der Weltanschauungsgemeinschaften, aber nicht der politischen Partei. Wenn ich mich entscheide, einer politischen Partei beizutreten oder ihr meine Wahlstimme zu geben, so habe ich nicht zu fragen, ob sie sich zu meiner Weltanschauung bekennt, sondern ob die Ziele, die sie sich setzt, im Einklang oder im Widerspruch stehen zu den Werten und der Wertordnung, die auf Grund meines Glaubens oder meiner Weltanschauung für mich letzt-

1 Oswald v. Nell-Breuning, Die gewerkschaftliche Lage heute. In: Soziale Ordnung (Beilage zu Nr. 6, 1963), S. 121.

endlich bindend sind, und ob die Wege, die sie einschlägt, mir geeignet erscheinen, diese Ziele zu erreichen oder ihnen doch näher zu kommen. — Das ist die „Entideologisierung" der Politik, die Willi Eichler und mir ein gemeinsames Anliegen war. Sie nimmt der Poltik und der Verantwortung des Politikers nicht das Allergeringste von ihrer sittlichen Schwere, aber sie macht die Bahn frei, daß Menschen guten Willens auch über die Grenzen von Bekenntnissen und Weltanschauungen hinweg einander die Hände reichen und ihre Kräfte zu gemeinsamer aufbauender Arbeit vereinigen"[2]. In der gleichen Linie liegt die folgende Feststellung: „Für die Sozialdemokratische Partei ist abschließend gesichert, daß sie keine Weltanschauungspartei ist. Was heißt das? Wir Sozialdemokraten sind durch einen . . . Grundbestand von politischen Überzeugungen miteinander verbunden, doch können und wollen wir uns nicht auf einen Glauben oder eine Philosophie verpflichten und sind keinesfalls bereit, den Inhalt dessen, was uns jenseits des Politischen an Glauben und Meinen erfüllt, von Partei wegen gleichschalten zu lassen; im Gegenteil, aus welchen Quellen das politische Bekenntnis zur Sozialdemokratie gespeist wird, kann ein jeder von uns allein in seinem Gewissen selbst entscheiden", so erklärte Adolf Arndt schon vor Erscheinen des Godesberger Programms.

Es muß in einer Partei, wenn sie nicht ein bloßer Interessenverband sein will, einen Grundbestand gemeinsamer politischer Überzeugungen und eine Bindung an Werte geben. Deren oberste und letztendliche Begründung ist aber nicht der Partei möglich, sondern ist Sache jedes einzelnen. Die *Anerkennung* gemeinsamer Werte muß möglich sein, wenn eine politische Gemeinschaft überhaupt existenzfähig sein will. Die *Begründung* dieser Werte jedoch kann in einer pluralistischen Gesellschaft nur der einzelne selbst je aus seiner Weltanschauung vollziehen. Es hat also nichts mit Relativismus und Indifferentismus zu tun, sondern ist Ausdruck politischer Redlichkeit und Wahrhaftigkeit, wenn Parteiprogramme und Staatsverfassungen auf letzte weltanschaulich-religiöse Begründungen verzichten.

Weil der Aufweis eines letzten Wahrheitsgrundes nur von der weltanschaulichen Überzeugung des einzelnen her dargeboten werden kann und weil weltanschauliche und religiöse Wahrheiten nur mit den Begriffen des eigenen Bekenntnisses ausgesagt werden können, ist es sinnlos, von einer politischen Partei, in der sich Menschen verschiedener Konfessionen und Weltanschauungen zusammengeschlossen haben, zu erwarten, daß sie sich zu Gott oder zum Christentum bekennt. Wenn es dennoch geschieht, wird mehr bekannt, als zu bekennen möglich ist, und also die Wahrheit verletzt.

Der Versuch einer Verklammerung ihrer politischen Grundwerte in einem obersten Wahrheitsgrund konnte, eben weil er undurchführbar

---

2 Oswald v. Nell-Breuning, Politischer Bildner und Erzieher. In: Das Parlament, 21. Jg, Nr. 43, 1971, S. 3.

ist, keiner der bestehenden Parteien jemals gelingen. Das gilt in besonderer Weise für die Unionsparteien. Die in ihren Namen und Programmen erscheinenden Begriffe „christlich“ und „Christentum“ können nicht als transzendente, letztendliche Begründung parteipolitischer Grundsätze verstanden werden. Eine solche Begründung ist nicht möglich aus *dem* Christentum, sondern nur aus der Glaubenslehre der katholischen oder der evangelischen Kirche in ihren verschiedenen Bekenntnissen oder einer anderen religiösen Gemeinschaft. Es geht also nicht nur um die Verschiedenheit von Katholizismus und Protestantismus, sondern auch um die ebenso problematische Tatsache, daß der Protestantismus in sich wiederum ein differenzierter und vielschichtig gegliederter Weltanschauungskomplex ist, der sehr heterogene, von Luthertum, Calvinismus, Humanismus und Liberalismus bestimmte Grundhaltungen in sich schließt. Infolgedessen werden bei der inhaltlichen Bestimmung der obersten, dem einzelnen im Gewissensanspruch verbindlich aufgegebenen religiösen Wahrheiten, in den Aussagen über Gotteserkenntnis und Menschenbild, über Naturrecht und Seinsverständnis, in den daraus entfalteten Konklusionen über das Wesen von Staat, Gesellschaft, Ehe und Familie unterschiedliche Positionen sichtbar.

Als der für die Gesellschaftslehre wichtigste Kontroverspunkt sei das unterschiedliche Verständnis des Sündenfalls in der evangelischen und in der katholischen Glaubenslehre erwähnt und die je verschiedenen Konsequenzen, die sich daraus für das Menschenbild ergeben. Während evangelische Theologie überwiegend daran festhält, daß die Ursünde die Schöpfungsordnung im Menschen zerstörte und in ihrem ursprünglichen Sinn unkenntlich machte, so daß er an ihr mit der Kraft seiner Vernunft die Wesensbestimmung seines Daseins nicht mehr ablesen kann (natura deleta), sind nach katholischer Lehre infolge des Sündenfalls die Natur des Menschen zwar verletzt und seine Erkenntniskraft geschwächt, nicht aber zerstört worden (natura vulnerata). Es ist deshalb katholische Überzeugung, daß dem Menschen ungeachtet der Schwächung seiner Erkenntnisfähigkeit eine objektive, allein mit Hilfe der Vernunft vermittelte und vom Offenbarungsglauben unabhängige Seinserkenntnis möglich ist. Dieses Seinsvertrauen katholischen Denkens, das der Sünde nicht die Macht der Zerstörung gottgeschaffener Ordnungen zugesteht, ist die Bedingung für die Entfaltung seiner Sozialphilosophie, der Lehre vom Naturrecht, verstanden als die dem Seienden von der Schöpfung her mitgegebene wesenhafte Ordnung, sein Bauplan und seine Entelechie, durch die ihm der Sinn seiner Existenz und die Richtung seines Handelns gewiesen ist. Diese Inhalte umschließt der Begriff der veritas ontologica, der Zentralbegriff katholischer Metaphysik und Naturrechtslehre, der aber von evangelischer Theologie radikal — im wörtlichen Sinn: von der Wurzel her — abgelehnt wird. Aber auch dort, wo im Raum evangelischer Theologie der Begriff des Naturrechts erscheint, so etwa bei Erik Wolf und Emil

Brunner, kann er nicht univok mit dem des thomistischen Naturrechts verstanden werden, weil er in ein anderes theologisches Sinngefüge verflochten ist.

Wenn also evangelische und katholische Christen sich in einer Partei zusammenschließen, geschieht das auf der Basis vorletzter politischer Grundwerte und im Verzicht auf deren oberste Begründung aus letzten religiösen oder philosophischen Wahrheiten. Ein solcher Zusammenschluß ist nicht möglich *infolge d*er Verankerung parteipolitischer Zielsetzungen in gemeinsamen transzendenten Wahrheiten, sondern *trotz* der Unmöglichkeit einer einheitlichen obersten Begründung. Daran ändert auch nichts die Tatsache, daß sich im Katholizismus tiefgreifende Wandlungen und bemerkenswerte Annäherungen an evangelisches Denken vollziehen. Die Trennungslinien verlaufen nun nicht mehr nur zwischen den Konfessionen, sondern gehen in zentralen Fragen, so auch hinsichtlich der Naturrechtslehre, quer durch die Konfessionen hindurch. Dadurch wird die Problematik nicht abgeschwächt, sondern nur noch verschärft: Noch nicht einmal eine „katholische" Partei, die sich ausnahmslos aus Angehörigen der katholischen Kirche zusammensetzt, könnte heute noch ihre politischen Grundsätze aus gemeinsamen letzten Begründungen herleiten.

Wenn Johannes XXIII., ebenso wie seine Vorgänger, darauf hinweist, daß „die sittliche Ordnung nur in Gott Bestand hat" und daß „in dieser Welt eine feste und brauchbare Ordnung ohne das notwendige Fundament, nämlich ohne Gott", nicht aufgebaut werden kann[3], belehrt und ermahnt der Papst die Gläubigen, sich in ihrem Leben und Handeln vom Sittengesetz, so wie es die Kirche verkündet, leiten zu lassen und sich um seine Verwirklichung zu mühen. Solche Texte dürfen also nicht dazu mißbraucht werden, von einer Partei als dem Zusammenschluß von Menschen verschiedener Weltanschauungen zu verlangen, sie müsse den Namen Gottes und das Bekenntnis zu ihm in ihr Programm aufnehmen, wenn sie für Katholiken wählbar sein wolle. Es ist unmöglich, daß eine Partei mit dem Gottesbegriff jene Inhalte verbinden könnte, die ihm die katholische Glaubenslehre gibt. Der Name Gottes wäre ein leeres Wort, „Schall und Rauch", und müßte es notwendig sein, wenn er nicht die Freigabe der Heuchelei und der Gewissensvergewaltigung bedeuten soll. Ein solcher Gottesbegriff aber, der, wie mittelalterliche Theologie zu sagen pflegte, nur noch ein „flatus vocis" wäre, könnte zu nichts verpflichten, in ihm ließe sich nichts begründen, und aus ihm ergäben sich keinerlei verbindliche Konsequenzen für das Leben in der Gemeinschaft. Als wenn man nur den Namen Gottes magisch wie eine Zauberformel einzusetzen brauchte und dann Parteiprogrammen und Staatsverfassungen eine letzte, unangreifbare Fundamentierung gegeben wäre! Die Erfüllung

3 Vgl. Mater et Magistra, n. 208, 217.

des Weltauftrags der Christen gemäß dem Anspruch eines transzendent begründeten Sittengesetzes ist nur möglich aus den unterschiedlichen Inhalten und Forderungen je ihrer Glaubenslehre und Sozialethik. Das vollzieht sich im Ringen der verschiedenen weltanschaulichen Kräfte, in der Achtung vor der Überzeugung des anderen und also immer nur unter dem Gebot der Toleranz und auf dem Wege des Kompromisses. Die Verwirklichung transzendent begründeter ethischer Normen kann aber nicht das Geschäft des Staates und der Parteien als solcher sein.

Die Unionsparteien sind also gegenüber der SPD belastet durch die Unwahrhaftigkeit der Vorspiegelung, ihren politischen Zielsetzungen transzendente Begründungen aus dem Christentum zu geben, und durch die Tatsache, der SPD die Ehrlichkeit des Eingeständnisses, daß dies nicht möglich ist, zum Vorwurf zu machen. Ebenso wie die SPD ist auch die CDU/CSU „eine Gemeinschaft von Menschen, die aus verschiedenen Glaubens- und Denkrichtungen kommen" (GP, 7). Auch hinsichtlich der Variationsbreite dieser verschiedenen weltanschaulichen Richtungen befinden sich die Unionsparteien in der gleichen Situation wie die SPD. Denn es wird nicht nur Christen, sondern auch Nichtchristen, Dissidenten und Atheisten ausdrücklich politisches Heimatrecht in der CDU/CSU zugestanden. Dagegen ist sicherlich nichts einzuwenden. Es bedeutet nur, daß sich die Unionsparteien ideell gegenüber der SPD in einer schwierigen Lage befinden, da sie die Beweislast tragen, mit welchem Recht sie dennoch in ihrer Benennung und Programmatik die Begriffe „christlich" und „Christentum" führen. Nichtchristliche und atheistische Mitglieder und Wähler der CDU/CSU sind ex definitione nicht in der Lage, das Wort „christlich" als Verpflichtung aufzufassen, aus der Forderung eines an christlichen Grundsätzen geformten Gewissens den politischen Zielsetzungen der Unionsparteien zur Verwirklichung zu verhelfen. Unter solchen Voraussetzungen wird der Begriff des Christentums der Unverbindlichkeit der Phrase preisgegeben, bis zur Bedeutungslosigkeit entwertet und zum Mittel der politischen Propaganda verfälscht.

Schon 1958 erklärte Adolf Süsterhenn: „Das Festhalten am christlichen Charakter der Union schließt nicht die Aufnahme von Parteimitgliedern aus, die für ihre Person eine nichtchristliche religiöse oder philosophische Überzeugung vertreten, sofern sie nur mit den sachlichen politischen Zielsetzungen der Union einverstanden sind und die vom christlichen Geist bestimmten Grundsätze für die Union als solche nicht in Frage stellen"[4]. An anderer Stelle aber warf Süsterhenn gegenüber der SPD die Frage auf, „ob überhaupt eine Partei auf die Dauer als Gemeinschaft existieren kann, wenn ihre Mitglieder und Abgeordneten, die immerhin so verschiedenen Weltanschauungen wie dem Marxismus,

4 Zit. nach: Arbeitstagung Ettal, hrsg. vom Zentralkomitee der deutschen Katholiken. Paderborn 1960, S. 270.

dem liberalen Humanismus und dem Christentum, insbesondere dem Katholizismus, verbunden sind, diese weltanschaulichen Überzeugungen bei ihren Entscheidungen konsequent vertreten. . . . Im Rahmen einer Partei . . . führen weltanschauliche Gegensätze nicht nur zur politischen Sterilität und Handlungsunfähigkeit, sondern sogar zwangsläufig zur Auflösung"[5]. — Die Verwirrung im Grundsätzlichen ist hier so groß, daß ein Gedanke den anderen aufhebt und keine Aussage logisch widerspruchslos möglich ist. Die weltanschauliche Heterogenität der Unionsparteien ist nicht geringer als die der SPD, und dennoch hat das bis zur Stunde noch nicht zur Auflösung der CDU/CSU geführt. Ferner: Wenn für die Zugehörigkeit zur CDU/CSU eine „philosophische Überzeugung" genügt (also auch Deismus und Liberalismus, der Monismus Hegels, der Materialismus Feuerbachs, die Dialektik Marxens, die Lebensphilosophie Nietzsches und der Atheismus Sartres), wie lassen sich dann der „christliche Charakter", das „christliche Element", die „vom christlichen Geist bestimmten Grundsätze" der Unionsparteien definieren? Süsterhenn betont ausdrücklich: „Das auch für die Politik geltende Gesetz der Wahrhaftigkeit verpflichtet gerade die CDU/CSU als christliche Partei, die weltanschaulichen Grundlagen ihrer politischen Tätigkeit klar herauszustellen"[6]. Eine Gemeinsamkeit in den weltanschaulichen Grundlagen der Politik läßt sich indessen noch nicht einmal zwischen Katholiken und Protestanten herstellen, geschweige denn bei Einbeziehung auch der unübersehbaren Vielfalt nichtchristlicher und philosophischer Überzeugungen. Wie will man für eine Partei, der Christen und Nichtchristen, Theisten, Deisten, Pantheisten, Materialisten und Atheisten angehören, eine gemeinsame weltanschauliche Grundlage finden? Unter den von Süsterhenn umschriebenen Voraussetzungen läßt sich nicht widerlegen, daß der in der Parteibezeichnung geführte Begriff „christlich" nur deklamatorische und wahltaktische Bedeutung hat. Würde man ernsthaft den Versuch machen, die überstrapazierten und mißbrauchten „christlichen Grundsätze" der CDU/CSU zu definieren, würde man zu dem Ergebnis kommen, daß prinzipiell genau das angestrebt werden müßte, was der SPD mit der Ausarbeitung ihrer „Grundwerte" und „Grundforderungen" gelungen ist, nicht mehr und nicht weniger. Wenn man neuerdings gelegentlich die „Christlichkeit" der Unionsparteien als „Politik aus christlicher Verantwortung" zu interpretieren versucht, kann das nur als Ausdruck der Verlegenheit und des schlechten Gewissens angesehen werden. Da keine differentia specifica zu erkennen ist, welche die *christliche* Verantwortung von derjenigen politisch handelnder Nichtchristen abhebt und zu unterschiedlichen politischen Leitsätzen führt,

5 Adolf Süsterhenn, Politik aus christlicher Staatsauffassung. In: Christentum und demokratischer Sozialismus. München 1960, S. 94 ff.

6 Arbeitstagung Ettal, a. a. O., S. 269 f.

steht diese Verlegenheitslösung auf ebenso schwachen Füßen wie die „christlichen Grundsätze der Politik"[7].

Wir müssen unser Problem aber noch ein weiteres Mal, und zwar unter einem anderen Gesichtspunkt, auf einer höheren Abstraktionsebene und völlig unabhängig von konkreten Parteistrukturen angehen. Es stellt sich nämlich die Frage, ob sich aus den Inhalten der christlichen Verkündigung überhaupt Grundsätze politischen Handelns ableiten lassen.

Der Wesensgehalt des der Kirche zur Verkündigung aufgetragenen Offenbarungswortes, die „Mitte des Evangeliums", ist das Liebesgebot. Die Pastoralkonstitution des II. Vatikanischen Konzils sagt: „Jesus offenbart uns, daß ‚Gott die Liebe ist' (1 Jo 4,8), und belehrt uns zugleich, daß das Grundgesetz der menschlichen Vervollkommnung und deshalb auch der Umwandlung der Welt das neue Gebot der Liebe ist"[8]. Die Kirche als Volk Gottes ist die Gemeinde der Brüder und Schwestern, die sich unter den Anspruch gestellt wissen, sich um die Verwirklichung dieses neuen Gebotes der Liebe zu mühen. Deshalb ist sie wesenhaft „Liebeskirche". Ihre äußere Verfaßtheit als „Rechtskirche" ist nur Mittel zum Zweck, damit sie ihre Bestimmung als „Liebeskirche" erfüllen kann[9].

Von diesem Verständnis des Wesens und des Auftrags der Kirche her läßt sich ihr Verhältnis zum Bereich des Politischen bestimmen. Die Kirche kann immer nur die im Liebesgebot gipfelnde Glaubensbotschaft verkünden und auf ihre Verwirklichung drängen. Wenn aber die Liebe zum andern das oberste Gesetz des Christen ist, obliegt ihm auch die Verpflichtung, sich für den Aufbau einer Welt einzusetzen, in der sich die Menschen als Brüder und Schwestern begegnen können. „Die Nächstenliebe erhält . . . gesellschaftspolitischen Charakter", sagt Karl Rahner, „wird notwendig auch der Wille zu einer besseren Gesellschaft, ist nicht nur Gesinnung, private Beziehung zwischen einzelnen, sondern geht auch auf die Veränderung der gesellschaftlichen Institutionen, oder sie ist nicht das, was sie sein soll"[10]. Und an anderer Stelle erklärt Rahner, daß mit dem Liebesgebot „auch die innerste Dynamik innerweltlicher Veränderung des Menschen und seiner gesellschaftlichen Situation richtig genannt ist"[11].

---

7 Vgl. hierzu Franz Klüber, Katholische Kirche und christliche Politik. In: Die Neue Gesellschaft, 19, 1972, S. 335 ff.

8 Pastoralkonstitution, n. 38.

9 Vgl. Karl Rahner, Das Volk Gottes. In: Das neue Volk Gottes (hrsg. von W. Sandfuchs). Würzburg 1966. — Emmanuel Heufelder, Das Größte aber ist die Liebe. In: Wahrheit und Zeugnis (hrsg. von M. Schmaus und A. Läpple). Düsseldorf 1964.

10 Karl Rahner, Strukturwandel der Kirche als Aufgabe und Chance. Freiburg 1972, S. 131.

11 Karl Rahner, Marxistische Utopie und christliche Zukunft des Menschen. In: Garaudy, Metz, Rahner, Der Dialog oder Ändert sich das Verhältnis

In den Elendshütten der Enterbten dieser Erde kann kein christliches Leben gedeihen, ist ein Leben in der Freiheit der Kinder Gottes (Röm 8,21; Gal 5,13), das in verwirklichter Mitmenschlichkeit seine Erfüllung findet, nicht möglich. Deshalb hat die christliche Botschaft auch eine politische Dimension. Die Kirche hat also die Pflicht, ihre Stimme zu erheben, wenn Menschenwürde und Menschenrechte verletzt, wenn Gerechtigkeit und Liebe mißachtet werden, so daß die Fundamente der Gesellschaft und die Ordnung menschlichen Zusammenlebens in Frage gestellt sind. Die Kirche ist dann zur Ausübung ihres Wächteramtes berufen, in der Sprache der „politischen Theologie": zur Wahrnehmung ihrer „gesellschaftskritischen Funktion". Das Wächteramt der Kirche ist spirituell-prophetischer Natur und gehört nicht dem politischen Bereich an; es wirkt aber in diesen hinein, indem es an die Christen appelliert, das Gebot der Nächstenliebe in der Mitarbeit am Aufbau einer gerechten Gesellschaftsordnung zu verwirklichen. Das von der Kirche verkündete Gebot der Nächstenliebe „muß als unbedingte Entschlossenheit zur Gerechtigkeit, zur Freiheit und zum Frieden für die anderen verstanden werden"[12].

Mit diesen Hinweisen sind Inhalt und Grenze der kirchlichen Verkündigung hinsichtlich des politischen Bereichs bezeichnet. Die Kirche ist nicht in der Lage, kraft ihres Heilsauftrags konkrete Normen politischen Verhaltens und Handelns aufzustellen. Deren Formulierung erfordert umfassende Sachkentnisse: Beachtung der Eigengesetzlichkeit der natürlichen Sachbereiche, Analyse der jeweiligen gesellschaftlichen Situation, Kenntnis der Mittel, die geeignet sind, gesellschaftliche Fehlentwicklungen zu verhindern oder abzustellen. Die Kirche kann nur, negativ abgrenzend, sagen: Dieser oder jener Zustand ist, weil im Widerspruch zum Evangelium stehend, in sich schlecht und verlangt nach Abhilfe. So sollte sie beispielsweise in Wahrnehmung ihres Wächteramtes — lauter als bisher — in die Welt hineinrufen, daß im katholischen Lateinamerika grauenhafte Elendszustände bestehen und daß von einer verkommenen Oberschicht, ideologisch gestützt durch einen großen Teil der Episkopats, im Namen des Christentums himmelschreiende Verbrechen gegen die Menschlichkeit begangen werden. Eine politische Lösung aber kann sie nicht anbieten: Das Problem etwa, ob das Mittel der Sozialreform oder das der Revolution einzusetzen ist, entzieht sich ihrer Zuständigkeit, weil hier Sachfragen zu entscheiden sind, für deren Beantwortung den kirchlichen Autoritäten Sachverstand und Auftrag fehlen. Daß allerdings auch die Revolution zu einem legitimen Mittel der Verwirklichung des Gebotes der Nächstenliebe werden kann, läßt sich nicht bestreiten. Wenn die Nächstenliebe „sich gesellschaftlich mobilisiert als unbedingter Wille zur Gerechtigkeit und zur

---

zwischen Katholizismus und Marxismus? Reinbek bei Hamburg 1966, S. 19.

12 Johann Baptist Metz, Zur Theologie der Welt. Mainz 1968, S. 111.

Freiheit für die anderen, dann kann unter Umständen gerade diese Liebe selbst so etwas wie revolutionäre Gewalt gebieten. Wo ein gesellschaftlicher Status quo ebensoviel Ungerechtigkeit enthält, wie eventuell entstehen mag, wenn er revolutionär abgeschafft wird, da kann eine Revolution für die Gerechtigkeit und Freiheit „der Geringsten unter den Brüdern" auch im Namen dieser Liebe nicht unerlaubt sein"[13].

Die Kirche als solche kann keine politischen und gesellschaftspolitischen Leitsätze aufstellen; sie ist nicht zuständig für Fragen der Rechtsordnung, der Sozial- und Wirtschaftspolitik, der Familienpolitik, der Schul- und Bildungspolitik. Die Lösung dieser Fragen obliegt der politischen Gemeinschaft der Staatsbürger und letztverantwortlich der sie repräsentierenden Staatsgewalt. Dem Staat als Verwalter des Gemeinwohls ist aufgegeben, aufgrund des Gleichheitsprinzips die Rechtssphären seiner Bürger abzugrenzen und also auch zu prüfen, welche Ansprüche anzuerkennen sind, welche nicht; was toleriert werden kann und was nicht. Die Kirche, die allein dem Evangelium verpflichtet ist, läßt keine Zweifel darüber aufkommen, daß sie hier unzuständig ist: „Die ihr eigene Sendung, die Christus der Kirche übertragen hat, bezieht sich nicht auf die politische, wirtschaftliche oder soziale Ordnung: Das Ziel, das Christus ihr gesetzt hat, gehört der religiösen Ordnung an"[14].

Die Aufstellung politischer Handlungsmaximen und Ordnungsnormen ist also nicht Aufgabe kirchlicher Autoritäten, sondern der mit Sachverstand und Fachkenntnis ausgerüsteten Staatsbürger, insbesondere der Laien[15]. Im Interesse einer deutlichen Abgrenzung der Zuständigkeit der Kirche von der des Staates bezeichnet es die Pastoralkonstitution als notwendig, daß „klar unterschieden wird zwischen dem, was die Christen als einzelne oder in Verbänden im eigenen Namen als von ihrem christlichen Gewissen geleitete Staatsbürger tun, und dem, was sie im Namen der Kirche zusammen mit ihren Oberhirten tun"[16]. Als *Kirche*, also „im Namen der Kirche zusammen mit ihren Oberhirten", können die Christen nur zur Verwirklichung des Liebesgebotes aufrufen, aber keine politischen Leitsätze anbieten. Das können sie nur als *Staatsbürger* tun, also „im eigenen Namen", dürfen sich dafür aber nicht auf die Autorität der Kirche berufen.

---

13 Metz, a. a. O., S. 111. — Vgl. auch Camilo Torres, Revolution als Aufgabe der Christen. Mainz 1969.

14 Pastoralkonstitution, n. 42.

15 Vgl. Pius XII., Ansprache am 20. Februar 1946. In: Utz-Groner, n. 4106. — Johannes XXIII., Mater et Magistra, n. 240 f., 256. — Dogmatische Konstitution über die Kirche, n. 30 ff. — Dekret über das Apostolat der Laien, n. 7, 9 ff., insbes. n. 13. — Pastoralkonstitution, n. 43. — Paul VI., Populorum progressio, n. 81.

16 Pastoralkonstitution, n. 76. — Vgl. auch Dogmatische Konstitution über die Kirche, n. 36.

Weil für die Formulierung politischer Richtlinien vorgegebene, oft schwer zu durchschauende und zu bewertende Sachzusammenhänge maßgeblich sind; weil ferner die jeweilige parteipolitische Konstellation, die Notwendigkeit des Kompromisses und schließlich auch das auf jeder politischen Entscheidung lastende Risiko des geschichtlichen Wandels berücksichtigt werden müssen, können über politische Fragen „auch unter Katholiken, selbst wenn sie ehrlichen Willens sind, Meinungsverschiedenheiten aufkommen", so erklärte schon Papst Johannes XXIII.[17]. Das II. Vatikanische Konzil nimmt diesen Gedanken auf und fügt hinzu, daß in solchen Fällen unterschiedlicher und gegensätzlicher Auffassungen über die politischen Ziele und Mittel „niemand das Recht hat, die kirchliche Autorität ausschließlich für sich und seine eigene Meinung zu beanspruchen"[18]. In seinem Apostolischen Schreiben Octogesima adveniens bezieht sich Paul VI. auf diese Aussage der Pastoralkonstitution und stellt fest: „Im Blick auf konkrete Situationen und angesichts eines lebendigen, umfassenden Solidaritätsbewußtseins muß man eine berechtigte Verschiedenheit möglicher Entscheidungsziele anerkennen. Ein und derselbe christliche Glaube kann zu verschiedenem Einsatz führen"[19].

Die Kirche vermittelt den Christen in der Ausübung ihres Heilsauftrags die Kraft zur Erfüllung ihres Dienstes an der Welt, die tatsächliche Gestaltung der politischen Ordnung aber ist allein Sache der Staatsbürger. Um hier die letzten Zweifel zu beseitigen, weist das II. Vatikanische Konzil die Laien darauf hin, sie möchten sich nicht darauf verlassen, daß ihre Oberhirten in den jeweils andrängenden politischen Fragen sachkundig seien, daß sie „konkrete Lösungen vorlegen könnten oder die Sendung dazu hätten"[20]. Ebenso deutlich wendet sich Paul VI. gegen alle Versuche, politisches Handeln vorweg durch kirchliche Rückendeckung abzusichern: Die Laien mögen die Gestaltung der irdischen Ordnungen als „ihre eigentliche Aufgabe" in Angriff nehmen, und zwar „in freier Initiative und ohne erst Weisungen und Direktiven abzuwarten"[21]. Als „Trägheit" bezeichnet der Papst das Verhalten jener, die nicht ohne geistlichen Rückenwind zu politischen Initiativen fähig sind. Daraus folgt auch, daß es der Kirche nicht erlaubt ist, sich an eine politische Partei zu binden und ihr durch Wahlhirtenbriefe offene oder versteckte Wahlhilfe zu leisten. Sie muß es der Entscheidung des einzelnen überlassen, welche Partei er für besser geeignet hält, dem Gemeinwohl zu dienen. Der Erzbischof von Wien, Kardinal König, faßte die durch das kirchliche Lehramt ausgesprochenen Grundsätze politischen Handelns folgendermaßen zusammen: Wenn die amtliche

17 Mater et Magistra, n. 238.
18 Pastoralkonstitution, n. 43. — Vgl. auch n. 75.
19 Octogesima adveniens, n. 50.
20 Pastoralkonstitution, n. 43.
21 Populorum progressio, n. 81. — Vgl. Octogesima adveniens, n. 48.

Kirche keine politischen Ratschläge erteile, so deshalb, weil die Gläubigen selbst nach ihrem Gewissen entscheiden müßten und ihnen die kirchlichen Amtsträger diese Entscheidung nicht abnehmen könnten. Politisch handeln könnten nur die einzelnen Gläubigen oder politische Gesinnungsgemeinschaften der Gläubigen. Es sei eine tragische Verkennung der Situation, wenn die katholischen Laien der Ansicht seien, sie müßten im politischen Raum nach Weisung der Bischöfe handeln oder auf solche Weisungen warten[22].

Die Andersartigkeit und Geschiedenheit der Zweckbestimmung des Staates gegenüber dem Verkündigungsauftrag der Kirche läßt erneut die Problematik „christlicher Grundsätze" der Politik erkennen. Der Staat ist dem Gemeinwohl verpflichtet und hat — in strenger Beachtung der Gleichheit der Personenwürde aller Staatsbürger — das Recht jedes einzelnen zu sichern. Dieses aus der Personalität des Menschen resultierende Prinzip des Gemeinwohls ist das Grundgesetz jeder staatlichen Ordnung. Alle aus dem Raum der Gesellschaft an den Staat herangetragenen Forderungen können nur in der Mediatisierung durch die Gemeinwohlgerechtigkeit politisch-rechtliche Verbindlichkeit erlangen. Die Verwirklichung des Gemeinwohls ist ein Problem sachgerechter Entscheidungen, die anhand des empirischen Befundes zu treffen sind. Die Kirche kann also ihre ethischen Normen und Überzeugungen nur ihren Gläubigen verbindlich auferlegen, nicht aber als politisch zu verwirklichende Leitsätze aussprechen. Das gilt selbst für das Modell des katholischen Glaubensstaates, dem nur Katholiken angehören. Die mit Hilfe des Rechts aufzubauende, den geschichtlichen Wandlungen mit ihren Risiken unterworfene Ordnung des Staates steht unter anderen Bedingungen und verfolgt mit ihrer auf das irdische Wohl und die natürliche Entfaltung der Bürger gerichteten Sinnbestimmung andere Zielsetzungen als das von der Kirche auf der Grundlage der Offenbarung verkündete, auf das endzeitliche Heil des Menschen gerichtete Sittengesetz. Der Staat darf sich nicht als dessen Hüter verstehen, er ist nicht befugt, den Glauben an Gott zu fördern und die Bindung an die Kirche zu festigen. Die Grundsätze Karls des Großen, Bonifaz' VIII., des Kardinals Ottaviani und seiner Imitatoren sind von rechtsstaatlichen Prinzipien durch einen Abgrund geschieden. Der Staat hat nur die eine Aufgabe, seinen Bürgern jenen Spielraum zu gewähren, der es ihnen ermöglicht, ihrem Dasein, entsprechend ihrer persönlichen Überzeugung, eine sinnvolle Erfüllung zu geben.

Mit Recht wird also katholischen Politikern vom kirchlichen Lehramt die Illusion genommen, von ihren Oberhirten Wegweisungen für ihr politisches Handeln zu erwarten. Als Politiker sind auch *christliche* Politiker nur dem Gesetz des Gemeinwohls und dem in dieses eingeschlossenen Gebot der Toleranz verpflichtet und deshalb gehalten, „auch

---

22 Vgl. Ludwig Kaufmann, Wie wählt man „christlich"? In: Orientierung, 29, 1965, S. 142.

andere Auffassungen mit dem gebührenden Wohlwollen zu prüfen“ und „nicht überall auf ihr eigenes Interesse zu schauen“[23]. Auch wenn es politisch möglich wäre, bleibt es Katholiken unerlaubt, Andersdenkenden katholische Normen und Verhaltensweisen aufzudrängen, die deren Gewissen belasten. Ein katholischer Politiker kann höchst unkatholisch handeln, wenn er eine Norm der katholischen Ethik ohne Orientierung am Gemeinwohl, also unter Verletzung der Sachgerechtigkeit, politisch durchzusetzen sucht. Es kann einer Regierung nicht der Vorwurf unchristlicher Haltung gemacht werden, wenn sie Forderungen christlicher Konfessionen, gemessen an der Norm des Gemeinwohls, als zu leicht befunden zurückweist. Dem Anspruch der Gemeinwohlgerechtigkeit als der obersten staatlichen Ordnungsnorm ist auch die Kirche unterstellt.

Die Sicherung des Gemeinwohls durch den Staat bedeutet für jeden einzelnen und für jede gesellschaftliche Gruppe, so auch für die Kirchen, nicht nur Gewährung, sondern auch Begrenzung des Freiheitsspielraums. Wenn man vom Staat die Erfüllung seiner ihm wesenseigenen Aufgabe verlangt, Recht und Gewissen *aller* Bürger zu schützen, muß man es auch gelten lassen, daß er niemandem unbegrenzte Freiheiten zugestehen kann. Das Recht des einen ist die Grenze des anderen. Es sind auch religiöse Aktivitäten denkbar, die „ein geordnetes Zusammenleben in wahrer Gerechtigkeit“ gefährden und deshalb vom Staat eingeschränkt werden müssen[24]. Roger Williams, entschiedener Verfechter der Toleranz aller Bekenntnisse, hatte dennoch seine Schwierigkeiten mit der Sekte der Adamiten, deren als Gewissensforderung begründete Praxis, durch Nacktheit paradiesische Unschuld zu bezeugen, ihm sogar für die äußerst liberal konzipierte Verfassung von Rhode Island untragbar erschien. Auch den Mormonen konnte nicht geholfen werden, als 1896 der Mormonenstaat Utah in den Verband der Vereinigten Staaten aufgenommen wurde: Sie mußten auf die Polygamie verzichten.

Aus der unaufhebbaren Spannung zwischen Freiheitsgewährung und Freiheitsbegrenzung können also, wie überhaupt zwischen Staat und Gesellschaft, so auch im Verhältnis zwischen Staat und Kirche Konflikte entstehen, die nicht objektiv, in der Natur der Sache, sondern subjektiv, in der Irrtumsmöglichkeit der Regierenden und Regierten, begründet sind. Sie könnten gemildert und reduziert werden, wenn die Bedeutung des Gemeinwohls als objektive, die Gewissen bindende ethische Norm und als Orientierungspunkt der politischen Erziehung und Gewissensbildung stärker als bisher akzentuiert würde.

Weil das Gemeinwohl oberste Norm der Staatstätigkeit ist und aus der Offenbarungswahrheit keine Grundsätze politischer Gestaltung ableitbar sind, fehlen auch die Voraussetzungen, die eine politische Partei berechtigen könnten, sich als „christliche“ Partei zu bezeichnen, selbst

23 Mater et Magistra, n. 239. — Vgl. auch Pastoralkonstitution, n. 75.
24 Vgl. Erklärung über die Religionsfreiheit, n. 7.

dann, wenn sie sich nur aus Christen und zudem nur aus Christen *einer* Konfession zusammensetzen würde. Das von „christlichen" Parteien als Kriterium ihrer Politik in Anspruch genommene „christliche" Menschenbild kann sich nur auf einen Menschen beziehen, der bereit ist, sein Leben dem Liebesgebot des Evangeliums zu unterstellen. Man kann darauf aber keine Gesellschaftsordnung aufbauen. Das Liebesgebot enthält keine das Gesellschaftsgefüge organisierenden Ordnungselemente. Zudem ist keine spezifisch christliche Norm, sondern auch auf der Basis philosophischer Anthropologie und humanitärer Ethik erkennbar und wirksam.

In der Politik geht es darum, unter der Wegweisung des Gemeinwohls Probleme anzugehen, die vor dem Hintergrund eines komplexen Gefüges vorgegebener religiöser, weltanschaulicher, kultureller, sozialer und wirtschaftlicher Komponenten gelöst sein wollen. Das Christentum in seiner geschichtlichen Gestalt ist für den Politiker nur *ein* Element des vielschichtigen gesamtgesellschaftlichen Sachzusammenhangs, der den Horizont jeder politischen Einzelentscheidung bilden muß. Sie ist sachgerecht nur möglich unter Berücksichtigung der gesellschaftlichen Interdependenz, unter Berücksichtigung der Tatsache, daß die verschiedenen Dimensionen des gesellschaftlichen Lebens in Wechselwirkung und Abhängigkeit zueinander stehen und infolge dieses Gesamtzusammenhangs jede politische Entscheidung das Ganze der staatlich-gesellschaftlichen Ordnung und also jeden einzelnen trifft. So kann beispielsweise die Gewährung staatlicher Beihilfen an konfessionelle Privatschulen nicht isoliert, unter Begrenzung auf den religiösen Aspekt, entschieden werden, da sie kulturelle, soziale und wirtschaftliche Auswirkungen hat. Ob jene Maßnahme nach Abwägen aller Gesichtspunkte positiv oder negativ beurteilt werden muß und durch das Gemeinwohl geboten ist oder nicht, dafür findet der Politiker in der christlichen Glaubenswahrheit keine Anhaltspunkte, dazu kann er auch von der Kirche selbst keine Weisungen erwarten. Das gleiche gilt für jede andere politische Entscheidung.

Auch die für die Freiheit der Religion gegenüber staatlichen Übergriffen eintretende Zentrumspartei verfocht keine christlichen und katholischen Grundsätze, sondern verlangte vom Staat, seine ihm durch das Gemeinwohl auferlegten Verpflichtungen zu erfüllen, also sachgerecht zu handeln und den Katholiken, ebenso wie anderen gesellschaftlichen Gruppen, den Raum für ihr Wirken zu gewähren. Die Forderung an den Staat, den der katholischen Kirche zustehenden Freiheitsraum nicht zu verletzen, ist keine spezifisch katholische, sondern eine Forderung der Gemeinwohlgerechtigkeit, die auch von jedem sachgerecht handelnden nichtkatholischen Politiker zu vertreten ist.

Die katholische Moral darf „nicht so tun", erklärt Karl Rahner, „als ob mit der Berufung auf Gott alle konkreten Lebensprobleme gelöst wären. Sie werden dadurch nicht gelöst. Die konkreten sittlichen Probleme sind vielfach innerweltliche Sachprobleme, vor denen ein Christ meist ebenso ratlos steht wie die anderen Menschen. Selbst bei einer Berufung auf Gott und sein Evangelium wissen wir nicht, wie konkrete Fragen, etwa über die Bevölkerungsexplosion, über den Hunger in der Welt, über eine mehr Freiheit und Gerechtigkeit bietende Strukturierung einer Gesellschaft von morgen, konkret zu beantworten sind. Wo im Menschen ein echtes Verhältnis zu Gott gegeben ist, kann er, befreit von einer letzten Daseinsangst, offeneren Geistes und freieren Herzens über eine solche Problematik nachdenken und hoffnungsvoller nach Lösungen suchen, aber er hat damit die sachgerechten Lösungen selbst noch lange nicht. Ja, es ist wahr, daß auch heute wie in früheren Zeiten die Berufung auf Gott die Gefahr eines 'Opiums des Volkes' bedeuten kann . . . Gott nimmt uns unsere weltlichen Probleme nicht ab, er erspart uns nicht unsere Ratlosigkeiten. Man sollte darum auch in der Kirche nicht so tun, als ob es doch so sei. Letztlich zwingt uns sogar die Berufung auf Gott in eine letzte Ratlosigkeit hinein. Denn er ist das unbegreifliche Geheimnis, das uns verbietet, irgendeine eigene Helligkeit in unserem Dasein als das ewige Licht zu betrachten. Mit dieser letzten Ratlosigkeit wird man nur fertig, indem man sich in einem heiligen 'Agnostizismus' der Kapitulation vor Gott hoffend und liebend diesem unbegreiflichen Gott übergibt, der niemals dafür die Garantie übernommen hat, daß, so man sich nur gut mit ihm stellt, alle Rechnungen unseres Lebens glatt aufgehen"[25].

Aus dem Kern der christlichen Lehre, dem Liebesgebot, ergibt sich für den Christen die Verpflichtung zu politischem Handeln, die Verpflichtung zur Mitarbeit am Aufbau einer gerechten Gesellschaftsordnung als einem Dienst am Nächsten. Weil aber Staat und Gesellschaft „den weltlichen Angelegenheiten zugeordnet" sind und „darin von eigenen Prinzipien geleitet" werden[26], kann auch ein christlicher Politiker keine christliche, sondern nur sachgerechte Politik treiben, ebenso wie ein Arzt nicht mit Hilfe „christlicher Grundsätze" und aus „christlicher Verantwortung", sondern nur „lege artis", nach den Regeln der Medizin, einen Blinddarm operieren kann. Das „Christliche" kann für den Chirurgen *als* Chirurgen nur der Impuls sein, mit äußerster Exaktheit nach den Regeln der Chirurgie zu operieren und nicht mehr nach der Lanzette zu greifen, wenn die Hand zittrig geworden ist. In gleicher Weise kann sein christliches Gewissen den Politiker *als* Politiker immer nur mahnen, sich in seinen Entscheidungen um ein Höchstmaß an Sachgerechtigkeit zu mühen. Der Begriff einer „christlichen Partei" und einer „christlichen Politik" ist ebensowenig zu rechtfertigen wie eine „christliche Medizin" oder eine „christliche Müllabfuhr". In der Politik geht es um eine von den Prinzipien der Personenwürde, der Freiheit und Gleichheit jedes einzelnen geleitete sachgerechte Ordnung menschlichen Zusammenlebens. Aus dem Evangelium ergeben sich für den

---

25 Karl Rahner, Strukturwandel der Kirche, a. a. O., S. 75.
26 Dogmatische Konstitution über die Kirche, n. 36.

Christen nur Antriebskräfte, sich mit äußerster Intensität um diese Sachgerechtigkeit zu mühen, nicht aber konkrete Wegweisungen für sein politisches Handeln. Es gibt aber auch unübersehbar viele Weisen eines „anonymen Christentums“, von denen gleich starke Antriebe für einen dem Ganzen verantwortlichen politischen Einsatz ausgehen.

Das ideelle Fundament der CDU/CSU können also nicht christliche Grundsätze sein. Innerhalb der Unionsparteien selbst hat man längst erkannt, daß es ihnen nicht nur an christlichen, sondern an Grundsätzen überhaupt fehlt, und schiebt dieses für „christliche“ Parteien schlechthin unlösbare Problem von einem zum anderen Parteitag vor sich her. Man könnte sich dieser Last entledigen und ein logisch sauberes und ethisch redliches Grundsatzprogramm ausarbeiten, wenn man auf die Inanspruchnahme „christlicher Grundsätze“ verzichten würde. Solange das aus wahltaktischen Gründen unzumutbar erscheint, bleibt das Prinzip der Unionsparteien die Prinzipienlosigkeit, ein grundsatzloser Pragmatismus, dessen Verwerflichkeit darin besteht, daß die Religion zum Mittel der Politik abgewertet und in den Dienst der Wahlpropaganda gestellt wird — Geist vom Geist der Restauration des 19. Jahrhunderts, den Charles Maurras klassisch formulierte: „Je suis athée, mais je suis catholique“. Diese Ideologisierung und Funktionalisierung des Christentums für parteipolitische Zwecke ist der Ausdruck eines politischen Nihilismus, der ohne Rücksicht auf das bonum commune die Macht um der Macht willen erstrebt und dennoch mit „nützlichen Idioten“ rechnen kann, wenn er sich geschickt genug christlich zu tarnen weiß.

Nur angesichts eines solchen Tiefstandes der politischen Moral ist es möglich und begreiflich, daß „die Maßstäbe politischer Sauberkeit innerhalb der CSU schlechthin fehlen“ und „die auf die Korrumpierung des öffentlichen Lebens angelegte Persönlichkeit des CSU-Vorsitzenden Strauß“, den selbst der verstorbene CSU-Politiker Guttenberg für ein „nationales Unglück“ hielt, in einem Rechtsstaat eine politische Rolle spielen kann[27]. Daß Männer, die machtbesessen gegen das Gesetz Verhaftungen zu dekretieren wagen, die das Parlament belügen, die in Korruptionsaffären, in Sittlichkeits- und Meineidsprozesse verstrickt sind, sogar noch des Wohlwollens kirchlicher Kreise sicher sein dürfen, ist beschämend für die christlichen Kirchen und für die Bundesrepublik überhaupt. In der Tatsache, daß das Ethos der demokratischen Kräfte nicht ausreicht, solche Männer aus dem politischen Leben zu entfernen, kündigen sich Verfall und Auflösung der freiheitlich-demokratischen Ordnung an. Man beginnt zu begreifen, daß eine Elite der studentischen Jugend den Staat, in dem eine destruktive Partei von der Art der CDU/CSU möglich ist, als Unrechtsstaat versteht.

Die Grundsatzlosigkeit und Verwirrung innerhalb der CDU/CSU erreicht dort ihren Höhepunkt, wo man die Zerstörung der Gemein-

---

27 Vgl. Spiegel, 1970, Nr. 48.

schaftsordnung durch Pornographie, Schmutz und Schund beklagt, es aber hinnimmt, daß der größte deutsche „sex and crime"-Verlag, der Hamburger Heinrich Bauer-Verlag, sich zum Anwalt der Unionsparteien gemacht hat und vom Großkapital mit Werbeanzeigen zugunsten der CDU/CSU bedacht wird. Früher protestierten kirchliche Persönlichkeiten und Gruppen gegen „Quick" und „Bild" und warfen ihnen vor, die sittlichen Grundlagen des Staates zu zerstören. Seitdem diese Publikationen in Wahrnehmung der Interessen des Großkapitals für die „christlichen" Parteien eintreten, ist die Kritik verstummt. Nun auf einmal spielen die Grundsätze der christlichen Moral keine Rolle mehr. Und man wundert sich, daß Autorität und Glaubwürdigkeit der christlichen Kirchen immer schwächer werden.

Die Unionsparteien nehmen in allen entscheidenden politischen und sozialen Grundfragen die Gegenposition zur katholischen Soziallehre ein. Während kirchliche Verlautbarungen unaufhörlich und mit einer nicht mehr zu steigernden Eindringlichkeit die Völker zur Politik des Friedens aufrufen und Papst Paul VI. die Ratifizierung der Ostverträge als „hoffnungsvolle Entwicklung" bezeichnete[28], hat die CDU/CSU der Friedenspolitik der Regierung Brandt nur die Alternative des Kalten Krieges entgegenzusetzen und scheut nicht davor zurück, mit Hilfe der Ideologie des Antikommunismus, der dumm-zynischen Apologetik des Faschismus und Nationalismus, die Menschheit in die Katastrophe eines dritten Weltkrieges zu stürzen. „Diejenigen, die die Weltkriege und die darauffolgende Inflation zu verantworten haben, stehen Ihnen geistig näher als der SPD", rief Finanzminister Alex Möller der CDU/CSU am 23. September 1970 im Deutschen Bundestag zu. Der Antikommunismus der Unionsparteien hat mit Sozialkritik nichts mehr zu tun, sondern ist eine das Geschäft der Angst betreibende Weltanschauung geworden, mit deren Hilfe man eine Angstpsychose zu erzeugen versucht, um so die Gunst des Wählers zu gewinnen[29].

Faschisten, Nationalisten und Revanchisten haben in der CDU/CSU ihre politische Heimat gefunden, um in diesem Sammelbecken des Rechtsradikalismus das Erbe der Harzburger Front zu mobilisieren und die Demokratie zu zerstören. „Der Feind steht rechts!" Dieses Wort des Reichskanzlers Joseph Wirth ist in der Weimarer Republik wirkungslos verhallt und hat ihre Zerstörung durch den Nationalsozialismus nicht aufhalten können. Sein Wort hat gegenwärtig angesichts der Bedrohung unseres demokratischen Staatswesens durch den Faschismus eine erschreckende Aktualität erlangt. Möge es von den Verantwortlichen gehört werden, bevor es erneut zu spät ist. Karl Graf von Westphalen beurteilt die Situation richtig, wenn er den Anti-

28 Vgl. KNA, Nr. 26, 1972.

29 Vgl. Manfred Krämer, Kirche kontra Demokratie? Gesellschaftliche Probleme im gegenwärtigen Katholizismus. München 1973, S. 170 ff.

kommunismus als das „ideologische und propagandistische Instrument" bezeichnet, „mit dem die CDU/CSU ihr Ziel, Deutschland in den Grenzen von 1937 wieder herzustellen, zu rechtfertigen und die dafür notwendigen Maßnahmen durchzusetzen suchte"[30]. Indem es die Unionsparteien darauf anlegen, mit ihrem Kampf gegen den Kommunismus Demokraten jeglicher Herkunft zu diskriminieren, ist ihr Antikommunismus im Ergebnis nichts anderes als eine Kampfansage an Demokratie, Friedenspolitik und Völkerversöhnung, eine Vergiftung der innerstaatlichen und internationalen Atmosphäre und die Zerstörung aller Voraussetzungen für den Aufbau einer Friedensordnung.

Wirtschaftlich und gesellschaftspolitisch haben sich die Unionsparteien auf eine antisoziale Linie festgelegt und verstehen sich als politische Interessenvertretung des Großkapitals, des Großgrundbesitzes, der gesellschaftlich privilegierten Schichten. Immer dann, wenn die Demokratisierung der Gesellschaft, wenn Arbeiterinteressen, Mitbestimmung, Eigentumspolitik, Bodenreform, Steuergerechtigkeit und Gleichheit der Bildungschancen zur Diskussion stehen, führt die CDU/CSU ihren Kampf gegen die wirtschaftlich schwachen und unterprivilegierten Schichten, dies selbstverständlich sozial getarnt, meist unter dem Vorwand, die „soziale Marktwirtschaft" zu verteidigen. Als Erzbischof Helder Camara seine Forderung nach sozialer Gerechtigkeit im Begriff eines „humanen Sozialismus" zusammenfaßte, mußte er sich vom CSU-Vorsitzenden Strauß sagen lassen, daß „solche Propheten in unserem Lande nichts verloren" haben. Noch deutlicher charakterisiert Norbert Blüm, Bundestagsabgeordneter der CDU, die Situation, wenn er davon spricht, daß ein „Beharren auf der katholischen Soziallehre als ein möglicher Ausschlußgrund aus der CDU denkbar wird", und daraus den Schluß zieht: „Die Verdammung von Grundsätzen der christlichen Soziallehre brächte das 'C' im Parteinamen in arge Bedrängnis und ramponierte es schließlich"[31]. Norbert Blüm kann unbesorgt sein: Das Erbe der christlich-sozialen Bewegung ist längst auf den Sozialismus übergegangen und hat in ihm seinen letzten Hort gefunden.
Infolgedessen hat die CDU/CSU nur die Möglichkeit, das soziale Anliegen des Sozialismus, das sich mit dem der katholischen Soziallehre deckt, als Kommunismus zu diffamieren, um sich auf diese Weise als antisozialistische Sammlungsbewegung profilieren zu können. Wiederum wird der Antikommunismus als Ideologie eingesetzt, dieses Mal zur Absicherung des status quo gegenüber sozialen Reformen, zur Bekämpfung von Demokraten aller Art, sobald Großkapital und Großgrundbesitz *ihre* Art von Demokratie bedroht sehen. Die angebliche Gefahr des Kommunismus ist, wie Erzbischof Helder Camara sagt, „nur Vor-

30 Deutsche Volkszeitung, Nr. 9, 1972.
31 Norbert Blüm, Reaktion oder Reform. Wohin geht die CDU? Reinbek bei Hamburg 1972, S. 82 f.

wand zur Aufrechterhaltung himmelschreiender Ungerechtigkeiten". Auch ein Wort Karl Rahners gehört in diesen Zusammenhang: „Man beschwört immer noch zu einseitig die Gefahr des Kommunismus ... und fragt sich zu wenig, was man selbst mutig und konkret als Pläne und Modelle für eine künftige Gesellschaft anzubieten habe, die mit dieser heutigen Situation fertig werden kann"[32].

Sozialismus im Sinne des Godesberger Programms bedeutet die Forderung nach einem Höchstmaß an Gerechtigkeit auf der Basis der Prinzipien personaler Gleichheit und Solidarität. Im Horizont einer so verstandenen sozialistischen Gesellschaftspolitik muß sich auch die katholische Soziallehre als Sozialismus verstehen. Wollte man sie programmatisch zusammenfassen, könnte man es nicht besser tun als in den Formulierungen des Godesberger Programms. Die Impulse des Christentums sind dort wirksam, wo es in der Parteibezeichnung nicht erscheint, aber nicht dort, wo der christliche Name ideologisch und parteipolitisch mißbraucht wird.

32 Karl Rahner, Strukturwandel der Kirche, a. a. O., S. 134.

6. Kirchliche Verlautbarungen zum freiheitlichen Sozialismus

Das Gespräch zwischen katholischer Soziallehre und freiheitlichem Sozialismus kann nicht abgeschlossen werden, bevor nicht auch die einschlägigen kirchlichen Verlautbarungen in den Blick genommen worden sind.

Bekannt ist das Sozialismus-Verdikt Pius' XI. in der Enzyklika Quadragesimo anno. Das kirchliche Lehramt anerkennt zwar die Wandlungen des gemäßigten Sozialismus, seine „Rückwendung zu Wahrheiten, die christliche Erbweisheit sind", und „eine bemerkenswerte Annäherung sozialistischer Programmforderungen an die Postulate einer christlichen Sozialreform"[1]. Dennoch erklärt Pius XI., daß „der Sozialismus mit der Lehre der katholischen Kirche nicht vereinbart werden kann" und daß „ein guter Katholik nicht zugleich wirklicher Sozialist sein kann"[2]. Diese Feststellung ist aber mit der Klausel versehen: „solange er wirklich Sozialismus bleibt (si vere manet socialismus)"[3]. Das bedeutet, daß sich das Urteil Pius' XI. nur auf eine bestimmte, in der Enzyklika genau abgegrenzte Modifikation des Sozialismus bezieht: Gemeint ist jene Form des Sozialismus, die in der Gesellschaft nicht einen die Persönlichkeit des Menschen als ens individuale et sociale anerkennenden und beanspruchenden Wertbereich sieht, sondern „lediglich eine Nutzveranstaltung"[4]. Deren Begriff und Zweck beschreibt die Enzyklika folgendermaßen: „Da die Erzeugung der irdischen Güter arbeitsteilig erfolgreicher vor sich geht, als wenn jeder für sich allein darin sich versuchen wollte, müsse die Wirtschaft, die als reines Gütergeschehen aufgefaßt wird, gesellschaftlich betrieben werden. Um dieser sachlich gegebenen Notwendigkeit willen müßten die Menschen in bezug auf die Gütererzeugung sich ganz der Gesellschaft hingeben und unterordnen. Ja, die möglichst beste Versorgung mit all dem, was der Annehmlichkeit des irdischen Lebens dienen kann, erscheint so sehr als das höchste aller Güter, daß hier bedenkenlos die höheren Güter des Menschen, nicht zuletzt das Gut seiner Freiheit, geopfert

1 Quadragesimo anno, n. 113.
2 a. a. O., n. 117, 120.
3 a. a. O., n. 117.
4 a. a. O., n. 118.

werden in restloser Unterordnung unter die Sachnotwendigkeiten der absolut rationalsten Gütererzeugung. Die Entschädigung für dieses Opfer seiner menschlichen Persönlichkeit im vergesellschafteten Wirtschaftsprozeß soll der Mensch leicht und reichlich finden in der überströmenden Güterfülle, die als sein Anteil am Ertrag dieses vergesellschafteten Wirtschaftsprozesses ihm ausgeschüttet wird, die er alsdann, wie immer es ihm beliebt, zur Annehmlichkeit und Verschönerung des Daseins in voller Freiheit genießen mag. Während so die sozialistische Gesellschaft auf der einen Seite ohne ein Übermaß von Zwang weder vorzustellen noch durchzuführen ist, huldigt sie auf der anderen Seite einer nicht minder falschen Freiheitsidee. Echte gesellschaftliche Autorität aber findet in der sozialistischen Gesellschaft keinen Raum"[5].

Das Sozialismus-Verdikt der Enzyklika bezieht sich also auf jenen Sozialismus, der noch an dem von der Philosophie Hegels inspirierten Begriff der vergesellschafteten Wirtschaft und der gesellschaftlichen Freiheit festhält. Was ist damit gemeint? Es geht um jene Zusammenhänge, die Karl Marx vor allem im dritten Band des „Kapital" entwickelt hat[6]: Die Trennung von Arbeit und Eigentum hat zur Lebensentäußerung und Selbstentfremdung des Arbeiters geführt. Der wesensmäßig von der Arbeit her verstandene Mensch ist nun nicht mehr in der Lage, ihn selbst vermenschlichende Arbeit zu leisten, weil das Produkt seiner Arbeit nicht ihm gehört, sondern ihm am Ende des Produktionsprozesses als ein ihm Entfremdetes entgegentritt. So bewirkt die Arbeit, deren Sinn die Vermenschlichung des Menschen ist, das Gegenteil ihrer Sinnbestimmtheit: die Entfremdung und Entmenschlichung des Arbeiters, der nun „fern und fremd seiner selbst ist". Diese Selbstentfremdung des Arbeiters kann nur überwunden werden durch die Vergesellschaftung des Menschen in einer vergesellschafteten Produktion, in der das Privateigentum an den Produktionsmitteln aufgehoben und der Arbeiter aus der Abhängigkeit von einer ihm fremden ökonomischen Gesetzlichkeit befreit ist. Nun erst ist er in der Lage, sich selbst dem Arbeitsprozeß einzuverwandeln, sich mit ihm zu identifizieren und in dieser Identifikation von Individuum und vergesellschafteter Produktion sein Selbst wiederzugewinnen. Diese ihm nicht aufgezwungene, sondern als freie Tat vollzogene eigene Vergesellschaftung hebt die Selbstentfremdung des Menschen auf, gibt ihm in der Solidarität der Produktionsgemeinschaft die Heimatlichkeit der Welt und damit die verlorene Freiheit zurück[7].

Zu außerordentlicher Wirkung für den Sozialismus kam dieser Ge-

5 a. a. O., n. 119.

6 Vgl. Karl Marx, Das Kapital. Kritik der politischen Ökonomie. 3. Bd: Der Gesamtprozeß der kapitalistischen Produktion. Hamburg 1894, Neudruck Berlin 1961.

7 Vgl. hierzu Franz Klüber, Grundriß der katholischen Gesellschaftslehre. Osnabrück 1971, S. 313 ff.

danke in seiner Interpretation durch Friedrich Engels im „Anti-Dühring“: „Mit der Besitzergreifung der Produktionsmittel durch die Gesellschaft ist die Warenproduktion beseitigt und damit die Herrschaft des Produkts über die Produzenten. Die Anarchie innerhalb der gesellschaftlichen Produktion wird ersetzt durch planmäßige bewußte Organisation. Der Kampf ums Einzeldasein hört auf. Damit erst scheidet der Mensch, in gewissem Sinn, endgültig aus dem Tierreich, tritt aus tierischen Daseinsbedingungen in wirklich menschliche. Der Umkreis der die Menschen umgebenden Lebensbedingungen, der die Menschen bis jetzt beherrschte, tritt jetzt unter die Herrschaft und Kontrolle der Menschen, die nun zum ersten Male bewußte, wirkliche Herren der Natur, weil und indem sie Herren ihrer eigenen Vergesellschaftung werden. Die Gesetze ihres eigenen gesellschaftlichen Tuns, die ihnen bisher als fremde, sie beherrschende Naturgesetze gegenüberstanden, werden dann von dem Menschen mit voller Sachkenntnis angewandt und damit beherrscht. Die eigene Vergesellschaftung der Menschen, die ihnen bisher als von Natur und Geschichte aufoktroyiert gegenüberstand, wird jetzt ihre eigene freie Tat. Die objektiven, fremden Mächte, die bisher die Geschichte beherrschten, treten unter die Kontrolle der Menschen selbst. Erst von da an werden die Menschen ihre Geschichte mit vollem Bewußtsein selbst machen, erst von da an werden die von ihnen in Bewegung gesetzten gesellschaftlichen Ursachen vorwiegend und in stets steigenden Maße auch die von ihnen gewollten Wirkungen haben. Es ist der Sprung der Menschheit aus dem Reich der Notwendigkeit in das Reich der Freiheit“[8].

Der Einfluß des Hegelschen Freiheitsbegriffs — Freiheit als „Einsicht in die Notwendigkeit“ — wird also bei Marx und Engels deutlich sichtbar. Die Aufhebung der Selbstentfremdung des Menschen und die Wiedergewinnung seiner Freiheit durch seine frei vollzogene Einfügung in die vergesellschaftete Produktion ist nur die eine Komponente des marxistischen Freiheitsgedankens. Die andere ist diese: Der Lebensbereich der vergesellschafteten Produktion wird ergänzt durch den der Freizeit, die dem Menschen die Vollendung seiner Freiheit bringt: „Jenseits desselben (des Bereichs der Produktion) beginnt die menschliche Kraftentwicklung, die sich als Selbstzweck gilt, das wahre Reich der Freiheit, das aber nur auf jenem Reich der Notwendigkeit als seiner Basis aufblühen kann. Die Verkürzung des Arbeitstages ist die Grundbedingung“[9]. Karl Kautsky faßte die beiden Elemente des marxistischen Freiheitsbegriffs folgendermaßen zusammen: „Kommunismus in der materiellen Produktion, Anarchismus in der geistigen: das ist der Typus einer sozialistischen Produktionsweise“[10]. Kautsky

---

8 Friedrich Engels, Herrn Eugen Dührings Umwälzung der Wissenschaft. 3. Aufl. Stuttgart 1894, S. 305 f.

9 Karl Marx, Das Kapital, 3. Bd., a. a. O., S. 873 f.

10 Karl Kautsky, Die soziale Revolution, 2. Bd, Berlin 1902, S. 45.

und Bebel waren davon überzeugt, daß neben dem Bereich einer streng planwirtschaftlich betriebenen vergesellschafteten Wirtschaft der des Privat-Geselligen aufgebaut werden könnte, in dem alle Lebensbedürfnisse und Interessen des Menschen in absoluter Freiheit zu voller Entfaltung kommen[11].

Die Fragwürdigkeit des marxistischen Freiheitsverständnisses ist, auch innerhalb der sozialistischen Bewegung selbst, schon bald erkannt worden. Karl Marx und die Vertreter des orthodoxen Marxismus verbanden mit dem Begriff der Freiheit in seiner Anwendung auf die gesellschaftlich betriebene Produktion nur die Freiheit des Ganzen, der Klasse, des Proletariats, der Gesellschaft, nicht die individuell-personale Freiheit des einzelnen, dessen Bestimmung es war, völlig im Ganzen des Produktionsprozesses aufzugehen. Das Großwesen des den einzelnen sich einverwandelnden Produktionsganzen ist das vorrangig Existente, dem gegenüber die Individualität so nichtig ist, daß es sinnlos wäre, daneben noch eine eigenpersönliche, sich abgrenzende Daseinsbestimmung geltend zu machen[12]. Susanne Miller weist darauf hin, daß die Interpretation der von Hegel beeinflußten marxistischen Freiheitsidee durch Max Adler „in der heutigen kommunistischen Argumentation als Apologie für die Zwangsmaßnahmen des Regimes eine große Rolle spielt“[13].

Dieser ideelle Hintergrund will beachtet sein, wenn man sich dem Sozialismus-Begriff der Enzyklika Quadragesimo anno zuwendet. Der von ihr verurteilte Sozialismus enthält als Wesensmerkmale die beiden eben skizzierten begrifflichen Elemente. Es ist ein Sozialismus, der einerseits vom Menschen die „restlose Unterordnung unter die Sachnotwendigkeiten der absolut rationalsten Gütererzeugung“ verlangt und ihm also ein „Übermaß an Zwang“ zumutet; der ihm andererseits außerhalb des Produktionsprozesses den Genuß der „Annehmlichkeit und Verschönerung des Daseins in voller Freiheit“ verspricht[14]. Die vom marxistischen Sozialismus dem Menschen verheißene Freiheit steht in beiden Fällen zur wahren Freiheit, die eine an ethischen Werten orientierte und wertverwirklichende Freiheit ist, in Widerspruch. Freiheit als restlose Unterordnung unter die Notwendigkeiten des Produktionsprozesses ist in Wahrheit die Aufhebung jeder Freiheit. Die ungebundene und ziellose Freiheit des außerökonomischen, privat-gesellschaftlichen Lebensraumes aber ist, wie Karl Kautsky selbst sagt, Anarchismus, der, weil ihm die Orientierung an ethischen Werten fehlt,

---

11 Vgl. August Bebel, Die Frau und der Sozialismus. 9. Aufl. Stuttgart 1891.

12 Vgl. Karl Kautsky, Ethik und materialistische Geschichtsauffassung. Stuttgart 1906, Neudruck 1910, S. 131.

13 Susanne Miller, Das Problem der Freiheit im Sozialismus. Freiheit, Staat und Revolution in der Programmatik der Sozialdemokratie von Lassalle bis zum Revisionismus-Streit. Frankfurt 1964, S. 238.

14 Vgl. Quadragesimo anno, n. 119.

nicht Bereicherung, sondern Verarmung des personalen Lebens bedeutet. Der diesen Freiheitsvorstellungen des orthodoxen Marxismus nachgebildete Sozialismus-Begriff der Enzyklika Quadragesimo anno ist unvereinbar mit der katholischen Lehre vom Menschen. Einer Bewegung, die sich *diesem* Sozialismus mit *diesem* Freiheitsideal verschrieben hat, kann sich ein katholischer Christ mit gutem Gewissen nicht anschließen. Das ist der Bescheid der Enzyklika.

Damit ist implizite etwas ausgesprochen, das noch der Entfaltung bedarf. Der in Quadragesimo anno beschriebene Sozialismus ist ein Begriff, eine Abstraktion, ein gedankliches Modell, welches in dieser von der Enzyklika beschriebenen Form nicht mit einer bestimmten, konkret-geschichtlichen Bewegung des Sozialismus identifiziert werden kann. Die sozialistischen Bewegungen der verschiedenen Länder — deutscher, französischer, englischer und skandinavischer Sozialismus — haben unterschiedliche geschichtliche Entwicklungen durchgemacht, sie wichen schon 1931, im Jahr der Veröffentlichung der Enzyklika Quadragesimo anno, sowohl in ihrer ideellen Gestalt als auch in ihrer politischen Praxis voneinander ab und sind auch späterhin ihre eigenen Wege gegangen. Es ist somit nicht möglich, das Sozialismus-Verdikt Pius' XI. *unmittelbar* auf eine konkrete Organisationsform des Sozialismus anzuwenden. Die Entscheidung darüber, ob eine der vielen geschichtlichen Modifikationen des Sozialismus vom Urteil der Enzyklika betroffen wird oder nicht, ist eine situationsgebundene Tatfrage, die also nicht allein von der Enzyklika her entschieden werden kann, sondern nur von Fall zu Fall unter Berücksichtigung der „Umstände der Zeit und des Ortes"[15]. Das bedeutet, daß man sich zunächst darum bemühen muß, den ideellen Gehalt der je zu beurteilenden geschichtlichen Gestalt des Sozialismus zu erfassen. Erst dann kann die Frage der Subsumtion unter das Sozialismus-Modell in Quadragesimo anno beantwortet und ein Werturteil gefällt werden.

Pius XI. selbst hat die katholische Soziallehre auf diesen Weg des Subsumtionsverfahrens verwiesen, indem er die Verurteilung des von ihm definierten Sozialismus mit der Einschränkung versah, daß der Sozialismus als geschichtliche Gestalt ein Fall genau jenes Sozialismus ist, der die durch die Enzyklika eindeutig umschriebene Gesellschafts- und Freiheitsidee vertritt. Der Papst unterstellt also, daß der Wandlungsprozeß, dem die sozialistischen Bewegungen wie jede geschichtliche Bewegung unterliegen, so weit führen kann, daß sie „aufhören, Sozialismus (im Sinne der Enzyklika) zu sein", und dann auch nicht mehr von ihrer Verurteilung betroffen werden[16].

Dieses Subsumtionsverfahren ist in klassischer Form erstmals praktiziert worden durch den Erzbischof von Westminster, Kardinal Bourne,

15 Mater et Magistra, n. 126.
16 Vgl. Quadragesimo anno, n. 117.

als er nach Erscheinen der Enzyklika Quadragesimo anno erklärte, daß der Sozialismus der Labour-Party nicht unter den Sozialismus-Begriff der Enzyklika falle und also auch nicht von deren Urteil angesprochen werde. Ebenso wie für den Labour-Sozialismus läßt sich unmittelbar aus dem Sozialismus-Verdikt von Quadragesimo anno keine Verurteilung des damaligen Sozialismus in Deutschland ableiten. Ohne die Prüfung der Tatfrage, d. h., ohne die Analyse seiner politischen und gesellschaftlichen Leitideen ist eine Entscheidung nicht möglich. Deshalb ist es bis heute offen, ob der durch die Sozialdemokratische Partei Deutschlands repräsentierte Sozialismus der dreißiger Jahre noch in den Sozialismus-Begriff von Quadragesimo anno einbezogen werden konnte und von dem Urteil Pius' XI. betroffen wurde oder nicht. Aber nicht um eine Stellungnahme zum damaligen Sozialismus kann es in diesem Zusammenhang gehen, sondern nur um die Konfrontierung des gegenwärtigen freiheitlichen Sozialismus der Bundesrepublik mit den Prinzipien der katholischen Soziallehre. Das Ergebnis unserer Untersuchung der ideellen Grundlagen dieses Sozialismus läßt sich in der Feststellung zusammenfassen: Der personalistische Sozialismus der Gegenwart steht in einem diametralen Gegensatz zum Sozialismus-Modell der Enzyklika Quadragesimo anno und bleibt deshalb auch von ihrem Verdikt unberührt. Wir sind also zu jenem Ergebnis gekommen, das Oswald v. Nell-Breuning folgendermaßen formuliert: „Was die Konfrontation mit der von Quadragesimo anno, Ziffer 118/119, beschriebenen und als für den Sozialismus kennzeichnend, für den gläubigen Christen unannehmbar bezeichneten Gesellschaftsauffassung angeht, wird man ohne alle Winkelzüge oder Einschränkungen anzuerkennen haben: Was die Enzyklika Quadragesimo anno als ‚sozialistische' Auffassung von der Gesellschaft ablehnt, wird im Godesberger Grundsatzprogramm ebenso eindeutig abgelehnt"[17]. Wer diesem Programm noch marxistische Anfälligkeiten vorwirft, kann es einfach nicht gelesen haben.

In der Auseinandersetzung mit dem freiheitlichen Sozialismus wird auf katholischer Seite gelegentlich noch dieses vermerkt: Wenn schon die Gesellschaftsauffassung dieses Sozialismus nicht mehr angreifbar sei, so müsse man doch gegenüber dem sogenannten Kultursozialismus Bedenken geltend machen, zumal Pius XI. ihn in sein Sozialismus-Urteil miteinbezogen habe (Quadragesimo anno, n. 121 f.). Nach der Lehre Pius' XI. handelt es sich um eine Variante des Sozialismus, die, wenn auch „socialismus mitigatus", doch an der philosophischen Basis des orthodoxen Marxismus festhält und sich zur Determiniertheit und Milieubedingtheit des Menschen bekennt, um von diesen Voraussetzungen her den „sozialistischen Menschen" zu formen. Solche Überzeugungen und Tendenzen mögen sich im Austromarxismus länger behauptet

17 Oswald v. Nell-Breuning, Der Katholik und die SPD. In: Was ist Sozialismus heute? Köln 1966, S. 94 f.

haben als im reichsdeutschen Sozialismus, der sie schon in den dreißiger Jahren überwunden hatte. In der Programmatik des freiheitlichen Sozialismus der Gegenwart erscheinen selbstverständlich weder der Terminus noch die Inhalte dieses Kultursozialismus. Sie sind durch den personalistischen Ansatz des Godesberger Sozialismus a limine ausgeschlossen. Ob der Kultursozialismus innerhalb des nichtmarxistischen Sozialismus der westlichen Welt überhaupt noch irgendwo ernsthaft verfochten wird, läßt sich schwer feststellen. Wie dem auch sei, es ist nicht ersichtlich, daß selbst militante Gegner des Godesberger Sozialismus diesen noch auf den eben angedeuteten sozialphilosophischen Determinismus festzulegen versuchen. Fällt aber diese Bedingtheit weg, kann auch der Begriff selbst nicht mehr ins Spiel gebracht werden, weil dann die ideellen Voraussetzungen für die Aktualisierung seiner Inhalte fehlen.

Die völlige Abkehr des freiheitlichen vom marxistischen Sozialismus bestätigt Johannes XXIII.: Das Sozialismus-Urteil der Enzyklika Quadragesimo anno wird von ihm in Mater et Magistra nur noch im historischen Teil dieses Rundschreibens erwähnt, aber nicht erneut bekräftigt. Der Papst mahnt vielmehr, „die Katholiken sollen nicht überall nur auf ihr eigenes Interesse schauen, sondern bereit sein, in ehrlicher Zusammenarbeit dort mitzuwirken, wo es um etwas geht, was seiner Natur nach gut ist oder zum Guten führen kann“[18]. Der letzte Teil dieses Satzes ist als Bekenntnis Johannes' XXIII. zur Tugend der Toleranz von besonderer Bedeutung: In aller Grundsatzfestigkeit bereit zu sein, an einer Sache mitzuwirken, die noch nicht gut ist, aber „zum Guten führen kann“, das verrät etwas von der Strahlkraft der Paulinischen „Freiheit der Kinder Gottes“, von der man nicht sagen kann, daß sie schon Gemeinbesitz der Christenheit sei. Der Schweizer Jesuitentheologe Mario v. Galli leitet aus dieser Neuakzentuierung der Enzyklika Mater et Magistra die für manchen vielleicht schockierende Feststellung ab: „Ein ernsthaftes Wahlargument fällt damit — man sollte das ruhig zugeben — der deutschen CDU aus der Hand“[19].

Von besonderer Bedeutung für die Bestimmung des Verhältnisses der katholischen Kirche zum Sozialismus ist die Enzyklika Pacem in terris. Im fünften und letzten Teil dieses Rundschreibens erklärt Johannes XXIII.: „Es ist durchaus angemessen, bestimmte Bewegungen, die sich mit wirtschaftlichen, sozialen, kulturellen Fragen oder mit der Politik befassen, zu unterscheiden von falschen philosophischen Lehrmeinungen über das Wesen, den Ursprung und das Ziel der Welt und des Menschen, auch wenn diese Bewegungen aus solchen Lehrmeinungen

18 Mater et Magistra, n. 239.

19 Mario v. Galli, Das Rundschreiben Mater et Magistra. In: Orientierung, 25, 1961, S. 149.

entstanden und von ihnen angeregt sind. Während die in ein System gefaßte und endgültig niedergelegte Weltanschauung nicht mehr geändert werden kann, unterliegen diese Bewegungen dort, wo sie sich mit den je und je sich wandelnden Verhältnissen befassen, doch notwendigerweise diesen Veränderungen. Wer könnte übrigens leugnen, daß in solchen Bewegungen, soweit sie sich den Gesetzen einer geordneten Vernunft anpassen und die gerechten Forderungen der menschlichen Person berücksichtigen, etwas Gutes und Anerkennenswertes sich finden kann? Deshalb ist es möglich, daß eine Zusammenarbeit in praktischen Fragen, die bisher nicht sinnvoll erschien, jetzt wirklich fruchtbringend ist oder es morgen sein kann"[20].

Johannes XXIII. begrenzt also den die ganze Enzyklika Pacem in terris beherrschenden Grundgedanken der Toleranz nicht auf die Beziehung von Mensch zu Mensch, sondern überträgt ihn auch auf die Ebene des Verhältnisses katholischer Christen zu jenen politischen und sozialen Bewegungen, deren ideelle geschichtliche Ausgangsposition zwar nicht frei von irrigen Lehrmeinungen war; die aber im Ablauf ihrer Entwicklung entscheidende Wandlungen durchgemacht haben und nunmehr die Personalität des Menschen anerkennen, so daß sich fruchtbare Möglichkeiten der Begegnung mit solchen Bewegungen und der Mitarbeit in ihnen ergeben. Daß dies für den freiheitlichen Sozialismus, insbesondere seit dem Erscheinen des Godesberger Programms, zutrifft, kann vernünftigerweise nicht bestritten werden. Im Blick auf jene Aussagen der Enzyklika Pacem in terris erklärt Anton Böhm, Chefredakteur des „Rheinischen Merkur", also sicherlich ein unverdächtiger Zeuge, folgendes: „Auf den demokratischen Sozialismus in manchen Ländern können diese Sätze der Enzyklika gewiß bezogen werden. Das heißt natürlich nicht, daß die Katholiken nun etwa die sozialdemokratischen Parteien unterstützen müßten oder wenigstens nicht mehr gegen sie Stellung beziehen dürften. Sie bleiben in ihrer politischen Entscheidung frei. Aber sie werden sich in Zukunft vornehmlich politischer und nicht christlich-doktrinärer Argumente bedienen müssen"[21]. Die Ausweisung der Auseinandersetzung mit dem freiheitlichen Sozialismus aus dem weltanschaulichen Raum und ihre Begrenzung auf den Bereich politischer Sachgerechtigkeit mag für manchen katholischen Politiker einen schmerzlichen Verzicht bedeuten. Es ist leichter, den politischen Gegner mit einem Quadragesimo-anno-Zitat aus dem Felde zu schlagen, als ihm zu beweisen, daß man sich im Ringen um eine sachgerechte Gestaltung von Staat und Gesellschaft auf die bessere Alternative, die stärkere Glaubwürdigkeit und Wahrhaftigkeit politischer Persönlichkeiten beziehen kann.

Paul VI. bestätigte schon in seinem ersten Rundschreiben Ecclesiam

---

20 Pacem in terris, n. 159 f.

21 Anton Böhm, Die Friedensenzyklika. In: Wort und Wahrheit, 18, 1963, S. 322.

Suam vom 6. August 1964 den eben erläuterten Grundgedanken der Enzyklika Pacem in terris und bezog ihn sogar auf bestimmte Formen des Atheismus, insbesondere auf jene Menschen, „die aus reinem Idealismus Atheisten sind, aus Empörung gegen die in weiten Kreisen der heutigen Gesellschaft anzutreffende Mittelmäßigkeit und ihren Egoismus, Menschen, die Solidarität und menschliches Mitgefühl in einer Form und Sprache ausdrücken, die dem Evangelium entlehnt sind"[22]. Und gleich im Anschluß an diese Aussage erklärt Paul VI. bezüglich dieses Atheismus unter Berufung auf Johannes XXIII. folgendes: „Unser Vorgänger Papst Johannes XXIII. schrieb in seiner Enzyklika Pacem in terris, daß die Lehren, in denen diese Bewegungen ihren Ursprung haben, wenn sie einmal festgelegt sind, immer die gleichen bleiben, daß aber die Bewegungen selbst sich entwickeln und tiefgreifend verändern müssen. Im Gedanken an diese Worte möchten Wir die Hoffnung nicht aufgeben, daß sich eines Tages zwischen ihnen und der Kirche ein positiver Dialog anbahnen wird, der über Unser Bedauern und über Unsere notwendigen Klagen von jetzt hinausführt"[23]. Sogar im Hinblick auf den Atheismus also erwägt und erhofft der Papst die Möglichkeit der Begegnung und des Dialogs.

Erneut zitiert Paul VI. jene hochbedeutsamen Sätze aus Pacem in terris in seinem Apostolischen Schreiben Octogesima adveniens anläßlich der Achtzig-Jahr-Feier der Enzyklika Rerum novarum und nimmt von daher Stellung zum Sozialismus und Marxismus. Der Papst verwendet in Octogesima adveniens den Begriff Sozialismus in einem sehr weiten Sinne und gibt über ihn zunächst ein zwar allgemeines, aber dennoch sehr bemerkenswertes Urteil ab: „Zwischen den niveaumäßig verschiedenen Ausdrucksweisen des Sozialismus als eines hochherzigen Strebens und Suchens nach einer gerechteren Gesellschaft . . . sind Unterscheidungen zu machen, die dann (für den Christen) die konkrete Wahl bestimmen werden"[24]. Man sollte also festhalten: *Keiner* der verschiedenen Ausprägungen des Sozialismus bestreitet der Papst das „hochherzige Streben und Suchen nach einer gerechteren Gesellschaft". Den Christen gibt er sodann für ihre Stellungnahme zu der ihnen jeweils begegnenden Form des Sozialismus folgendes Kriterium an die Hand: „Die klare Sicht der Dinge wird es den Christen gestatten, den Grad einer möglichen Mitarbeit in diesem Bereich genau zu erkennen, wobei vor allem die Werte der Freiheit, der Verantwortung und der Offenheit für die geistigen Güter, die die ganzheitliche Entfaltung des Menschen gewährleisten, erhalten bleiben müssen"[25]. Daß dieses Kriterium zu einer positiven Beurteilung des freiheitlichen Sozialismus führen muß, wird man nicht bezweifeln können, zumal Paul VI. selbst

22 Ecclesiam Suam, n. 96.
23 a. a. O., n. 97.
24 Octogesima adveniens, n. 31.
25 a. a. O., n. 31.

schon 1965 die Bedeutung des Godesberger Programms erkannt und es mit Anerkennung und Lob bedacht hat[26].
Es ist deshalb schwer verständlich, daß der CSU-Vorsitzende Strauß aus Octogesima adveniens eine Kritik am freiheitlichen Sozialismus herauslesen konnte: „Neben der positiven Aussage zur Verwirklichung einer menschenwürdigen und gemeinwohlstiftenden Ordnung entnehmen wir der christlichen Soziallehre auch die klare Absage an den Sozialismus. Und niemand darf es der CSU verübeln, daß sie dabei den Aussagen Papst Pauls VI. in seinem Schreiben ‚Octogesima adveniens' (Mai 1971) mehr Bedeutung beimißt als den Bekenntnissen Pater Wallraffs zum Sozialismus oder den Elogen Prof. Klübers auf die SPD in der ‚Neuen Gesellschaft'"[27]. Wer verübelt es denn der CSU, wenn sie dem kirchlichen Lehramt den absoluten Vorrang vor katholischen Sozialwissenschaftlern einräumen möchte? Nur muß man kirchliche Verlautbarungen richtig und vollständig lesen. Pauschale Behauptungen reichen nicht aus, man muß sie begründen anhand der Texte, in denen allerdings nicht die geringsten Anhaltspunkte für jene Behauptungen zu finden sind. Immerhin verdient es Beachtung, daß Strauß sich entschlossen hat, die christliche Soziallehre zur Kenntnis zu nehmen, wenn er sie auch im ersten Anlauf noch nicht verstanden hat. Wer aber mit Pater Wallraff und dem Verfasser dieser Schrift nicht zufrieden ist, müßte seine Kritik zumindest auch gegen Oswald v. Nell-Breuning richten, der folgendes sagte: „Bei uns in der Bundesrepublik Deutschland finden wir im gesellschaftspolitischen Teil des Godesberger Grundsatzprogramms der SPD nicht mehr und nicht weniger als ein kurzgefaßtes Repetitorium der katholischen Soziallehre"[28].
Kirchliche Erklärungen und Aussagen der katholischen Soziallehre, die der weltanschaulichen Verteufelung des Sozialismus Einhalt gebieten, finden bei einem Teil der Katholiken wenig Gegenliebe, weil ihr Geist immer noch verdunkelt ist vom Mythos der politischen Einheit und Geschlossenheit, obwohl dieser spätestens seit Johannes XXIII. im katholischen Leben kein Daseinsrecht mehr geltend machen kann. Es war aber ausschließlich dieser Mythos, weshalb „Publik" sterben mußte. Die Verlautbarungen Johannes' XXIII. und des II. Vatikanischen Konzils interpretierend, erklärte der Erzbischof von Wien, Kardinal König, die Kirche könne sich nicht in ein parteipolitisches Freund-Feind-Verhältnis hineinziehen lassen, ohne dabei schweren Schaden zu nehmen. Diese Feststellung des Wiener Kardinals kommentierte Ludwig Kaufmann in der Jesuiten-Zeitschrift „Orientierung" mit der

26 Vgl. Ludwig Kaufmann, Wie wählt man „christlich"? In: Orientierung, 29, 1965, S. 142.

27 Franz Josef Strauß, Maßlosigkeit des Machtanspruchs. In: Zur Debatte, 2, 1972, Nr. 9, S. 3.

28 Oswald v. Nell-Breuning, Wie sozial ist die Kirche? Düsseldorf 1972, S. 94 f.

Bemerkung: „Das ist offensichtlich für die heutige Demokratie gesagt. Es schließt nicht aus, daß gegebenenfalls ein klärendes Wort des Bischofs am Platz sein kann. Zum Beispiel, wenn politische Mächte durch Verwendung von Bibelworten und kirchlichen Äußerungen Verwirrung stiften oder pauschal den christlichen Namen für ihre Sache beanspruchen; denn die Kirche ist für alle da“[29]. Dieser Gedanke wird ergänzt durch die folgenden Ausführungen Karl Rahners: „Die Christen und die Kirche müssen sich daran gewöhnen, soweit sie es nicht schon getan haben, daß auch wirklich kirchliche Christen verschiedenen politischen Parteien angehören. ... Man kann nicht sagen, daß eine bestimmte Partei für einen katholischen Christen schon darum nicht mehr wählbar sei, weil und wenn sie in einem bestimmten Einzelpunkt ihres Programms oder ihrer politischen Entscheidungen an sich den christlichen Normen widerspricht. Denn abgesehen davon, daß man genau nachweisen müßte, daß eine solche einzelne Entscheidung eindeutig dem christlichen Sittengesetz widerspricht, gibt es gar keine Parteien, die nur christlich sind und gegen deren faktisches Verhalten von einem radikal christlichen Gewissen keine Bedenken angemeldet werden müßten. Daß diese oder jene bestimmten Verstöße gegen ein radikal christliches Gewissen bei einer Partei, beim Durchschnitt der Menschen, auch bei kirchlichen Amtsträgern weniger deutlich oder gar nicht gesehen werden und darum eine bestimmte Partei in der Öffentlichkeit der Kirche als ganz unbedenklich gilt, ist noch kein Beweis gegen die eben aufgestellte These“[30]. Man wird einräumen müssen, daß sich alle diese Äußerungen, die des Kardinals König, der „Orientierung“ und Karl Rahners, nicht gegen die Sozialdemokratie richten.

Der Personalismus des freiheitlichen Sozialismus beendet die Tragik einer geschichtlichen Entwicklung, welche die katholische Kirche über viele Jahrzehnte hindurch in eine Frontstellung gegen den Sozialismus gedrängt hat, statt gemeinsam mit ihm in der vollen Erfüllung ihres sozialen Auftrags gegen die Verirrungen des Kapitalismus zu kämpfen. Aus der ideellen Übereinstimmung zwischen katholischer Soziallehre und freiheitlichem Sozialismus ergeben sich für das Verhältnis der Kirche zur sozialistischen Bewegung weittragende Konsequenzen. Sie sind nicht darin zu sehen, daß nun alle Spannungen zwischen Kirche und Sozialdemokratie ausgeschaltet seien. Diese werden fortbestehen, aber grundsätzlich in der gleichen Weise wie auch im Verhältnis der Kirche zu den anderen Parteien. Es ist jedoch nicht mehr möglich, die Auseinandersetzung mit dem Sozialismus auf der hohen Abstraktionsebene weltanschaulicher Prinzipienkämpfe auszutragen, auf jener Ebene also, auf der *allein* ein Jahrhundert lang die Diskussion zwischen Kirche und Sozialismus geführt wurde. Nur die praktisch-politischen Ent-

29 Ludwig Kaufmann, a. a. O., S. 142.

30 Karl Rahner, Strukturwandel der Kirche als Aufgabe und Chance. Freiburg 1972, S. 140 f.

scheidungen des Sozialismus können dem katholischen Christen Anhaltspunkte geben, wie er sein Verhältnis zu ihm einzurichten hat. Dabei bleibt zu bedenken, daß sich in jeder Partei ein ganzes Bündel verschiedenwertiger politischer Zielsetzungen findet und daß in keiner Partei das politisch Beste oder Gute ausschließlich und allein zu haben ist. Es kann von keiner Partei eine vollständige und mehr als nur die approximative Realisierung des Idealbildes der Gesellschaft erwartet werden. Die Kluft zwischen Prinzipien und Normen einerseits und deren geschichtlicher Verwirklichung andererseits wird sich angesichts der Unvollkommenheit alles Menschlichen niemals ganz schließen lassen. Das gilt ausnahmslos für alle politischen Parteien, aber auch für die Kirche selbst, und will also auch in der Auseinandersetzung mit dem Sozialismus beachtet sein.